## Meu nome é ébano
### A VIDA E A OBRA DE ──
# LUIZ MELODIA

**TONINHO
VAZ**

TORDSILHAS

# Meu nome é ébano
## A VIDA E A OBRA DE
# LUIZ MELODIA

A Roberto Muggiati

# SUMÁRIO

ESTÁCIO, EU E VOCÊ — 9

1 MORRO DE SÃO CARLOS A montanha mágica — 15

2 NEGRO GATO A vida no morro e além — 21

3 O FATOR GAL COSTA O dia da criação — 41

4 A VOZ DO MORRO Uma oitava acima — 65

5 MARAVILHAS CONTEMPORÂNEAS — 87

6 REFÉM DO PRAZER Música, amor e poesia — 99

7 MICO DE CIRCO Estilo marginal — 111

8 POESIA SEMPRE E algumas folhas de hortelã — 127

9 UM CAPÍTULO À PARTE De volta às paradas — 149

| | |
|---|---|
| 10 **14 QUILATES** O jardim de Manoel de Barros | 159 |
| 11 **OUTRO CAPÍTULO À PARTE** Teatro Rival | 173 |
| 12 **GRANDES NAVEGAÇÕES** A expansão do universo | 185 |
| 13 **CINEMA FALADO** Na frente das câmeras | 217 |
| 14 **O RECOMEÇO** Eterno como o universo | 231 |
| 15 **NINGUÉM MORREU** | 247 |
| 16 **QUILATES DE LUIZ MELODIA** | 255 |
| **DISCOGRAFIA** | 273 |
| **AGRADECIMENTOS** | 283 |
| **CRÉDITOS DAS IMAGENS** | 285 |
| **ÍNDICE ONOMÁSTICO** | 287 |

# ESTÁCIO, EU E VOCÊ

Ele não gostava de ser chamado de Melodia. Preferia Luiz, simplesmente. E detestava a forma reduzida Melô, frequentemente usada para simular intimidade. Mas aceitava com bom humor o Melódia, como o chamava o guitarrista, parceiro e amigo Renato Piau. O apelido foi herdado do pai, Oswaldo Melodia, que trabalhava no cais do porto e era músico amador da favela de São Carlos, no Estácio. Nome oficial: Luiz Carlos dos Santos.

No final dos anos 1970, já vivendo no Rio, tive dois amigos que contavam histórias curiosas sobre Luiz Melodia e a turma do Estácio: o poeta Waly Salomão (a quem se atribui, ao lado do piauiense Torquato Neto, a descoberta do talento) e o jornalista Luís Carlos Cabral, meu colega nas redações, que conviveu com a turma do Estácio "antes do sucesso" de Luiz Melodia. Como turma do Estácio leia-se Renault, suas irmãs Rose e Rubia Matos (está na capa do primeiro livro de Waly, *Me segura que vou dar um troço*), Betinho, Mizinho, Hugo, Charrão, Zequinha (passista da escola de samba do Largo do Estácio), Coelho, Lelo, Zeca da Cuíca, Nelson Galinha e outros. Um bando. Eram jovens e legítimos representantes do morro de São Carlos – e alguns tiveram fim trágico. No caso específico de Luiz, o talento musical nato fez o papel de anjo da guarda, iluminando o seu caminho.

Conversei apenas uma vez com Luiz Melodia, uma conversa fugaz, porém eternizada pela gravação e pelas fotos que registraram o momento. Foi no palco do saudoso Canecão, em outubro de 2003, onde ele passava o som com a banda, horas antes do show *Perfil*, no qual cantava salmos com as irmãs e sobrinhas mais novas, um tributo à família e ao morro de São Carlos. Seu sucesso na música brasileira já estava então consolidado. Fui entrevistá-lo para a biografia do poeta Torquato Neto, que seria publicada dois anos depois. Com calma natural e tranquilidade, Luiz respondeu minhas perguntas ali mesmo, em pé, no palco. Deu crédito a Torquato como seu "descobridor" por escrever os primeiros artigos sobre ele na coluna Geleia Geral, publicada no jornal *Última Hora*. Mais tarde, Luiz mostraria esse mesmo reconhecimento pelo jornalista Daniel Más, que dera atenção a ele na imprensa paulistana quando ainda era desconhecido. Na conversa comigo, falou das dificuldades no início da carreira e da desavença circunstancial com o tropicalista Torquato. Destacou a importância de Gal Costa na sua vida de músico, chamando-a de "minha musa".

Foi o guitarrista Renato Piau, outro piauiense, quem facilitou o meu encontro com Luiz, de gravador em punho, no templo sagrado da MPB, o palco mais famoso do *show business* carioca. Quando isso aconteceu, eu já era admirador de seu trabalho; aliás, admirava-o desde o primeiro disco, aquele em que aparece sentado em uma banheira, com as pernas cruzadas, cercado por grãos de feijão, o *Pérola negra*:

**BABY TE AMO**
**NEM SEI SE TE AMO**

Nunca fui crítico musical, mas, como apreciador de artes e artimanhas, tornei-me jornalista da área cultural desde cedo, em Curitiba. Portanto, aprecio música, livros, quadrinhos, cinema, TV e quejandos. E tenho opinião. Sempre identifiquei Luiz Melodia na linhagem da MPB como uma voz carioca, um maneirismo carioca, um poeta carioca. (Os críticos dizem que ele e Jorge Ben Jor criaram o samba-rock.) Sua elegância visual e musical sempre foi um atrativo nas suas *performances* de rua ou de palco, como constatou a consultora de moda Glorinha Kalil na revista *Caras*. Ela escolheu Luiz como um dos cinco homens mais elegantes do Brasil. "Foi o único artista da minha lista, que tinha empresários e paulistanos consagrados, em 1993." Segundo Glorinha, "Melodia tinha uma elegância natural".

Seu carisma revelou-se precocemente. Ainda no final dos anos 1970, por algum tempo, fomos vizinhos em Santa Teresa, o nosso bairro boêmio. Ele e sua inseparável Jane Reis – com todo o respeito, a moça de calcinha preta (tão bonita quanto sensual) eternizada na música "Cara a cara", parceria musical com Renato Piau.

Não era de comportamento rígido ou exemplar, posso garantir – muitas vezes foi chamado de abusado e folgado –, mas Luiz Melodia era discreto, evitava badalação social e conversas com estranhos. Também sabia ser marrento com os inoportunos. Quando em ambiente adequado, porém, pegava o violão e cantava durante horas, com dedicação e prazer. Foi assim numa noite no aniversário da atriz Letícia Sabatella, quando cantou em pé, na sala, exibindo seu talento para os presentes. O mesmo aconteceu durante uma noitada boêmia em Paris, quando, ao apagar das velas, conquistou a plateia de um bar cantando "Juventude transviada" a plenos pulmões. Sua entrega à música era admirável; gravou 146 canções. Quando lhe perguntavam quais músicos tinham sua preferência e admiração, respondia sem vacilar: "Caetano Veloso. E, depois dele, eu".

A partir de 2003, quando estava fazendo a pesquisa para a biografia de Torquato, me tornei amigo e parceiro de Renato Piau, para quem escrevi no mesmo ano o verbete do CD *Blues do Piauí*, seu disco solo. Renato trabalhou 35 anos com Melodia, desde o primeiro disco, *Pérola negra*, até o último trabalho, a gravação da abertura da Olimpíada de 2016, com "Aquele abraço", de Gilberto Gil.

Nesse processo, reencontrei Luiz Carlos Bettarello, amigo e médico de Torquato e depois de Luiz Melodia. Ele conheceu a turma quando ainda estudava medicina homeopática no Rio, no único curso que havia da especialidade. Bettarello foi chamado várias vezes, em caráter emergencial, para atender os "meninos" quando eles exageravam na dose. Montava pequenas UTIs na sua casa de solteiro, no Humaitá, com pedestal de soro e gavetas repletas de injeções de glicose e afins. Virou amigo, daqueles capazes de convidar a turma para assistir à passagem do cometa Halley em sua fazenda no interior de Minas. Assim, entrevistei o doutor Bettarello sobre seus dois pacientes ilustres, talentosos e abusados.

Merece destaque nesta biografia o encontro de Luiz Melodia com o poeta Manoel de Barros, cuja obra Millôr Fernandes definiu como "rica e inaugural, o apogeu do chão". Melodia também fazia versos simples na construção, vasculhando o chão. Ambos tinham dicção poética semelhante, com temáticas ingênuas e desconcertantes pela simplicidade. O encontro deles teve como moldura o casamento de Renato Piau com Martha de Barros, filha do poeta mato-grossense, e renderia um disco importante na carreira de Luiz, batizado a partir de um poema de Manoel no qual ele colocou melodia: *Retrato do artista quando coisa*.

Da remandiola de pesquisas sobre Luiz Melodia surgiria a parceria natural com Jane Reis e Renato Piau, que vem justificar o nosso esforço, a partir desta biografia, para registrar, revigorar e eternizar a obra do filho do seu Oswaldo. Fui investido de toda a liberdade para trabalhar, questionar e interpretar a vida do meu biografado. Esforço recompensado pela revelação de músicas, textos e fotos inéditas, agora colocados à disposição da crítica e do público admirador de Luiz Melodia, o poeta do Estácio.

Uma história que começa em vinil, passa pelo CD e termina no *streaming*, a nuvem sonora da era digital.

**TONINHO VAZ**

## ÉBANO:

Árvore do gênero <u>DIOSPYROS</u>, MADEIRA NOBRE ou de QUALIDADE, geralmente MUITO ESCURA.

# 1
# MORRO DE SÃO CARLOS
## A montanha mágica

**Berço do samba carioca**, o morro de São Carlos fica incrustado no bairro do Estácio, na Zona Norte do Rio de Janeiro, espremido entre os bairros do Catumbi, do Maracanã, do Rio Comprido e da Cidade Nova (antigo Mangue). Sua formação remonta à era colonial. Inicialmente, era chamado de morro de Santos Rodrigues, numa referência à família proprietária da chácara e da capela que havia no local. Era uma área destinada à criação de gado e à plantação de cana. Com o passar do tempo, os herdeiros do proprietário decidiram vender terrenos aos imigrantes, promovendo algo parecido com um loteamento. Em terras devolutas, portanto, nascia um bairro chamado Estácio, em homenagem ao português alentejano Estácio de Sá, fundador e primeiro governador da capitania do Rio de Janeiro entre 1565 e 1567, ano de sua morte.

O Estácio acabaria ganhando contornos definitivos durante a administração do prefeito Pereira Passos, que em 1902 ordenou a demolição de vários cortiços e vielas com o objetivo de modernizar a área. Novas ruas foram abertas. Nessa mesma época, e por esse mesmo motivo, teve início a ocupação do morro de São Carlos e sua encosta. Os primeiros moradores foram famílias de imigrantes italianos; depois chegaram os desalojados da parte baixa ou pessoas oriundas de outras regiões e bairros da cidade, inclusive do morro do Castelo, demolido em 1920 para permitir a abertura da Avenida Rio Branco. Pela proximidade com o Mangue, a zona de meretrício, o morro também foi procurado por malandros, rufiões e gigolôs. Várias colônias de descendentes de escravos de diversas nações africanas, como banto e iorubá, formaram-se no morro. Apesar da urbanização visivelmente caótica, não era ainda uma favela. Como se dizia, era "um rico caldeirão cultural". O empresário Roberto Marinho, das Organizações Globo, nasceu na parte baixa do Estácio.

No Estácio nasceu também a primeira escola de samba do Brasil, a Deixa Falar, fundada como bloco carnavalesco em 1928 pelo consagrado compositor e boêmio Ismael Silva. Era a reunião democrática de alguns "blocos de sujos" que saíam no Carnaval. Embora tivesse nascido em Niterói, Ismael fazia parte de um grupo seleto de bambas, como Heitor dos Prazeres, Bide e Marçal, que em 1955 acabariam fundando a Unidos de São Carlos, esta, sim, uma escola de samba clássica, a primeira delas. Consta que Ismael foi o primeiro a usar a expressão "escola de samba".

Foi nesse ambiente impregnado de música e Carnaval que o jovem Oswaldo dos Santos, o pai de Luiz, veio parar, no final dos anos 1930, depois de sair de sua cidade natal, Bom Jesus de Itabapoana, no norte do estado. Segundo o documento oficial de Oswaldo, a cidade fica no Espírito Santo, mas isso não é verdade. Bom Jesus de Itabapoana fica no lado fluminense da fronteira; do lado capixaba está Bom Jesus do Norte.

Antes de chegar à "bela cap", Oswaldo passou algum tempo em Duque de Caxias, na Baixada Fluminense, onde conheceu Eurídice Rosa de Oliveira, com quem se casou e teve quatro filhos: Luiz Carlos, Marize, Raquel e Vânia, nessa ordem. Eurídice já tinha uma filha pequena, Jaciara, de um relacionamento anterior. A menina, por total conveniência de todos, ficou morando para sempre na casa da avó Sofia, no bairro de Jacarezinho. A avó Sofia vivia com outro filho, Estoezel, a pessoa que de fato criou a pequena Jaciara junto com suas filhas, Mônica e Simone, que viriam a ser as primas mais queridas de Luiz. Elas costumavam visitar os tios no morro de São Carlos e para o resto da vida se mantiveram próximas ao primo. Já a família de Oswaldo continuou para sempre afastada, no Espírito Santo.

Aproveitando a oferta de terrenos no morro de São Carlos na década de 1940, Oswaldo decidiu concentrar esforços para construir uma casa básica, na Rua Nova, 21, no meio do morro. A região tinha um estigma: era próxima à Casa de Correção criada pelo governo imperial de dom Pedro II em 1850. Era a mais antiga cadeia brasileira, ou a primeira escola carioca de malandragem. Um século depois a prisão seria reformada, ampliada e rebatizada como Penitenciária Professor Lemos de Brito, mais conhecida como Cadeia da Frei Caneca, homenagem ao líder religioso pernambucano Joaquim da Silva Rabelo. Havia um pórtico imponente na entrada, de pedra maciça.

Originalmente, a penitenciária ficava no Caminho do Mata-Porcos, e não seria exagero dizer que desde o início fez parte da comunidade do São Carlos, pois muitos funcionários e agentes penitenciários moravam em suas vielas, e os rapazes do morro costumavam jogar futebol no campo do presídio.* Os garotos mais jovens, impedidos de entrar no recinto, criaram um campinho de futebol no Manicômio Judiciário Heitor Carrilho, que ficava em terreno próximo. Nesse complexo havia ainda um estande de tiros da PM, com intensa movimentação de policiais fardados, quase todos moradores do morro. Do

---

* É longa a lista de moradores ilustres da cadeia da Frei Caneca: o escritor Graciliano Ramos, que recebia visitas regulares da doutora Nise da Silveira; o chefe da segurança de Getúlio Vargas, Gregório Fortunato, conhecido como "o anjo negro"; o bandido Mineirinho; o ator e compositor Mário Lago; e, mais tarde, os jovens presos políticos do governo militar: Nelson Rodrigues Filho; Alex Polari; o fotógrafo Paulo Jabur e outros militantes do movimento estudantil. A cadeia foi implodida em março de 2010 com o auxílio de 500 quilos de dinamite. Um condomínio residencial surgiu no lugar.

outro lado, à direita de quem sobe pela Rua São Carlos, o acesso principal entre a base e o topo do morro, havia uma enorme pedreira, visível de quase todos os lados.

Como bem definiu um antigo morador, com alguma ironia, "a vida na favela é cheia de altos e baixos". Outro morador, Norberto Oliveira, o Betinho, 65 anos, nascido no bairro e amigo de infância de Luiz Carlos, explica que a diferença básica no cenário do morro fica por conta das construções antes e depois da favelização: "Antes as casas do morro tinham apenas um pavimento e havia sempre um terreno na frente ou atrás. Ou tinha quintal ou jardim, muitas vezes os dois. Com o passar do tempo surgiram os 'puxadinhos' para cima e para os lados, acabando com os espaços de lazer".

Oswaldo era funcionário público, trabalhava no serviço portuário e ganhava o suficiente para comprar os tijolos e o cimento para começar a obra com a ajuda de alguns amigos. Antes de fechar negócio, mandou a mulher na frente para reconhecer o terreno, fazer uma primeira avaliação. Eurídice foi, viu e aprovou. Era uma localidade conhecida como Atrás do Zinco, mas que seria depois rebatizada como bairro São José Operário. A casa foi construída sem pressa, em várias etapas, e sem semelhança com os modelos convencionais.

Oswaldo era religioso radical e, como o pastor americano Martin Luther King, devoto dos mais fervorosos da Igreja Batista. Era, portanto, avesso às festas profanas – o que incluía o Carnaval. Frequentava a igreja da Rua Frei Caneca com regularidade, onde participava ativamente de cultos e campanhas de caridade. Depois, quando foi transferido para o IASERJ (Instituto de Assistência dos Servidores do Estado), passou a levar para casa caixas e caixas de remédios, amostras grátis para distribuir na vizinhança. Era um carola. Como consequência, nunca permitiu que seus filhos (inclusive Luiz) frequentassem a quadra da escola de samba ou desfilassem na avenida. Era proibido. Ele gostava de música, dominava bem uma viola de quatro cordas, mas não aceitava o Carnaval. Assim era.

Ao longo dos anos, vários moradores ilustres passaram pelo São Carlos, enriquecendo o folclore do morro em sua parte, digamos, glamourosa: Gonzaguinha nasceu lá e cantou o lugar em prosa e verso quando compôs e gravou "É preciso":

**MINHA MÃE NO TANQUE LAVANDO ROUPA**
**MINHA MÃE NA COZINHA LAVANDO LOUÇA**

**LAVANDO LOUÇA,**
**LAVANDO ROUPA,**
**LEVANDO A LUTA, CANTANDO UM FADO [...]**

**A BOLA CORRENDO NAS PEDRAS REDONDAS DA RUA SÃO CARLOS**
**DESÁGUA NO ASFALTO DO LARGO DO ESTÁCIO**
**E O MENINO ATRÁS, OI LÁ**
**MEU MENINO ATRÁS E VAI**
**MAIS UM MENINO ATRÁS**

**Ô DINA É PRECISO**
**OLHAR ESSA VIDA,**
**ALÉM DESSE FILME DO CINE COLOMBO,**
**SABER DESSA LAMA NA FESTA DO MANGUE [...]**

Também moraram no São Carlos o folclórico bandido e malandro Madame Satã (que o pessoal do semanário *Pasquim* elevou à categoria de ícone da marginália), o ator Grande Otelo, os compositores Aldir Blanc e Herivelto Martins. Nostalgia de uma época em que, para os rapazes, o perigo de subir o morro era se encantar por uma morena. Ou se apaixonar pela paisagem. O morro de São Carlos era território do bicheiro Mário Naval, um ex-fuzileiro reconhecido como uma espécie de protetor da comunidade, grande investidor da escola de samba quando o tráfico de drogas ainda era incipiente.

Todas as casas tinham um rádio que captava a programação em ondas curtas. Mais tarde surgiram os rádios de pilha.

Quando já era um nome de destaque na MPB, Luiz deixou registrado: "Quando descobri que compunha música com facilidade, apenas em parceria com o violão, o morro de São Carlos foi uma grande fonte de inspiração".

## 2

# NEGRO GATO
## A vida no morro e além

**A casa da família Santos**, na Rua Nova, que Oswaldo suou para construir, tinha dois andares, sendo que o térreo era chamado por eles de porão, embora ficasse ao nível da rua. Rua não é a palavra certa, pois eram caminhos estreitos, vielas com menos de dois metros de largura. O vizinho mais próximo era José Fernandes, irmão de Oswaldo, que tinha um filho quatro anos mais novo que Luiz, o Edu. Não havia vizinhos próximos, colados. A casa em si ficava no andar de cima: cozinha, banheiro, sala e dois quartos, tudo pequeno, sustentado por pilastras de alvenaria, com paredes de estuque e o teto de telhas. Nem todas as casas eram assim; a maioria tinha teto de zinco, como na música "Ave Maria no morro", de Herivelto Martins, que muitos garantem reproduzir o cenário do São Carlos, onde o compositor morava:

BARRACÃO DE ZINCO,
SEM TELHADO, SEM PINTURA
LÁ NO MORRO
BARRACÃO É BANGALÔ.
LÁ NÃO EXISTE
FELICIDADE DE ARRANHA-CÉU
POIS QUEM MORA LÁ NO MORRO
JÁ VIVE PERTINHO DO CÉU [...]

Os quatro filhos de Oswaldo e Eurídice nasceram enquanto a família morava nessa casa. Os três primeiros ali mesmo, "de parteira", mas a caçula, Vânia, nasceu em hospital depois que Eurídice passou mal na rua, antecipando o parto.

Luiz Carlos nasceu no dia 7 de janeiro de 1951, capricórnio no horóscopo ocidental e coelho no chinês. Nasceu no ano em que Getúlio Vargas se tornou presidente pela segunda vez, comandando o país do Palácio do Catete, e que Samuel Wainer fundou o jornal *Última Hora*, um campeão de vendagem na então capital federal. A moeda vigente era o cruzeiro, que havia substituído o mil-réis em 1942. Era o mundo antes da jovem guarda, uma época de marchinhas de Carnaval e sambas-canções, na qual imperavam o estilo *bel canto* e os boleros. Aracy de Almeida fazia sucesso cantando "Três apitos", de Noel Rosa. A cantora Emilinha Borba, uma das rainhas do rádio, invadia as casas com um sucesso de Carnaval, "Tomara que chova":

**TOMARA QUE CHOVA
TRÊS DIAS SEM PARAR
TOMARA QUE CHOVA
TRÊS DIAS SEM PARAR**

**A MINHA GRANDE MÁGOA
É LÁ EM CASA NÃO TER ÁGUA
E EU PRECISO ME LAVAR [...]**

Luiz foi um moleque normal, travesso. Agitado, gostava de jogar bola com os amigos, soltar pipa e desbravar as fronteiras do morro. Gostava também de "rodar o pino", como diziam, para soltar pião com a fieira. Sempre foi magro e alto para a idade – e tinha o pescoço comprido, o que lhe deixava ainda mais longilíneo. Tinha a quem puxar, pois Oswaldo era o que se podia chamar de um negão forte e de boa estatura, "um armário".

Aos domingos, a missa na Igreja Batista era obrigatória. Para contrabalançar as virtudes, o delito mais frequente do moleque era sair para comprar algo encomendado pela mãe e se desviar do caminho, quase sempre atraído por um jogo de futebol no campinho da várzea. Confusão com vizinhos, nem pensar, pois nesse ponto Oswaldo era intransigente e não admitia malfeitos. A mãe o levava diariamente para a escola Rivadavia Correia, na Rua Joaquim Palhares, na parte baixa do Estácio, mas ele não entrava na sala de aula e fugia assim que ela dobrava a esquina. Quase sempre tomava o caminho da praia, viajando de bonde com amigos. Era o lema da rebeldia da nova geração: "fora com as escolas". Luiz cursou apenas o antigo ginásio, ou seja, não completou o primeiro grau. Vascaíno como o pai, aos 7 anos teve uma alegria justificada com o supercampeonato do Vasco, que venceu o Flamengo e o Botafogo no triangular decisivo. Pai e filho eram constantemente vistos nas arquibancadas do São Januário. Aliás, quase todos os moradores do Estácio eram vascaínos, até pela proximidade do bairro com o estádio. Aldir Blanc é vascaíno. Martinho da Vila também.

Na adolescência, a primeira grande conquista: foi autorizado a montar seu quarto no porão, onde havia mais privacidade e onde podia ouvir música no rádio de pilha em volume acima do normal. O cômodo era fechado e sem comunicação com o resto da casa. Para chegar ao andar de cima, ele tinha que sair do quarto, dar a volta por fora e subir uma escada de alvenaria projetada no lado esquerdo do prédio estreito. No andar de cima, na parede da sala, ficava o violão de quatro cordas do pai, a essa altura já conhecido como Oswaldo Melodia. Foi com esse violão que Luiz começou a se interessar por música. Sempre que o pai não estava por perto, tirava o instrumento da parede e descia para tocá-lo no quarto. Tentava repetir os acordes mais conhecidos – e conseguia. Ficava claro que tinha facilidade com o instrumento.

O único toca-discos do bairro era de um vizinho chamado seu Dario, que tinha uma discoteca de vinil eclética – de Angela

Maria e Dalva de Oliveira até as novidades da jovem guarda, Roberto Carlos e sua turma – graças ao filho adolescente Paulinho, amigo de Luiz.

Aos 12 anos ganhou o apelido Melodia, muito contestado pelas irmãs, que preferiam apenas Luiz. Raquel insistia: "O nome dele é Luiz Carlos". Ele acabou aceitando, pois, além de inevitável, o apelido era uma referência positiva ao pai.

O amigo e vizinho Betinho, dois anos mais jovem, lembra o dia em que Luiz apareceu em frente à barbearia do senhor Chang Lang com postura romântica, tocando um violão esquisito. Ele tinha pose. As mãos grandes e os dedos longos facilitavam a empunhadura do traste: "Ele estava com 15 anos. Tocava no violão de quatro cordas do pai os sucessos da jovem guarda, que eram a sensação do momento. Ele usava roupas idênticas às dos ídolos, feitas pela mãe. Estava encostado com um pé na parede, violão em punho, cheio de estilo, e tocava Roberto Carlos e as versões de Renato e seus Blues Caps":

**AH, DEIXA ESSA BONECA FAÇA-ME UM FAVOR**
**DEIXE ISSO TUDO E VEM BRINCAR DE AMOR,**
**DE AMOR, EH, EH, EH DE AMOR**
**OH MEU BEM, LEMBRE-SE QUE EXISTE POR AÍ ALGUÉM,**
**QUE TÃO SOZINHO VIVE SEM NINGUÉM, SEM NINGUÉM**

**MENINA LINDA EU LHE ADORO, AH,**
**MENINA PURA COMO A FLOR, OH, OH, OH,**
**SUA BONECA VAI QUEBRAR, AH, AH, AH,**
**MAS VIVERÁ O NOSSO AMOR [...]**

Um dia, o violão do seu Oswaldo apareceu rachado no bojo, prenúncio do fim de sua existência. No futuro, Luiz diria que o violão foi quebrado na cabeça de um desafeto, durante uma briga no morro de São Carlos. Há controvérsias, mas o fato é que o instrumento foi consertado e voltou a funcionar.

O interesse por futebol continuava, sobretudo depois do supercampeonato conquistado pelo Vasco. Desde pequeno Luiz frequentava as arquibancadas do São Januário com o pai. No morro, havia alguns times, digamos, consagrados na várzea: União, Continental e Guanabara, para os rapazes maiores. No início dos anos 1960, com a remoção da pequena favela Barreira, cujos moradores foram transferidos para Bangu e Cidade de Deus, os moleques menores construíram um campinho, bem atrás da penitenciária. O local era conhecido como Atrás do Zinco, pois tinha uma grande placa de zinco sem finalidade aparente, mas que servia para isolar a favela da penitenciária. Com pá e enxada nas mãos, os meninos trabalharam unidos. Luiz estava no time e já mostrava talento no trato com a bola. Gostava de ser o distribuidor do jogo, o cérebro no meio de campo. Betinho era ponta-direita. Seu time passou a se chamar América quando eles ganharam na penitenciária um jogo de camisa vermelha do time profissional do Andaraí. Foi um presente do estimado bandido (ou fora da lei) Mauro Guerra, detento que alcançara fama nacional ao participar do programa *Flávio Cavalcanti*, na extinta TV Tupi.

O ritual era diário, fizesse chuva ou fizesse sol: na volta da escola, antes mesmo de chegar em casa, eles passavam no campinho para jogar uma pelada – até as mães começarem a gritar seus nomes. E voltavam para casa sujos de lama ou poeira.

De repente, um milagre. Um guarda penitenciário da Lemos de Brito, que os garotos chamavam de seu Ubaldo, aproveitou o grande terreno da parte de trás de sua casa para construir um cinema. Exatamente. Foi ali que os moleques da localidade São José Operário, inclusive Luiz, conheceram a magia das imagens em movimento, assistindo às chanchadas da Atlântida e aos desenhos de Walt Disney. Uma experiência inesquecível. A outra opção, também espetacular, era o Cine Colombo, no Largo do Estácio, ao pé do morro, que existia desde 1939.

Alguns amigos recordam quando, por volta de 1966, Luiz deixou de frequentar o campinho de pelada. A irmã Raquel lembra que foi com essa mesma idade, 15 anos, que Luiz deixou de frequentar a igreja. Sua presença no morro foi ficando rara, até que ele desapareceu completamente. Seu interesse maior passou a ser a música, que começava a dominar sua vida. Ele sumiu também das rodas de conversa em frente à Igreja de São José Operário. O amigo Betinho, com saudades, já tinha preparado um discurso para cobrar sua presença quando o viu na esquina cantando músicas do mais recente disco de Roberto Carlos:

**SPLISH SPLASH**
**FEZ O BEIJO QUE EU DEI**
**NELA DENTRO DO CINEMA [...]**

Na lembrança de Betinho, o amigo branco de Luiz, foi um impacto a constatação daquele talento: "Naquele dia eu voltei pra casa cantando aquelas músicas. O timbre de voz do Luiz era espetacular. Fazia bonito com o violão. Eu recolhi a minha bronca porque entendi que ele estava fazendo algo maior. Era a passagem dele para outra vida, que passava a ser ligada à música".

Pelos relatos posteriores de Luiz, quando já era um homem maduro, não foi uma passagem tranquila. O pai teve uma reação violenta, imediata, e tentou restringir as ações boêmias do filho. "Meu pai era muito repressor. Ele tocava violão e compunha, mas não se identificava como músico. Ele queria bem ao filho, mas jamais quis que eu fosse músico. Queria que eu fosse doutor. Mas quando ele percebeu, já era tarde. Foi uma coisa natural, nem eu conseguiria evitar."

Apesar das duras reprimendas do pai, foi obra da mãe Eurídice a grande coça que ele ganhou na infância. "Meu pai falava e argumentava. Minha mãe era mais dura, batia mesmo, sem conversa."

A fama no bairro como tocador de violão foi imediata, e Luiz passou a ser visto cantando nas casas, em festas de vizinhos, assumindo precocemente o papel de atração principal dos aniversários. Adolescente de fala curta e objetiva, dizia: "Não vou trabalhar no bicho e nem ser polícia. Quero ser músico". Tinha descoberto que sabia compor aos 14 anos, quando se arriscou na sua primeira canção, que chamou de "Céu, terra e mar", uma ode ingênua à vida, da qual só sobrou este fragmento:

**AMO O CÉU E A TERRA
E TAMBÉM O MAR
AMO A VONTADE QUE TENHO DE AMAR**

De repente, uma evolução. Ele apareceu na esquina com um violão de seis cordas que tinha uma pequena rachadura na parte de trás, no bojo. Era o suficiente para tirar os novos sucessos da banda sensação, os Beatles (estava bem ensaiado com "Don't let me down", que cantava com alguma dramaticidade). No repertório, tinha ainda Elvis e The Fevers, grupo brasileiro que havia gravado no ano anterior seu primeiro disco de vinil, no qual se destacava uma versão do americano Domingo Samudio:

**ESSA É A NOVA DANÇA
QUE VOU LHE MOSTRAR
PRESTE ATENÇÃO, VOCÊ VAI GOSTAR
WOOLY BULLY, WOOLY BULLY [...]**

Esse momento coincide com a expansão dos meios de comunicação no Brasil, especialmente a televisão, que veio dar continuidade ao *frisson* provocado pelo rádio. O musical *O Fino da Bossa*, da TV Record, que reunia os talentos de Elis Regina e Jair Rodrigues, era campeão de audiência, assim como também o programa dominical *Jovem Guarda*, com

Roberto, Erasmo e Wanderléa. Luiz estava sempre na frente de uma televisão, em qualquer lugar, em qualquer casa da vizinhança. Imitava seus ídolos e conhecia suas intimidades. O rei mesmo era Roberto Carlos, o líder dos cabeludos, mas ele tinha especial predileção por Erasmo e sua "gatinha manhosa". Seu Oswaldo era fã confesso de Jair Rodrigues exatamente por ele cantar de terno e gravata, estimulando o estilo elegante e clássico do *bel canto,* iniciado por Ataulfo Alves. Seu Oswaldo chegou a se arriscar na composição, criando várias canções, entre elas "Maura", um chorinho que mais tarde faria parte do repertório do filho.

A televisão e as telenovelas da época passaram a funcionar como caixa acústica das gravadoras, difundindo os temas musicais mais populares, garantia de sucesso em rádios e radiolas. Foi assim com *Beto Rockfeller,* da TV Tupi, responsável pela revelação da música "F comme femme" (Salvatore Adamo) e de "I started a joke" (Bee Gees). Luiz estava ligado nesse momento. Seu grande sonho era ser um ídolo da jovem guarda. No início de 1967, já se consagrava como o centro das atenções dos amigos, tocando violão na esquina até o dia amanhecer. Os moleques ficavam boquiabertos com o espetáculo da alvorada que descortinava a paisagem do alto do morro, ora amarelada e ora alaranjada, por cima do vale e da penitenciária. Exatamente no dia 2 de novembro, Luiz escreveu no caderno de anotações:

**CINCO HORAS DA MADRUGADA**
**ESCUTO OS PÁSSAROS CANTANDO**
**E O DIA VEM DESPERTANDO**
**COMO SE FOSSE [ILEGÍVEL] LEVANTA-TE, CAMARADA**

**E ATÉ O GALO NO TERREIRO**
**SAÚDA O ALVORECER**
**DESTE LUGAR BRASILEIRO**
**QUE TÃO LINDO AMANHECER**

Eram momentos emocionantes para adolescentes que sonhavam. Dessa turma faziam parte o primo Edu; o cearense Nelson de Oliveira, mais conhecido como Quixeramobim; Fernando, o Nando; e Marco Antônio Costa Santos, o Marquinho – todos apaixonados por música e poesia. Eles passavam a noite tocando embaixo da marquise da vendinha do seu João, que invariavelmente aparecia na janela para reclamar da cantoria e do barulho. Fazia parte da turma o elegante Zequinha, o passista da escola de samba do Largo do Estácio. Que era branco. O garoto Luiz Carlos Dutra, o Lelo, se lembra de ter mantido o seguinte diálogo com Luiz naqueles dias, quando enalteceu as virtudes do amigo como cantor, violonista e compositor: "Luiz, você tem talento, vai fazer sucesso um dia. Pode aguardar". Ao que Luiz teria respondido, sem pestanejar: "Não me venha com responsabilidade. Não fique me cobrando sucesso, pode parar por aí".

Outro ponto de encontro da turma era a casa do capitão Danilo, da PM, marido de dona Mariquinha, que tinha uma televisão em preto e branco e deixava a porta da sala aberta para que todos pudessem assistir. Luiz era amigo do filho deles, Paulinho, e sentava no muro da frente para tocar violão. Todos os domingos eles assistiam ao programa *Jovem Guarda*, o grande sucesso da época. Havia também um lugar batizado por eles de "banco do saco murcho", onde durante os dias sentavam os mais velhos e durante as noites, a rapaziada. Era um burburinho. Se alguém tentasse identificar o morro de São Carlos pelo som, ouviria músicas e locutores de rádio, gritos de meninos brincando, latidos de cachorros, assobios de esquinas e um esmeril de oficina de carros.

Mas nem tudo era diversão e boêmia. Durante a adolescência, Luiz teve que trabalhar duro para ajudar nas despesas da casa, e também porque, na visão de Oswaldo, "o trabalho dignifica o homem". Foram várias atividades, a principal delas como tipógrafo em uma gráfica no Estácio. Foi atendente no bar da Academia Guanabara de Halterofilismo. Depois trabalhou como vendedor e caixa de lojas, antes de começar a cantar em enfumaçados bares noturnos.

Nessa época, ainda no morro de São Carlos, entra em cena como parceiro das cantorias o amigo Walmir Lucena, o Mizinho,[*] que cantava em duas vozes com Luiz. Mizinho não era negro (parecia um índio), não tinha uma das pernas, era talentoso e, de vez em quando, se arriscava a escrever versos ou letras de música. Os dois formaram uma dupla e, logo em seguida, um quarteto com Manuel (guitarra) e Osmar Nazareno (baixo), para apresentações em circuito doméstico. Ensaiavam no quarto de Luiz, no porão, e cantavam nas festas americanas do salão paroquial. Luiz pedia e dona Eurídice fazia sanduíches para os rapazes. Com o refrigerante Crush. Eram Os Instantâneos. Passavam as tardes ensaiando. Apesar da perna mecânica – na infância ele sofreu um grave acidente de bonde e tingiu de sangue os macadames do Largo do Estácio –, Mizinho era o baterista do grupo.

A primeira música composta por Luiz Melodia, em parceria com Mizinho, chama-se "Guarida", uma balada romântica que também era chamada por eles de "Doces desejos":

**EU NUNCA PENSEI**
**QUE NA VIDA EU PUDESSE ENCONTRAR**
**ALGUÉM QUE ME DESSE GUARIDA**
**E QUE EU PUDESSE UM DIA AMAR**
**DOCES DESEJOS FOI TUDO QUE SONHEI**
**GRANDES LOUCURAS FOI TUDO QUE PENSEI**
**AGORA ENCONTREI VOCÊ PRA MIM**
**MEU BEM EU VOU SER TEU ATÉ O FIM TAMBÉM [...]**

Betinho lembra vividamente o dia em que Luiz apareceu no armazém do seu Osmar com um violão de verdade em

---

[*] Quando este livro estava sendo escrito, no dia 21 de setembro de 2018, Mizinho morreu em São Paulo, aos 67 anos, vítima de complicações cardíacas.

punho, dizendo: "Fiz uma música ontem com o Mizinho". E cantou pela primeira vez "Guarida". Logo depois ele e Mizinho fizeram uma segunda música, que também cheirava a jovem guarda, "O playboy", que fez muito sucesso na turma:

**OLHA O PLAYBOY
LÁ VAI ELE TRISTONHO
EU SEMPRE FALEI DESTA VIDA AGITADA
QUE NÃO VALE NADA
JÁ NÃO VALE MAIS UM VELHO TOSTÃO [...]**

**OLHA O PLAYBOY
LÁ VAI ELE TRISTONHO [...]**

A irmã Raquel lembra que no armário da mãe, no quarto principal, havia uma gaveta reservada ao Luiz, onde ele guardava pertences estimados, anotações, objetos pessoais. "Certa vez eu fui bisbilhotar e encontrei um monte de letras de música, poemas, tudo organizado em cadernos. Foi uma bela surpresa. Eram recados para as namoradas... Está tudo preservado." Entre essas anotações, acumuladas em cadernos escolares e folhas soltas de papel, havia uma letra de música escrita à mão, com caneta esferográfica, datada do dia 2 de novembro de 1967 (ele tinha, portanto, 16 anos), com o título em destaque, "Quero você perto de mim", na qual aparecem alguns erros gramaticais:

**A MINHA VIDA É MUITO TRISTE
MEU SOFRIMENTO NÃO TEM FIM
MEU CORAÇÃO JÁ NÃO IMPORTA
QUERO VOCÊ PERTO DE MIM
LEVAREI MINHA VIDA CLAMANDO
E MINHA TRISTEZA ASSIM
SEMPRE TE ADORANDO
QUERO VOCÊ PERTO DE MIM**

EU FICO [ILEGÍVEL] NO VALE DE LÁGRIMAS
AMARGURADO, DESPREZADO E TUDO, ENFIM
MAS NÃO DEIXAREI DE FALAR
QUERO VOCÊ PERTO DE MIM

SE UM DIA EU SOUBER
QUE VAIS PARTIR PARA LONGE
SIM, EU VOU CHORAR, BENZINHO
MAS QUANDO VOLTARES
QUERO VOCÊ PERTO DE MIM
QUERO VOCÊ JUNTO DE MIM

Outra letra, escrita em papel de carta e batizada de "Ferimento", estava assinada por Luiz Carlos:

QUE DEUS TE AJUDE
QUE EU ME ACUDA
QUE A FERIDA QUE VOCÊ DEIXOU
ESTÁ COMPLETAMENTE CRUA

MERGULHEI MEU CORPO
SOBRE UM MAR DE ROSAS
PERCEBI TAMBÉM SEU ÓDIO
NO CAMPO FLUTUAR
ADEUS, QUALQUER COISA VOU CANTAR

ESTOU CUIDANDO DA FERIDA CRUA
CUIDADO COM A SUA BELEZA
NO MEIO DA RUA

Antes de cada texto, uma anotação recorrente: "Composição de Luiz Carlos Santos".
Na gaveta havia também uma letra significativa de um dilema de adolescente em ebulição. O título: "A revolta". A assinatura: Autor Luiz Carlos, em 4/5/69.

HÁ DIAS NA VIDA DA GENTE
QUE A DOR DA REVOLTA SIM
PORQUE O AMOR E A PAZ
QUE EU TRAGO JÁ SINTO FIM

TRISTEZA ... A MALDADE
PEGA NO SEU CORAÇÃO
EU CHORO TU CHORAS E LOGO
VOCÊ VÊ TUDO EM PERDIÇÃO

GUARDANDO NA MENTE UM AMOR
AMOR BEM SEGURO DE UMA
SOLIDÃO
O DESTINO É [ILEGÍVEL] QUE O
AMOR MAIS SINCERO ELE JOGA
EM VÃO
A REVOLTA ESTÁ EM MIM EM VOCÊ
EM TUDO
A GANÂNCIA NO AMOR
FAZ DESTRUIR TUDO

Até esse momento, o máximo de drogas consumidas pelos rapazes se resumia a cerveja e comprimidos estimulantes, como o Desbutal, à base de anfetamina. Era o remédio ideal para espantar o sono e tirar a fome. Betinho se lembra de quando Luiz aprendeu a tocar no violão a música "Lindo sonho delirante", de Fábio, uma referência implícita ao LSD. Eles estavam começando a pegar nas "coisas".

Depois de Os Instantâneos, um sinal de evolução na experiência musical: o grupo agora se chamava Os Filhos do Sol e tinha o seu Hélio como empresário. Era um sexteto, com o Marquinho da turma da esquina segurando as canções no gogó, já que, além de afinado, tinha uma voz de veludo. Marquinho começou a namorar Marize, irmã mais velha de Luiz. (Mais tarde ele seria conhecido como Marquinho Satã, apelido que ganhou de Jards Macalé em homenagem a Madame Satã, e finalmente, depois de exorcizar, ficou definitivamente Sathan.) As apresentações eram mais ousadas e se estendiam para outros bairros e cidades do interior fluminense. Foi uma experiência curta, porém enriquecedora.

No camarim, quase sempre, sanduíches de mortadela e cuba-libre, a mistura de rum com Coca-Cola. Em plena atividade, Luiz se animou a participar de programas de calouros nas rádios e nos clubes. Foi cantar no programa de Jair de Taumaturgo, na Rádio Mauá, e em clubes da Tijuca. A mãe confeccionou uma camisa cor-de-rosa de gola alta para essas ocasiões, e calça boca de sino. Ele ensaiou e cantava nas apresentações a ingênua "Rosita", de Roberto Carlos, com a qual ganhou um concurso de calouros na Rádio Mauá:

**ROSITA, ROSITA**
**ONDE ESTÁS QUE NÃO VENS?**
**ROSITA, ROSITA**
**SÓ A TI EU QUERO BEM**
**EU VIVO TÃO TRISTE**
**SOZINHO E ABANDONADO**
**ROSITA, ROSITA**
**VEM VIVER AO MEU LADO [...]**

Nesse momento, 1969, Luiz Melodia se preparava para prestar o serviço militar. Estava com 18 anos e podia ser considerado um galalau. Apesar da insistência de Oswaldo, que gostaria de ver o filho seguindo a carreira militar, Luiz foi categórico: "Não vou fazer nenhum curso para sargento, não quero fazer carreira, vou sair assim que encerrar o prazo legal". Ele serviu no quartel do 15º Regimento de Cavalaria Mecanizada (RecMec), em Cascadura, onde aprendeu algumas coisas, inclusive a dirigir. Era o soldado Santos, número 1851. No futuro teria boas recordações desse período no exército.

Ele ainda não sabia, mas um evento musical de dimensões planetárias que estava acontecendo nos Estados Unidos em breve viria a ter forte influência em sua vida. Era Woodstock, o festival de música e comportamento que durante três dias sacudiu a parte ocidental da Terra – a partir de uma fazendola no leste dos Estados Unidos, próxima a Nova York. Era agosto de 1969. A notícia chegou com certo atraso ao Brasil, claro, mas isso não impediu que Luiz se tornasse fã do amor livre, de Carlos Santana, de Joe Cocker e do rock visceral que se agigantava como forte tendência na cultura global.

Foi nessa época que Luiz compôs a música que representaria um salto de qualidade nas suas composições, algo bem mais elaborado, tanto na letra quanto na melodia. A música foi batizada por ele de "My black, meu nego", referência ao estilo de certa moça para a qual ele direcionava seus olhares apaixonados. A fonte de inspiração se chamava Marlene Selix, tinha 15 anos e morava na Freguesia, na Zona Norte da cidade. Era sobrinha de Antônio, colega de farda de Luiz no quartel. Um dia, Luiz foi conhecer a família do amigo e... aconteceu. Mas há controvérsias, pois outras duas mocinhas, de nome Rosângela, também foram apontadas por amigos como as verdadeiras pérolas negras. E havia ainda uma terceira hipótese, um travesti do Estácio chamado Pérola Negra, que teria inspirado o nome. Sobre suas inclinações sexuais, explica o veterano Zeca da Cuíca, o "pai de todos", integrante da bateria da escola de São Carlos: "Era a brincadeira de trenzinho da qual só participavam meninos. O Luiz era sempre o último, atrás dele não tinha ninguém".

Mas a inspiração verdadeira para a música, confidenciou Luiz ao programa *Fantástico*, anos depois, era mesmo a Marlene da Freguesia. Mais tarde, a música "My black" foi rebatizada de "Pérola negra":

**TENTE PASSAR PELO QUE ESTOU PASSANDO**
**TENTE APAGAR ESTE TEU NOVO ENGANO**
**TENTE ME AMAR POIS ESTOU TE AMANDO**
**BABY, TE AMO, NEM SEI SE TE AMO**

TENTE USAR A ROUPA QUE ESTOU USANDO
TENTE ESQUECER EM QUE ANO ESTAMOS
ARRANJE ALGUM SANGUE, ESCREVA NUM PANO
PÉROLA NEGRA, TE AMO, TE AMO

RASGUE A CAMISA, ENXUGUE MEU PRANTO
COMO PROVA DE AMOR MOSTRE TEU NOVO CANTO
ESCREVA NUM QUADRO EM PALAVRAS GIGANTES
PÉROLA NEGRA, TE AMO, TE AMO

TENTE ENTENDER TUDO MAIS SOBRE O SEXO
PEÇA MEU LIVRO QUERENDO EU TE EMPRESTO
SE INTEIRE DA COISA SEM HAVER ENGANO
BABY, TE AMO, NEM SEI SE TE AMO
PÉROLA NEGRA, TE AMO, NEM SEI SE TE AMO
PÉROLA NEGRA, TE AMO, NEM SEI SE TE AMO
BABY, TE AMO, NEM SEI SE TE AMO

Por vários motivos, poetas e artistas da Zona Sul eram atraídos para o São Carlos. Hélio Oiticica, o pioneiro nessas incursões, em plena fase de produção dos seus parangolés, era passista da Mangueira e tinha escolhido as comunidades dos morros como parceiras de inspiração. Era amigo da Rose do Estácio e andava sempre com os poetas baianos Waly Salomão e seu irmão Jorge, o cineasta de super-8 Luís Otávio Pimentel, o ator Zé Português e o jornalista José Simão. O jornalista e poeta Torquato Neto, com coluna de sucesso no *Correio da Manhã* e no *Última Hora*, fazia parte do grupo. O cineasta Ivan Cardoso, com uma câmera na mão e uma ideia na cabeça, fotografava e filmava tudo. Ivan é hoje uma das testemunhas vivas desses acontecimentos e faz questão de deixar claro seu ponto de vista a partir de sua memória. "Quem merece ser identificado como descobridor de Luiz Melodia é Hélio Oiticica, que o apresentou a Waly Salomão e Torquato. Sempre através de

Rose, que ele também introduziu na turma. A postura do Hélio com relação ao mundo que nos cercava era absolutamente revolucionária. Ele não fazia gênero, realmente gostava das favelas, de tomar cerveja em pé no balcão."

Juntos eles formaram uma brigada do movimento da contracultura carioca. É possível – ou até provável – que essa turma tenha subido o morro pela primeira vez atrás de maconha, a erva que começava a deixar os guetos das favelas para encantar definitivamente intelectuais e jovens da classe média. Um local de reunião do grupo era a casa de Oiticica no Jardim Botânico, na parte alta e pouco povoada. Eles se reuniam para criar e para fumar baseados.

Tudo era excitante. Waly tinha vivido uma experiência indesejável dois anos antes, quando foi preso em São Paulo pelo flagrante de uma bagana de maconha. Resultado: dezoito dias de reclusão no famigerado Carandiru, entre janeiro e fevereiro de 1970. Assim que se viu livre, depois da interferência de seus advogados, Waly decidiu escrever um livro sobre o assunto aproveitando os diários do presídio, anotações feitas a lápis em um caderno escolar. Seu livro haveria de se chamar *Me segura que eu vou dar um troço* e seria editado pela José Álvaro Editor. Ele passou a usar, temporariamente, o codinome Waly Sailormoon, o marinheiro da lua. A capa do livro exibia uma foto de Ivan Cardoso na qual apareciam no calçadão de Copacabana, além de Waly, José Simão e Rubia.

O amigo Betinho recorda que Luiz surgiu na esquina com uma fita cassete e um gravador. E deu *play* para os amigos ouvirem as novas canções do que já poderia ser considerado um repertório. O resultado foi um pouco constrangedor, pois a revelação veio através da indagação de Betinho, que quebrou o silêncio. "Poxa, Luiz, é uma coisa precária, sem vida." Ao que Luiz respondeu de imediato, quase irritado: "Não seja otário, trata-se de uma fita base apenas com a minha voz, sem instrumentos musicais. Os músicos e instrumentos entram depois, no estúdio. Coisa da indústria".

No São Carlos havia, então, uma nova monarca a ser considerada pelo seu carisma. Seu nome era Rosemari, ou melhor, Rose, ou melhor, Baby Rose, a rainha das coisas. Rose, morena bonita e vistosa, era amiga de Hélio Oiticica e andava pela Zona Sul com seu séquito esfuziante de irmãos: Renault e Rubinei (fabricava cheirinho da loló, uma mistura de clorofórmio e éter), a irmã Rubia (namorada de Mizinho), Tineka, a caçula Rosângela e outros magrinhos e magrinhas. Curiosamente, todos os irmãos com os nomes começando com a letra R, pois Tineka era, na verdade, Rosineri. Eram todos filhos do notório Otto, grande proprietário de casas de meninas na Vila Mimosa, no Mangue.

Luiz Melodia era o xodó da turma. Com seu violão quebrado, animava as rodas de cerveja e da novidade proibida: os bauretes, também conhecidos como baseados. Eles ocupavam um apartamento na zona do Mangue, agora pomposamente chamada de Cidade Nova, em um edifício pequeno, peculiar, conhecido como "caixa de fósforo". Com Rubia, Luiz estimulou uma parceria musical intensa, pois, além de ser afinada, ela gostava de escrever poemas – poemas que, ao lado dele, passaram a ser letras de músicas. Um irmão de Rubia, Renault, também era compositor e autor de um volume considerável de canções. Como irmãos que eram, andavam juntos para cima e para baixo.

Rose do Estácio era a líder do grupo, a locomotiva daquele comboio, embora fosse nascida na Praça Mauá. Era oficialmente casada com o jornalista Roberto Paulino Lindolfo, do jornal *O Globo*, sempre ativo nas produções em parceria com a mulher. Na opinião de Jorge Salomão, o caçula da turma, a bela Rose era simplesmente um espetáculo, e, como se dizia na época, de fechar o comércio: "Uma mulata belíssima, charmosa e elegante. Falava como uma estrela de cinema. Ela 'chegava' nos ambientes".

Quando essa turma do São Carlos encontrou a de novos poetas ambientados na Zona Sul, teve início a fase radical da cultura no Rio. Quase todos namoravam indiscriminadamente homens e mulheres. Hélio Oiticica convidou: "Seja marginal, seja herói!" – frase criada no contexto da ditadura militar e da contracultura. A missão era confrontar a ordem estabelecida. Por meio da desobediência civil. O tropicalismo atrevido já tinha sido instalado, de norte a sul, e alguns de seus criadores estavam presos ou exilados. Era a fase do arrocho, da repressão posterior ao AI-5, o Ato Institucional criado em 1968 pelo general presidente Costa e Silva. As liberdades pessoais estavam ameaçadas – as vidas estavam ameaçadas.

O amigo Betinho, do São Carlos, se lembra de uma namorada de Luiz, de nome Juçara, "negra bonita de corpo escultural", que algumas vezes amanhecia em seu quarto. Ele a via saindo pela manhã sorrateiramente, esgueirando-se pelas vielas. Com uma particularidade: ela ganhou de Luiz uma jaqueta militar e lhe deu de presente uma calça *jeans* da Levi's, importada, que ele transformou em uniforme preferido. Tirava a calça apenas para lavar e poder vesti-la novamente.

Foi em uma noite de agitação no Teatro Tereza Rachel (hoje chamado Theatro Net Rio), na Rua Siqueira Campos, que Luiz encontrou pela primeira vez Beatriz Saldanha, capixaba de Aymorés, um ano mais jovem, ou seja, ele com 20 anos e ela com 19. Deu uma liga entre eles. Ela era dançarina, estudava balé com Lennie Dale e vinha da classe média alta de Vila Velha, onde morava a família. Estava tentando uma vaga como bailarina do Theatro Municipal do Rio. Eles começaram um relacionamento que, como veremos, seria duradouro, mas nunca harmonioso. No início, eram apenas namorados a circular pelos pontos badalados da cidade.

É versão consagrada entre os amigos de Luiz que foi Rose do Estácio, com seu espírito empreendedor, quem disse para Waly Salomão, sem delongas: "Você precisa ouvir o negrinho do São Carlos cantar e tocar, o Luiz Melodia. É impressionante!" Waly reagiu na hora: "Quero ouvir. Como fazer?" Rose indicou o atalho: "Vamos para a casa dele, no morro de São Carlos. Agora!"

Mais tarde Luiz diria: "Tive a felicidade de estar na hora e no local certos quando uma mulher que virou minha amiga, a Rose, foi me procurar no morro. Ela conhecia muito os baianos, Caetano, Waly Salomão, Gal, todos eles".

3

# O FATOR GAL COSTA
## O dia da criação

**No ano da graça de 1970,** não era apenas a alegria no futebol que motivava a vida em território nacional. Até porque, no calabouço das manifestações políticas, em plena turbulência ocidental, o couro estava comendo e poucos percebiam. Eram os anos de chumbo do governo Médici. Como saber o que estava acontecendo se os jornais estavam sob censura? A nova atração das noites brasileiras era o *Jornal Nacional*, noticiário da TV Globo que pela primeira vez integrava o país em rede. Nas bancas de jornais, o semanário *O Pasquim* era o mais vendido entre os tabloides nascidos da revolta social. Na Rua Clarice Índio do Brasil, em Botafogo, uma redação de primeira reunia os talentos de Jaguar, Millôr Fernandes, Paulo Francis, Sérgio Cabral, Ivan Lessa – seu criador –, Tarso de Castro e outros. Estavam predestinados a passar o Natal na cadeia.

Naquele dia, a comitiva se dirigiu ao morro que Waly Salomão chamava de Quilombo de São Carlos: Rose, Waly e as irmãs Tineka e Rubia. Foram ouvir Luiz tocar no porão. Seu Oswaldo estava em casa e foi testemunha desse acontecimento. Rose cuidou para que Luiz não voltasse a tocar com o violão rachado. E conseguiu. A irmã Rubia tinha ganhado um violão novo do pai, presente que chegava em boa hora. Rose fez as apresentações com entusiasmo, eram todos seus amigos. Waly ouviu e ficou impressionado com o talento do jovem Luiz, que tocou e cantou bastante. Waly adorou "My black", mas foi incisivo com relação ao nome: "Não precisa ser em inglês. Deve se chamar 'Pérola negra', como está no refrão".

O primeiro encontro bastou para Waly formatar um conceito sobre Luiz Melodia, pois não se tratava de um cantor apenas. Ele logo percebeu. Era um compositor sensível e, em certo sentido, elaborado musicalmente. "O Melodia é uma matriz. Sua poesia é elíptica, fragmentada, uma poesia de corte, como convém na modernidade. Coisa rara", disse ele no primeiro momento.

No final, combinaram que Luiz fosse visitá-los na pensão onde moravam, na Rua Viveiros de Castro, em Copacabana. Como diria Jorge Salomão, "uma das pensões mais sórdidas da cidade, deprimente, cheia de travecos". Marcaram dia e hora, lembra Jorge. "Foi algo impressionante. De repente, surgiu um crioulinho muito magro, alto e maneiroso. Chegou com um violão de apenas uma corda, que ele tocava sem pestanejar. Luiz Melodia encantou naquele dia, cantando *a capella* suas próprias composições. Podia-se perceber, escandalosamente, o seu talento."

E assim foi. Nesses dias, longe dos amigos Caetano e Gil, exilados em Londres, Waly estava trabalhando com Gal Costa e Jards Macalé, seu parceiro mais frequente. Eles preparavam um repertório para Gal defender em disco e no palco do Teatro Tereza Rachel, onde o disco deveria ser gravado ao vivo. Eram apadrinhados pelo empresário Guilherme Araújo, que criou o nome Gal para Maria da Graça e ofereceu a infraestrutura e uma parceria com a gravadora Philips e o produtor escalado para o disco, Roberto Menescal. O já célebre Macalé, que anos antes havia dinamitado o Maracanãzinho defendendo "Gothan City" no Festival Internacional da Canção, muito ligado à música brasileira de raiz (vivia colado com Nelson Cavaquinho), destaca as evidentes qualidades de Melodia: "Eu conheci o Melodia através do Hélio Oiticica, que frequentava o morro de São Carlos. Minha atenção foi inicialmente despertada para o violão, a batida, a divisão e os caminhos harmônicos que ele escolhia. Era um raro talento com o instrumento. E o timbre de voz? Tão magnífico quanto o de Milton Nascimento".

Do ponto de vista que interessa, méritos para Waly, que decidiu apresentar Luiz Melodia a Gal Costa sem intermediários. O encontro foi na casa de Gal, que nesses dias morava na Estrada do Tambá, no Vidigal. Gal ouviu Luiz cantar, amou "Pérola negra" e encomendou uma nova canção, que ele prometeu escrever. Luiz saiu da conversa levando essa missão. Para sempre ele se lembraria desse encontro como o "grande milagre" da sua vida. Para Gal, que se diz impressionada pelo talento dele, foi uma energia recíproca. "Eu passaria a vida inteira dizendo que o amava e ele também. A gente se amou desde o primeiro momento."

Quando Rose e seus irmãos se mudaram para um apartamento no morro do Vidigal, a festa ficou completa. A cidade passou a ter um novo cenário também para Luiz. Vários artistas e pessoas excêntricas moravam no Tambá; músicos, atores, comissários da Varig. O compositor Sérgio Ricardo morava no Tambá. Eles agora circulavam pela Zona Sul em um bando cada vez maior. É bom que se diga que, no caso do menino de São Carlos, a fama chegou antes do sucesso. Seu nome era pronunciado com mais frequência, graças também ao colunista Torquato Neto, do jornal *Última Hora*.

Foram a amizade e a parceria do piauiense Torquato com o grupo baiano (ele foi voz ativa da tropicália, com Gil e Caetano) que o aproximaram de Waly Salomão, uma espécie de novo baiano no cenário das agitações culturais. De volta do exílio europeu, cabeludo como todos, Torquato fazia parte da turma. Ele e Ana Duarte viveram um ano entre Londres e Paris com Hélio Oiticica, que continuava no exílio, perambulando pelo mundo. Por necessitar naquele momento de intérpretes, Torquato decidiu produzir um show e um disco compacto duplo em parceria com a jovem cantora Lena Rios, sua conterrânea. A moça estava chegando de Teresina e, depois de morar na Praça da Bandeira, estava agora em uma casa de vila na Rua Arnaldo Quintela, em Botafogo, onde todos se reuniam. Waly estava por perto e acabou influenciando na escolha do repertório montado por Torquato. Assim, foi a piauiense Lena a primeira pessoa a gravar uma música de Luiz Melodia, "Garanto", parceria com o primo Célio José, um parceiro casual:

**EU ANDO QUASE CERTO**
**MEU CAMINHO É SEMPRE RETO**
**ESQUEÇO QUEM ME ESQUECE**
**AQUEÇO QUEM ME AQUECE**
**NÃO SE COMPRA E NEM TEM PREÇO**
**UMA AMIZADE VERDADEIRA**
**VIRO MACHADO E CORTO A MADEIRA**

**SE TENS ALGUMA COISA FALE AGORA**
**APROVEITE O REFRÃO ESTA É A HORA**
**NÃO DEIXE PRA AMANHÃ**
**NEM DEIXE PRA DEPOIS**
**PORQUE SERÁ PIOR PRA NÓS DOIS [...]**

As outras faixas gravadas por Lena: "Eu sou eu, Nicuri é o diabo", de Raul Seixas; "Verão estrelado", dela mesma; e "Sem essa, aranha", também de Raul Seixas. Eram todos autores desconhecidos, ainda.

A demanda estava crescendo. Como havia prometido, Luiz pegou o violão para criar uma música para o show de Gal e compôs sem dificuldade "Presente cotidiano", adotando a dicção poética que seria sua característica:

**TÁ TUDO SOLTO NA PLATAFORMA DO AR
TÁ TUDO AÍ, TÁ TUDO AÍ
QUEM VAI QUERER COMPRAR BANANA?
QUEM VAI QUERER COMPRAR A LAMA?
QUEM VAI QUERER COMPRAR A GRANA?**

**TÁ TUDO SOLTO POR AÍ
TÁ TUDO ASSIM, TÁ TUDO ASSIM
QUEM QUER MORRER DE AMOR SE ENGANA
MOMENTOS SÃO, MOMENTOS DRAMA
O CORPO É NATURAL DA CAMA [...]**

Infortúnio de estreante, a música "Presente cotidiano" foi vetada pela Censura Federal e retirada do *set list* do show de Gal. É possível que os censores tenham implicado com o refrão "tá tão ruim/ tá tão ruim/ quem vai querer comprar banana". Sem se abater, Waly sugeriu e Gal aprovou a escolha de "Pérola negra" para substituir a música censurada. A Censura aprovou e o destino fez o resto.

Em março de 1971, chegava de Teresina – inicialmente com o propósito de cursar uma faculdade – o violonista Renato Ferreira, conhecido de Torquato, que logo o apelidou de Renato Piau. Em pouco tempo, Piau abandonou qualquer pretensão com os estudos e foi se enfronhando entre os músicos da sua geração. Ficou amigo de vários e virou parceiro de Sérgio Natureza, poeta da Tijuca, outro considerado maldito. Piau era apresentado por Torquato como "um grande talento ao violão". Assim que chegou, conseguiu uma vaga na pensão da Viveiros de Castro, onde já moravam Waly, Jorge e José Simão.

O bar da moda era o Adega Pérola, em Copacabana, que ficava ao lado do *shopping* onde estavam os dois principais palcos da cena rock da cidade: o Teatro Opinião e o Tereza Rachel, mais conhecido como Terezão. Uma dupla de músicos sempre presente entre os barris de vinho do boteco: Renato Piau e Sérgio Sampaio, que naqueles dias estava botando o bloco dele na rua. O fotógrafo Rubens Maia, amigo de todos, morava em um apartamento perto do Adega, logo transformado em ponto de encontro para quem queria fumar um e tocar violão. O apartamento de Rubens foi durante algum tempo o QG da rapaziada.

O guitarrista Piau lembra que foi em uma reunião na casa de Lena Rios, em Botafogo, que aconteceu o seu encontro com Melodia. Sempre que precisava se exibir ao violão para impressionar alguém, Renato escolhia tocar algo de Jimi Hendrix. Era batata – para usar uma expressão da época. Foi assim naquela noite, quando ao final da "apresentação", impressionado com o talento do "pequeno grande homem", Melodia já falava com ele como um novo integrante da sua banda imaginária, que haveria de existir um dia.

Depois que Waly foi levado ao morro de São Carlos para conhecer Melodia, foi como se tivessem aberto a porteira. Vamos dizer que os rapazes da Zona Sul encontraram o caminho da roça e passaram a frequentar o morro de São Carlos, seguindo os passos de Oiticica, o pioneiro. Entre eles estava um jovem de origem russa, Pedro Olsen Angert, o Dro, casado com Regina Barreto, que trabalhava com o que havia de mais moderno na praça: acrílico. Eles moravam em Santa Teresa, onde tinham casa, oficina e ateliê. Dro ainda se lembra da noite em que ouviu pela primeira vez, no apartamento de Rubens Maia, em Copacabana, o menino Luiz Melodia tocar e cantar. "Foi um choque. Foi a mesma sensação que eu senti quando ouvi pela primeira vez um sujeito magrinho cantar na varanda da casa do Rogério Duarte. Eu perguntei quem era. Ele disse que o rapaz se chamava Caetano Veloso e que estava chegando da Bahia. Desta vez, na primeira música eu parei e perguntei para alguém: 'Quem é o neguinho que está cantando?' Era Luiz Melodia, sentado no chão da sala. A cada nova canção, um prazer renovado. E não se falava de outra coisa."

Depois disso, Dro, Luís Otávio Pimentel e Zé Português subiram algumas vezes o morro de São Carlos para fumar um e jogar sinuca com Luiz e sua turma. Era o início de uma amizade que se prolongaria por décadas – na verdade, para melhor dizer, até o fim da vida.

Finalmente, em outubro de 1971, começaram os ensaios de Gal no Teatro Tereza Rachel, em Copacabana, para o show *Fa-tal*, em que ela cantava "Vapor barato", de Waly Salomão e Jards Macalé. Foi um espetáculo histórico por vários motivos: sucesso de público, Gal em plena forma, direção criativa de Waly e uma banda que tinha Lanny Gordin (guitarra), Novelli (baixo), Jorginho (bateria) e Baixinho (tuba). Uma dupla de artistas conceituados, Luciano Figueiredo e Óscar Ramos, cuidava da arte e do *design* do palco e do disco. Eles capricharam nos lábios vermelhos e sensuais de Gal, em fotos de Ivan Cardoso. Na memória de Óscar, um retrato fiel do colorido grupo. "Eles eram muito subversivos no cotidiano. Vestiam-se escandalosamente e circulavam em qualquer lugar. Quando eu os conheci, através do Luciano, foi um impacto na minha vida, pois eu vivia com minha mãe e irmã e tinha hábitos civilizados. Eles eram o pensamento vivo, na prática, de tudo que lhes passava pela cabeça, sem restrições."

A estreia de Gal no palco aconteceu em novembro, mas a temporada atravessou o verão inteiro de 1972, quando, em várias seções, seria gravado o álbum duplo *Fa-tal: Gal a todo vapor*, com dezenove faixas. Como ponto alto, Gal sozinha com o violão, extremamente sensual, de pés descalços, cantando "Antonico", de Ismael Silva, o compositor do São Carlos:

**Ô ANTONICO,**
**VOU LHE PEDIR UM FAVOR**
**QUE SÓ DEPENDE DA SUA BOA VONTADE**
**É NECESSÁRIO UMA VIRAÇÃO PRO NESTOR**
**QUE ESTÁ VIVENDO EM GRANDE DIFICULDADE [...]**

O cineasta Leon Hirszman, profissional de renome, filmou o show durante alguns dias, mas o filme nunca foi exibido. Foi o primeiro álbum duplo gravado no Brasil. Por decisão da gravadora, o disco foi lançado um pouco antes do Natal e teve enorme repercussão. Sucesso estrondoso de vendas, com o show ainda em cartaz. E pela segunda vez alguém gravava uma música de Luiz Melodia, o novo nome da MPB, agora renovada pós-festivais. Ele mesmo, como cantor, continuava inédito, mas algumas gravadoras se agitavam em torno da revelação. "Vapor barato" e "Pérola negra", ambas na voz de Gal Costa, eram os grandes sucessos da temporada. A plateia cantava junto. A crítica só tinha elogios. Como bem testemunhou o amigo Waly, "o Luiz estava nas nuvens com a repercussão". Luiz reconhecia que tudo era novo. "Lembro que quando a Gal, aquela mulher linda e gostosíssima, sentava na minha frente de perna aberta, eu não entendia picas. E era uma coisa natural. Tudo aconteceu quando eu já estava quase desistindo da música."

No torvelinho desses acontecimentos, pode-se afirmar que passou quase despercebida pelo público e pela imprensa a gravação de "Pérola negra" realizada por Angela Maria no álbum *Angela*, de 1971. Uma ou outra referência foram registradas anos depois. Na mesma seleção apresentada por Angela, que gozava de grande prestígio como cantora (era uma das rainhas do rádio), estavam clássicos da música brasileira, como "Feitiço de oração", de Noel Rosa e Vadico, e "Velha amiga", de Toquinho e Vinicius de Moraes. Luiz entrava com o pé direito na música profissional.

Foi iniciativa de Torquato e do cineasta Luís Otávio Pimentel a ideia de produzir um show com Luiz Melodia e Rubia no Teatro Opinião, um palco bastante estimulante da cena alternativa. Luiz e Rubia eram parceiros em meia dúzia de canções, mas incluíram no repertório músicas de outros compositores, como Ismael Silva. Ele dizia que a presença de Rubia no palco era importante para quebrar a sua timidez. Rose estava ajudando na produção. O fotógrafo Ivan Cardoso, o rei da bitola super-8, estava no teatro e fotografou Luiz Melodia cantando com o violão em punho, vestindo uma calça com grossas listras verticais coloridas e uma camiseta igualmente colorida, com finas listras horizontais. Uma figura.

A temporada no Opinião não trouxe grandes repercussões, não empolgou o público, mas o nome Luiz Melodia estava no ar, nas rádios e nos alto-falantes, graças ao efeito Gal. Durante todo o tempo, o ponto de encontro era o Adega Pérola, quase ao lado. Era um grupo grande. Eles tinham mesas cativas e costumavam brincar chamando-o de Adega Pérola Negra. Outro frequentador do bar que fazia parte da turma era o cantor Fábio, já famoso depois do sucesso que obteve no Festival da Canção, no Maracanãzinho, em 1969, com a música "Stella", que tinha como efeito especial um eco característico, *Stelaaaaaaa, em que estrela você se escondeu*. Fábio, que é paraguaio e morava no Solar da Fossa, se recorda de como tudo aconteceu. "Eu conheci Luiz Melodia nessa balada do Adega, em uma noite em que ele estava bebendo com os amigos Dro e o fotógrafo Rubens Maia. Era um sujeito magrinho, que me pareceu vestido com roupas de inspiração em Jimi Hendrix, coloridas e nada comuns. Me apresentaram como o autor da música gravada pela Gal Costa. Uma bela música, por sinal."

Houve ainda uma tentativa frustrada de um show de Luiz e Rubia no Planetário da Gávea, no anfiteatro ao ar livre, que um temporal de proporções catastróficas tratou de abortar. Eles esperaram a noite inteira por uma trégua da chuva, mas nada. O show foi cancelado. Foi o último ato antes da retirada de todos para o fabuloso Carnaval de 1972, em Salvador, que marcou época. Nos anais da contracultura, ele ficou registrado como o Carnaval do pó, da cocaína, do brilho, da brizola, quando os meninos se despediram das doces ilusões. John Lennon sentenciava: o sonho acabou. No auge da ditadura, a válvula de escape estava no desbunde do comportamento, na tentativa de quebrar todas as regras da hierarquia social, principalmente com a revolução sexual das mulheres. Apesar da repressão circundante, foi um momento de congraçamento para o grupo, pois Caetano e Gil estavam voltando do exílio e a temporada era de sucesso para muitos deles. Eles surfavam nas águas coloridas do tropicalismo bem-sucedido, aquele que vendia discos e tocava nas rádios. E que se via também no colorido das roupas, da nova moda.

Viajando de carro para Salvador em caravana festiva, chegaram do Rio Ivan Cardoso com a namorada, Helena Lustosa; Torquato e a mulher, Ana. O cineasta Rogério Sganzerla e a mulher, Helena Ignez, ficaram acampados em barracas na praia de Itapuã; Luiz Melodia e a turma do Estácio acamparam no Farol da Barra. Os irmãos Waly e Jorge Salomão, José Simão e Zé Português ficaram hospedados na pensão da mãe de Luciano Figueiredo, na Rua do Cabeça. Foi uma festa. Todos bronzeados e com fitinhas do Bonfim no pulso se atirando atrás do trio elétrico. O carnaval de Salvador foi tema da coluna Geleia Geral, de Torquato, no *Última Hora* da semana seguinte. Em texto curto, ele enaltecia o valor da folia baiana na vida nacional: "Quem não foi, perdeu".

Certo dia, já de volta ao Rio, por casualidade Melodia e Torquato se encontraram no Adega Pérola, que naquela tarde estava deserto de amigos. Eles decidiram ir para a casa de Torquato, na Tijuca, para comer alguma coisa. Abriram uma cerveja e foram para a cozinha. Na parede da sala, um mapa urbano de Paris lembrava o exílio recente do anfitrião, que havia passado um ano entre Londres e Paris em companhia de Hélio Oiticica. Luiz acompanhava os movimentos do amigo. "Torquato estava preparando uma farofa de ovos usando na mistura leite com farinha. Ele disse que aprendeu em Teresina essa receita prática."

Nos dias seguintes, foi Torquato quem tomou a iniciativa da parceria. Ele chegou com duas letras de música em uma folha de papel e disse: "Melodia, essas são pra você".

Uma das letras era "Que tal", que ainda continua inédita. A outra era "Começar pelo recomeço" (que seria gravada anos depois, no álbum *14 quilates,* de 1997):

**NÃO VOU LAMENTAR**
**LAMENTO MUITO, MAS AGORA NÃO DÁ**
**NÃO ME LEMBRO MAIS DO TAL MOMENTO**
**QUE VOCÊ ME DEU, QUE VOCÊ ME DEU**
**DOEU, MEU BEM, DOEU**
**MAS NÃO VOU LAMENTAR**
**O QUE NEM SEQUER ACONTECEU**
**AGRADEÇO, MAS PREFIRO RECOMEÇAR**
**PELO RECOMEÇO**
**AGRADEÇO O SEU PREÇO**
**E PELO SEU ENDEREÇO**
**PEÇO PERDÃO, DE CORAÇÃO**
**PEÇO PERDÃO**

Já foi dito que Torquato costumava escrever sobre Luiz na sua coluna no jornal, embora não tivesse muito o que dizer, ainda. Em 31 de dezembro de 1971, o piauiense enalteceu alguns destaques da temporada cultural que findava: o show de Gal, "o trabalho resistente e amadurecido de Chico Buarque" e o aparecimento de Luiz Melodia e Carlos Pinto (cantor e compositor pernambucano que fazia parte da turma). Na primeira semana de janeiro, entre notícias de que Ivan Cardoso se preparava para as filmagens de *Chuva de brotos,* com Zé Trindade, e que Jorge Salomão dirigia um show de Luiz Gonzaga, o rei do baião, Torquato proclamou: "Luiz Melodia, o autor de 'Pérola negra', uma das maravilhas do show e do disco de Gal, parou de dar colher de chá: vai gravar um disco logo. Vocês vão ouvir, aguardem".

No dia 21 de janeiro de 1972, enquanto noticiava que Waly Salomão estava finalizando o livro *Me segura que vou dar um troço,* Torquato lembrava que Luiz Melodia, ainda sem gravar, estava na área: "Tem novidade por aí? Tem Luiz Melodia. Segunda-feira que passou Melodia foi lá no *Fina flor do samba* e deu um olé. Ele é um dos novos compositores mais geniais do Brasil. Gal Costa lançou Luiz Melodia. [...] Luiz Melodia também vai gravar um disco – e breve. 'Farrapo humano', música recente, é obra-prima. E a figura, meu Deus, de Luiz Melodia: obra-prima. Melô é da pesadíssima".

Sobre essa apresentação de Luiz no espetáculo *A fina flor do samba*, no Teatro Tereza Rachel, escreveu o conceituado crítico (e compositor) Sérgio Bittencourt, no jornal *O Globo*, em janeiro de 1972: "Ontem, durante o espetáculo *A fina flor do samba*, apareceu um crioulo magrinho, tímido, olhos meio assustados percorrendo a plateia. Muito pouca gente o conhecia [...] Aos poucos, sua voz e sua bossa foram tomando conta do pessoal. Agradou. As palmas vieram".

Na plateia desse show estava o estudante de medicina Luiz Carlos Bettarello, homeopata que cuidava de Torquato Neto e que se transformaria em amigo de todos, inclusive de Luiz Melodia. Era o médico de plantão para casos emergenciais. Ele se lembra do encontro. "Eu era amigo do Helinho, cunhado do Torquato, que certa vez me ligou dizendo para eu ir à casa dele conhecer um pessoal interessante do Estácio. Eu fui, e lá estava o Luiz com mais dois amigos do São Carlos. Ficamos amigos. Depois ele apareceu algumas vezes na minha casa, em Botafogo. Foi quando ofereci a ele o chá de folha de hortelã, que virou música."

Da convivência com Torquato surgiu a ideia de um show com Luiz no Teatro Opinião, que seria dirigido e produzido também por Luís Otávio Pimentel, em dupla. O fundador e administrador do teatro era o dramaturgo João das Neves, sempre simpático às causas alternativas. O episódio resultou em um desentendimento sério entre eles. Na noite de estreia, Luiz, Piau e o resto da banda foram aquecer a garganta com vinho e cerveja no Adega Pérola, do outro lado da rua. O resultado foi um porre generalizado que inviabilizou o show, como explica Renato Piau. "Quando levantamos da mesa, tudo girou. Um dos nossos, o baixista, desmaiou e não podia tocar. Os que conseguiram ficar em pé não estavam firmes. Torquato ficou puto e me jurou de morte: 'Você pode tocar com Joan Baez e com o Bob Dylan, mas comigo você não trabalha mais'. Esse episódio teve uma grande importância na minha vida, pois eu aprendi a lição, nunca mais atrasei", diz ele.

Para Luiz Melodia, o episódio revelou quanto os rapazes eram inexperientes. "A gente era muito jovem, um pouco anarquista. Eu estava descendo o morro naqueles dias. O show era uma forma que o Torquato encontrou de me apresentar ao público da Zona Sul, pois ele gostava do meu trabalho. Mas era tudo feito nas coxas, pois a gente tomava porre em qualquer circunstância."

Foi nessa época que apareceu no Adega Pérola um freguês solitário, excêntrico como um bom baiano, músico e compositor. Apresentava-se na Bahia como uma dupla: Papa Kid e Indiano. Agora no Rio, Newton Praguer Cardoso, músico e compositor, acabou indo morar em um pequeno apartamento na Ladeira dos Tabajaras, quase atrás do Adega. Papa Kid não demorou muito para se agregar com a turma de músicos que circulava pelo lugar. Seu amigo mais frequente, desde o primeiro dia, foi Luiz Melodia, ainda um ilustre desconhecido.

Eles também passaram a frequentar o apartamento do jornalista Fernando Lemos, no Leblon, por onde passavam quando desciam do Vidigal. Fernando era editor de Torquato no *Correio da Manhã*. Morava próximo à Praça Antero de Quental, ponto estratégico para a agitada vida noturna do bairro. Para Luiz, essas reuniões eram estimulantes, na medida em que todos do pequeno círculo o tinham na conta de "a grande revelação" da MPB. Era o nome do momento. Ele mesmo reconhecia que fortalecia o ego. "Eu pego o violão e a canção sai com facilidade, estou em plena forma."

O jornalista Luís Carlos Cabral, na época repórter da sucursal do Rio de *O Estado de S. Paulo*, estava no apartamento do amigo Fernando, certa noite, quando chegou a festiva turma do Estácio. Com Rose, Melodia, Tineka... enfim, o *staff* do São Carlos e mais o cantor Macau, que Melodia conhecera na Cruzada São Sebastião, no Leblon. Foram logo acendendo um. Seu relato: "Havia um *frisson* em torno do Melodia, mas não havia violão na casa. Eu fui até o meu apartamento, perto dali, buscar meu violão, que por sinal tinha uma rachadura no bojo. Nada impediu Melodia de exibir seu talento. Tocou e cantou durante horas com enorme disposição. No final, dei o violão de presente a ele".

Para atender à demanda de um disco autoral, a convite da gravadora Polygram, Luiz se mostrou incansável. À medida que compunha, à tarde, ia mostrando para os amigos, à noite. Sabe-se que uma importante fonte de inspiração nesses dias foi uma moça chamada Deda, quase dez anos mais velha, amiga e namorada de Waly. Era magrinha, filha de cônsul, e morava em um confortável apartamento na lagoa Rodrigo de Freitas. Ele teria feito pelo menos três músicas inspiradas nela. O próprio Luiz esclarece: "Tivemos uma relação muito rápida, porém intensa. Passamos uma noite nos divertindo na ilha do Governador, eu, Rose, Piau e Deda. Depois ela deixou o Waly. Era argentina e tinha os cabelos muito compridos, na linha da cintura. Era magrelinha. Me inspirou bastante, talvez por ter sido a primeira mulher branca que eu namorei. Não sei se ela sabe que foi a musa do disco".

A afável Deda foi a inspiração assumida quando ele compôs "Vale quanto pesa":

**QUANTO VOCÊ GANHA PRA ME ENGANAR**
**QUANTO VOCÊ PAGA PRA ME VER SOFRER**
**É QUANTO VOCÊ FORÇA PRA ME DERRETER**
**SOU FORTE FEITO COBRA-CORAL**
**SEMENTE BROTA EM QUALQUER LOCAL**
**UM VELHO NOVO CARTÃO-POSTAL, CARTÃO-POSTAL**

**AQUELA MADRUGADA DEU EM NADA, DEU EM MUITO, DEU EM SOL
AQUELE SEU DESEJO ME DEU MEDO, ME DEU FORÇA, ME DEU MAL
AI DE MIM, DE NÓS DOIS
AI DE MIM, DE NÓS DOIS
VALE QUANTO PESA, REZA A LESA DE NÓS DOIS
AI DE MIM, DE NÓS DOIS
TEMOS UM PASSADO JÁ MARCADO NÃO PODEMOS MENTIR
BEIJOS DEMORADOS AFIRMADOS NÃO PODEMOS MENTIR
SOU FEITO COBRA-CORAL
SEMENTE BROTA EM QUALQUER LOCAL
UM VELHO NOVO CARTÃO-POSTAL, CARTÃO-POSTAL
AQUELA MADRUGADA DEU EM NADA, DEU EM MUITO, DEU EM SOL
AQUELE SEU DESEJO ME DEU MEDO, ME DEU FORÇA, ME DEU MAL**

Outra referência a Deda, na canção "Magrelinha", da primeira safra:

**O PÔR DO SOL VAI RENOVAR BRILHAR DE NOVO O SEU SORRISO
E LIBERTAR DA AREIA PRETA E DO ARCO-ÍRIS
COR DE SANGUE, COR DE SANGUE, COR DE SANGUE
O BEIJO MEU VEM COM MELADO DECORADO COR-DE-ROSA
O SONHO SEU VEM DOS LUGARES MAIS DISTANTES
TERRAS DOS GIGANTES
SUPER-HOMEM, SUPERMOSCA, SUPERCARIOCA, SUPEREU, SUPEREU
DEIXA TUDO EM FORMA É MELHOR NÃO SEI
NÃO TEM MAIS PERIGO DIGO JÁ NÃO SEI
ELA ESTÁ COMIGO O SOM E O SOL NÃO SEI
O SOL NÃO ADIVINHA, BABY É MAGRELINHA
O SOL NÃO ADIVINHA, BABY É MAGRELINHA
NO CORAÇÃO DO BRASIL
NO CORAÇÃO DO BRASIL**

A terceira homenagem a Deda foi "Farrapo humano", que foi inicialmente vetada pela Censura Federal e liberada depois de um recurso jurídico e da mudança da letra:

**TOCANDO SEU CORPO**
**CASTIGO, NÃO VIVO CONTIGO**
**SOU SANO, SOU FRANCO**
**ENQUANTO NÃO CALO NÃO BRIGO [...]**

**EU CHORO TANTO**
**ESCONDO E NÃO DIGO**
**VIRO FARRAPO, TENTO SUICÍDIO**
**COM CACO DE TELHA, COM CACO DE VIDRO [...]**

Era o que se chamava de sucesso boca a boca. As reuniões passaram também para o apartamento de Suzana de Moraes, filha de Vinicius, que reunia amigos e tinha um quartinho disponível onde Luiz podia jogar o corpo pela manhã. Suzana estava casada com o poeta Duda Machado, baiano, amigo de todos e letrista conceituado (parceiro de Macalé em "Hotel das estrelas"). Nessas ocasiões, a namorada de Luiz, Beatriz, estava sempre por perto. Ela desenhava e confeccionava roupas da moda, coloridas, cetim, veludo, apliques, e vendia para os amigos de Melodia, sobretudo para as mulheres. Eram figurinos especiais para artistas. Foi quando eles cogitaram morar juntos, aproveitando a disponibilidade de um apartamento próximo de onde ela morava com a amiga Lúcia Marina, na Rua Mundo Novo, uma colina de Botafogo. Naqueles dias, Luiz ocupava um quarto na casa do fotógrafo Maurício Cirne e sua mulher, Terezão, no Leblon. Ele parecia um bibelô, de um lado para outro da cidade, com seu 1,79 metro de altura. Apesar da implicância de uma irmã de Beatriz, que não aceitava a relação e abominava o comportamento social de Luiz, eles juntaram os trapos.

No dia 11 de março de 1972, naquela que seria a última coluna escrita por Torquato no *Última Hora*, o tema único era Luiz Melodia. Para comprovar o prestígio do menino do Estácio, Torquato apresentou a letra completa das três últimas composições dele, ainda inéditas: "Estácio, eu e você"; "Feras que viram" e "Farrapo humano". Na abertura da coluna, Torquato dizia: "Luiz Melodia: foxes e sambas e muita coisa mais: Morro de São Carlos, Rio de Janeiro, Zona Sul, 1972. Lançado por *Gal a todo vapor* cantando "Pérola negra", aquela maravilha que vocês conhecem. Um pacote de músicas maravilhosas, novas e inéditas". E publicava a letra das três músicas, inclusive "Estácio, eu e você":

**VAMOS PASSEAR NA PRAÇA**
**ENQUANTO O LOBO NÃO VEM**
**ENQUANTO SOU DE NINGUÉM**
**ENQUANTO QUERO TE VER**

**VAMOS PASSEAR NA PRAÇA**
**ENQUANTO SOU DE VOCÊ**
**ENQUANTO QUERO SOFRER**
**CURTINDO DESSA DONZELA, DONZELA**

**HOJE O TEMPO ESTÁ MAIS FIRME**
**ABRE MAIS MEU APETITE**
**CURA SECA MINHA BRONQUITE**
**ALGUMAS FOLHAS DE HORTELÃ [...]**

Mas a consolidação do prestígio de Luiz como compositor viria com a gravação de "Estácio, holly Estácio" por Maria Bethânia, no álbum *Drama*, de 1972. O disco foi produzido pelo mano Caetano, bastante qualificado para opinar na escolha do repertório. Como espetáculo de teatro, o show *Drama* fez carreira, atravessando anos em cartaz no Rio, em São Paulo e em outras capitais brasileiras. A letra e a melodia de "Estácio, holly Estácio", que Luiz chamava de hino, traziam uma dicção poética sob medida para o canto teatral de Bethânia:

**SE ALGUÉM QUER MATAR-ME DE AMOR
QUE ME MATE NO ESTÁCIO
BEM NO COMPASSO,
BEM JUNTO AO PASSO
DO PASSISTA DA ESCOLA DE SAMBA
DO LARGO DO ESTÁCIO**

**O ESTÁCIO ACALMA O SENTIDO DOS ERROS QUE FAÇO
TRAGO NÃO TRAÇO, FAÇO NÃO CAÇO
O AMOR DA MORENA MALDITA DOMINGO NO ESPAÇO**

**FICO MANSO, AMANSO A DOR
HOLIDAY É UM DIA DE PAZ
SOLTO O ÓDIO, MATO O AMOR
HOLIDAY EU JÁ NÃO PENSO MAIS**

Em novembro de 1972, uma notícia capaz de abalar o moral da tropa: Torquato Neto se suicidou abrindo o gás do banheiro no apartamento da família, na Tijuca. Foi na noite do seu vigésimo oitavo aniversário, que ele comemorou no Bar das Pombas, na Usina, com alguns familiares e amigos, entre eles Luís Otávio. Esse foi o desfecho de uma fase de profunda depressão, exacerbada sobretudo pelo excesso de álcool e drogas. E, claro, pelas agruras de uma vida atribulada, recheada de embates contra a censura e a truculência. Foi um choque geral em todo o país. Afinal, Torquato tinha seu nome ligado ao flamejante tropicalismo, um furacão criativo que passou arrastando todo o país para a folia, comandado por Gil, Caetano, Tom Zé e Hélio Oiticica. Na turma de amigos, a morte de Torquato representou um duro golpe.

Mas, como a vida tem que continuar, o show de Gal Costa no MAM carioca, em plena efervescência do seu nome como estrela da MPB, atraiu muita gente jovem e colorida. Na plateia, um astro em ascendência, o pernambucano Alceu Valença, que despontava com um novo perfil pop regional, influenciado pelo ritmo e poesias nordestinas. Ele lembra esse momento: "Eu estava maravilhado com aquela mulher e sua banda competente quando, de repente, ela chamou ao palco – tendo antes o cuidado de fazer a apresentação – um neguinho magro e insinuante, que ela chamava de Luiz Melodia, autor da música "Pérola negra", que ela tinha gravado no seu disco *Fa-tal*. Eu nunca tinha ouvido falar nele. Foi assim que ouvi Luiz Melodia pela primeira vez".

A preparação para a gravação do disco de estreia aconteceu em grande estilo. A gravadora Polygram (um selo da Philips) alugou uma casa de vários quartos em Jacarepaguá com o propósito de servir de base para a produção e ensaios que resultassem em novas composições. Nessa casa foram morar, além de Luiz, o baixista Rubão Sabino, o guitarrista Renato Piau e, como excentricidade máxima, a figura andrajosa de um músico extremamente alternativo, o Daminhão Experiença. Daminhão, morador de Ipanema, pioneiro em cabelos *dread* (rastafári, dizia-se), era quase sempre confundido com um mendigo.

Em dezembro de 1972, Luiz finalmente entrava nos estúdios da Polygram, em Botafogo, para as gravações do seu disco de estreia, que haveria de se chamar *Pérola negra*. Ele chegou com as dez faixas definidas, que receberam arranjos de Perinho Albuquerque (não confundir com Perinho Santana, guitarrista, que também trabalhava com Luiz). A primeira banda a acompanhá-lo era formada por Rubão (baixo), Antônio Perna (piano), Lula Nascimento (bateria), Regional do Canhoto, Altamiro Carrilho (flauta) e Renato Piau (guitarra em "Farrapo humano"). Algumas participações especiais no disco: Robertinho Silva (bateria), Rildo Hora (harmônica), Pascoal Meirelles (bateria em "Pra aquietar"), Hyldon (guitarra), Luiz Alves (baixo) e Dominguinhos (acordeom). Daminhão Experiença participa do vocal em "Forró de Janeiro".

O baiano Hyldon, que tinha a mesma idade de Luiz, lembra que sua participação foi curiosa, pois foi chamado quando o disco já tinha sido gravado. "Eu era assistente do Mazzola, técnico de gravação que estava mixando o disco do Melodia. Um dia ele me falou que em determinada faixa sentia falta de uma guitarra. Me perguntou se eu aceitava tocar alguma coisa, fazer um ajuste na edição. Eu aceitei, claro, pois sou profissional. Então, minha participação no disco de estreia do Melodia foi solar, separadamente, uma guitarra na faixa 'Pra aquietar'."

As dez faixas gravadas por Luiz, inclusive as canções para Deda, eram autorais; não havia nem sequer uma parceria:

**Lado A**
Estácio, eu e você
Vale quanto pesa
Estácio, holly Estácio
Pra aquietar
Abundantemente morte

**Lado B**
Pérola negra
Magrelinha
Farrapo humano
Objeto H
Forró de janeiro

As gravações adentraram janeiro de 1973, com sessões diárias das nove da manhã às três da tarde. O disco ficou pronto em cerca de dois meses, e a mixagem final não agradou ao autor, que considerou que a sua voz estava "escondida" entre os vários instrumentos. Curiosamente, ele não tocava nenhum. "Muita gente queria que eu tocasse no disco, mas não toquei. Achei que havia músicos que fariam melhor do que eu."

No repertório, uma canção emblemática, que seria mais uma marca oblíqua das criações de Luiz Melodia, "Abundantemente morte", criada para negar o fenômeno natural, poeticamente:

SOU PEROBA
SOU A FEBRE
QUEM SOU EU
SOU UM MORTO QUE VIVEU
CORPO HUMANO QUE VENCEU
NINGUÉM MORREU
NINGUÉM MORREU
NINGUÉM MORREU

TABULETAS
GRANDES LETRAS FEITO EU
ABUNDANTEMENTE BREU
ABUNDANTEMENTE FEL
NINGUÉM MORREU
NINGUÉM MORREU
NINGUÉM MORREU [...]

 O disco *Pérola negra* saiu com uma foto de Rubens Maia na capa, na qual Luiz aparece sentado, de pernas cruzadas, dentro de uma banheira na vertical, com um globo terrestre nas mãos. Vestia uma camisa *jeans* emprestada do amigo e baixista Rubão Sabino, e estava cercado de feijão-preto por todos os lados, como se fossem pérolas negras. A foto foi feita em um ferro-velho de Copacabana, durante uma tarde de trabalho que incluiu flagrantes em vários pontos do bairro. Na contracapa, em miríades de fotos menores, um painel onde aparecem Waly Salomão, Renato Piau, Robertinho Silva, a turma do Estácio, algumas crianças do morro e outras pessoas.
 Não se pode dizer que o disco tenha feito um sucesso estrondoso, apesar das críticas favoráveis publicadas em jornais e revistas. Tárik de Souza, crítico do *Jornal do Brasil*, classificou a música "Pérola negra" como uma "espantosa canção de amor, canção que confessa a incerteza e o dilema deste sentimento". Muitos diziam que o charme estava na mistura de influências musicais, do tradicional samba de morro à bossa nova, à jovem

guarda (rock) e à MPB tradicional, compondo uma espécie de "poesia espontânea" de Luiz Melodia. Mas certamente o disco *Pérola negra*, saindo do forno, significava um troféu valioso para um segmento de pessoas que acompanhavam de perto a trajetória até então *underground* de Luiz Melodia.

Sobre a revelação que se apresentava na nova cena musical, disse o atento Jards Macalé: "Ele não representa nenhuma atitude intelectual diante da crise, diante dessa coisa de raízes, de influências externas. O Melodia simplesmente é isso tudo, é o Estácio, os Beatles, o samba, o rock. Ele é todas as medidas sem medo e sem preconceito".

Algo estava mudando. Com o dinheiro recebido da gravadora Philips pela execução de "Pérola negra" no disco de Gal, Luiz comprou uma motoneta Velosolex para circular pela cidade. Um pouco mais do que uma bicicleta com motor. Podia ser perigoso usá-la no trânsito agitado do Rio, mas era prático. Ele apareceu no morro de São Carlos pilotando a magrela para bater um papo na esquina com os antigos camaradas. Com a intervenção de Beatriz, separou uma quantia da grana recebida para entregar ao pai, seu Oswaldo. A irmã Raquel lembra da cena. "A Beatriz veio aqui em casa e entregou um maço de dinheiro para o meu pai, dizendo que era o primeiro fruto da carreira do Luiz, que outros viriam."

Nessa mesma época, o inquieto produtor Roberto Menescal, que trabalhava para a gravadora Philips, preparava o lançamento da carreira de alguns novatos considerados promissores – além de Luiz Melodia –, como Raul Seixas, Fagner e Sérgio Sampaio. À exceção de Raul, nenhum conseguiu grande sucesso de venda no lançamento, ficando nivelados na faixa de "mil e poucos" discos vendidos. Mas as possibilidades eram grandes, e, para Luiz, os shows em clubes e programas de televisão continuavam bombando.

A revista *Fatos & Fotos*, de circulação nacional, apresentou uma grande reportagem assinada pela jornalista Rosa Nepomuceno com o título em letras garrafais: "O estouro de um novo som". Foi a primeira grande reportagem feita exclusivamente com Luiz. Várias fotos dele ilustravam a matéria. Na maior, Luiz aparece sentado com o violão na mão, encarando a câmera. Com ares de moleque, pós-adolescente. O texto de apresentação que introduzia o assunto: "Feliz com a moto que ganhou, apesar de ainda barbeiro e de levar uns tombos, adora correr nela, 'para que as preocupações voem'. Não está mais nem um pouco preocupado com sua carreira de compositor e sorri, tímido, quando alguém diz que 'o novo estouro veio do Estácio'. É Luiz Melodia".

O resultado prático e material de todo esse sucesso ficou evidente quando Luiz apareceu no morro de São Carlos dirigindo um Fusca branco, novo em folha, que tinha comprado numa revendedora. Zero-quilômetro. Era um modelo 1300, mais conhecido pela rapaziada como "militrica". Foi uma imposição de Beatriz, que temia pela segurança na moto. E com razão, pois semanas depois Luiz praticamente destruiu o carro ao bater no cruzamento das ruas Paulo de Frontin com Haddock Lobo, na Tijuca. Não sofreu ferimentos.

Com a maré das finanças estável, ele logo comprou outro carro zero-quilômetro, um novo Fusca. As subidas para a colina do Novo Mundo ficaram mais confortáveis. Na sequência, exatamente um ano depois, ele apareceria no São Carlos pilotando um Fiat 147 branco, placa RS 1522. Betinho assistiu à cena. "Ele chegou todo orgulhoso, mas humilde como sempre, sem afetação. Encostou, me passou a chave, perguntando: 'Betinho, quer dar uma volta?'"

Para Renato Piau, ele disse: "Venha comigo, quero te mostrar uma coisa". E apontando o Fiat: "Entra aí, vamos dar uma volta". Renato ainda perguntou, surpreso: "Isto é teu, Luiz?"

# 4
# A VOZ DO MORRO
## Uma oitava acima

**O lançamento do disco de estreia** manteve Luiz Melodia ocupado ao longo de 1973, ano em que também foram lançados o primeiro disco do grupo Secos & Molhados e *Dark side of the moon*, do Pink Floyd – e que ficou conhecido como o da ressurreição da MPB, quando um elenco fabuloso de músicos confirmou inscrição no time dos melhores talentos. Surgiram Fagner, Belchior, Ednardo e Marina, entre outros. Tim Maia já estava consolidado. Era a nova safra pós-festivais. Mas esse foi também o ano em que Brasil e Paraguai assinaram o tratado binacional para a construção da hidrelétrica de Itaipu, para aproveitar o potencial do rio Paraná. Um divisor de águas. Luiz passou o ano inteiro atendendo a solicitações para entrevistas em rádios e televisões, agora com um repertório enriquecido e acessível ao público, pois o disco estava nas lojas. Sua apresentação na *Discoteca do Chacrinha*, cantando "Pérola negra", teve consequências positivas. No meio da música ele tirou a chacrete Sandra, uma morena alta e vistosa, para dançar. Foi um sucesso, pois Luiz era um reconhecido pé de valsa, elegante e com trejeitos de mestre-sala. Na memória da moça ficou um momento especial do trabalho no palco: "O Chacrinha gostou da brincadeira e decidiu que daquele dia em diante eu seria Sandra Pérola Negra".

Nesses dias, em meio ao lançamento de *Pérola negra*, quando se ocupava em montar uma banda, Luiz conheceu o músico baiano Ricardo Augusto, que acabou lhe indicando, através de um produtor executivo, o guitarrista (também baiano) Perinho Santana, seu vizinho em Santa Teresa. O próprio Ricardo passou a eventualmente fazer parte da banda, nas apresentações ao vivo em teatros e festivais. Ainda hoje Ricardo lembra a primeira impressão que Luiz lhe provocou: "Era um artista sofisticado que gostava das coisas simples. Tinha um espírito livre, levava a vida como queria. Fiz muitos shows tipo voz e violão com ele. Além de parceiros e colegas, ficamos amigos".

Em 2 de fevereiro, às vésperas do Carnaval, uma experiência amarga e perfeitamente dispensável, quando Luiz se apresentou no I Festival de Verão de Nova Jerusalém, no agreste pernambucano. Ele foi escalado para a noite de maior público, perto de dez mil pessoas. Quando aquele desconhecido entrou no palco e começou a cantar "Farrapo humano", a plateia começou a vaiar. Foi difícil terminar a música. Depois, com "Maravilhas contemporâneas", as vaias diminuíram um pouco, mas ainda eram audíveis. Foi desagradável, pois ele se desconcentrava ao cantar. Foi preciso a interferência de Gilberto Gil, que entrou no palco falando palavras no dialeto iorubá. Os xingamentos racistas continuaram, agora acompanhados de pedras e latas de cerveja. Melodia conseguiu chegar ao fim, mas desabou no camarim em uma grande crise de choro. Esse foi, sem dúvida alguma, um episódio marcante na vida dele. Para nunca ser esquecido.

No meio do ano, uma boa notícia: seu nome foi incluído no elenco da gravadora Fontana para a produção de um vinil que reuniria catorze nomes em evidência da nova MPB, entre os quais, Raul Seixas, Caetano Veloso, Gilberto Gil, Fagner, Sérgio Sampaio e Gal Costa. Luiz Melodia interpretou "Estácio, holly Estácio", sobre o bairro sagrado. O projeto, chamado *Máximo de sucessos*, era vendido também em formato de fita cassete. Na capa e na contracapa o elenco foi apresentado com caricaturas criativas feitas pelo artista Nilo Jorge.

Mas, ao contrário do que a agenda de trabalho poderia sugerir, não havia exatamente uma lua de mel entre Luiz e a gravadora. Houve um desentendimento sério com a Philips, assim justificado por ele: "Eles logo passaram a me pressionar para gravar um segundo LP. Eu ainda não me sentia pronto, faltava um verniz na minha parte artística. Para complicar ainda mais, a gravadora sugeriu um álbum só com sambas, pois queriam me fazer um sambista. Não deu certo e eu passei a ser considerado um cara difícil".

Assim se explicam os quatro anos que Luiz Melodia ficou sem gravar um novo disco, apesar da grande expectativa em torno de seu nome. Das diatribes dessa época com o pessoal da gravadora, uma deixou sequelas: Luiz e Roberto Menescal, produtor e ícone da bossa nova, já não eram mais bons amigos.

Para amenizar as agruras de um cotidiano tenso e cheio de incertezas, Luiz passou a participar de forma recreativa do time de peladas da gravadora Polygram, ao lado de outros craques da música, como Paulo Sérgio Valle, Fagner, Odair José, Ivan Lins, Jorge Ben Jor, o maestro Erlon Chaves e outros. Havia também peladas no campo do Caxinguelê, no Horto Florestal, onde se reunia, além de funcionários da TV Globo, um time peladeiro de respeito: Evandro Mesquita, Dadi (dos Novos Baianos) e uma turma de jovens poetas da Zona Sul, como Ronaldo Santos, Ronaldo Bastos, Chacal, Bernardo Vilhena – ou seja, o pessoal da Nuvem Cigana. O baiano Hyldon, um pouco desgarrado, estava sempre jogando "em qualquer time" e se considera um peladeiro profissional. "Eu sou mesmo das antigas, frequentei as peladas que o Armando Pittigliani, da Phonogram [que mais tarde passou a ser a Polygram], promovia no Zincão, no Alto da Boa Vista, ainda nos anos 1970. Ali jogava o elenco inteiro da gravadora, todos os sábados; Wilson Simonal, Babulina, como era conhecido o Jorge Ben Jor, e muitos outros. O Chico Buarque começou a se interessar por peladas ali, mas eu sempre preferia jogar onde estivesse faltando alguém. O Luiz também era assim. Aliás, eu conheci realmente o Luiz em uma reunião na casa do empresário Guilherme Araújo. Ele fez um sarau para escolher uma música para o disco que a Gal estava preparando. Não fui escolhido, mas ela escolheu uma música do Luiz, a famosa "Pérola negra."

Outro polo de peladeiros, de fama internacional, era o sítio dos Novos Baianos no bairro de Campo Grande. Foi no contexto dessas peladas que o craque Galvão, autor de vários sucessos do grupo, como "Preta pretinha" e "Acabou chorare", conheceu Luiz Melodia. "O Melodia passou a frequentar o sítio dos Novos Baianos. Era bom de bola e sabia se comportar em campo. No nosso time, o Moraes e o Pepeu eram os craques. O Melodia foi se enturmando. Fiquei amigo dele, e, como também sou vascaíno, algumas vezes fomos juntos ver o Vasco jogar em São Januário."

Apesar de baiano, Hyldon não era do grupo. Como guitarrista e cantor, fazia carreira independente e solitária. Como peladeiro "viciado", ele também jogou no sítio de Campo Grande. "Eu me lembro daquela sujeira na cozinha, coisa impressionante, que foi parar na capa do disco deles. Lembro também que fui procurar algo para beber e, quando abri a geladeira, tinha um tênis do Pepeu Gomes lá dentro."

Outro baiano que morava no famoso sítio, o produtor Gato Félix, lembra que Melodia acabou fazendo parte do time dos Novos Baianos como titular. "Foi o começo da nossa amizade. Eu o escalei como centroavante do nosso time, aliás, um timaço. Éramos onze, em campo de tamanho profissional, com um meio-campo que tinha Galvão, eu, Afonsinho e Ney Conceição. O Luiz era uma pessoa muito interessante, um boêmio de estirpe. Depois trabalhei para ele como produtor."

Os craques Afonsinho e Ney Conceição, na época estrelas do time profissional do Botafogo, eram peladeiros de raiz e jogavam tanto no time dos Novos Baianos quanto na equipe que montaram, o Trem da Alegria. Afonsinho lembra que Melodia, quando queria, era titular do Trem da Alegria, que tinha craques do Botafogo e do Fluminense (Altair, Samarone, Paulo Cesar Caju) e artistas como Paulinho da Viola.

Na pelada da gravadora, Luiz era protegido do amigo Oberdan Magalhães, saxofonista e goleiro. Foi com esse time que eles enfrentaram o fabuloso Politheama, de Chico Buarque, no campo do Recreio. Diz a lenda que, para assinar contrato para um novo disco com a Phonogram, Chico ganhou um terreno na Barra, que transformou em campo de pelada. Mais tarde ele lhe daria o nome de Centro Recreativo João do Vale. No time de Chico despontavam músicos como João Nogueira, Carlinhos Vergueiro, Hyldon e o pessoal do MPB4, que se misturavam a craques consagrados como Afonsinho, Ney Conceição e Samarone. O cearense Fagner tinha o seu time, o Vento Forte. O time de Evandro Mesquita se chamava Fumacê. Hyldon lembra com alguma nostalgia: "Era tudo muito especial. O grupo, o bar do Chico, a mesma seriedade na pelada e a presença sempre agradável das mulheres, entre elas Beth Carvalho, Miúcha e Cristina, também irmã do Chico, que estavam sempre animando a festa. Quando o jogo acabava, começava o samba, que entrava pela noite".

Certa vez aconteceu um episódio bizarro, quando Luiz apareceu na pelada do Chico ainda bêbado mas ninguém percebeu. Definiram os times no par ou ímpar e alguém escolheu o Luiz. Continuaram sem perceber nada. Só no desenvolvimento da pelada, com dez minutos de bola rolando, foi que alguém denunciou aos berros: "Porra, o Melodia não consegue nem falar. Mal consegue parar em pé. Fica apontando com o dedo para todos os lados do campo".

Hyldon se lembra de um dia em que encontrou um amigo crioulo e ambos entraram em um táxi para seguir para o Caxinguelê. Era dia de jogos importantes, sexta-feira gorda com um torneio muito disputado. Por uma razão que até hoje ele não entende perfeitamente, o motorista implicou com eles. Ficava olhando pelo espelho retrovisor, até que parou junto a uma viatura da PM e disse aos policiais: "Tenho dois suspeitos aqui, acho que iam me assaltar". Foi uma confusão danada. Os policiais deram voz de prisão aos dois, colocaram na "joaninha" e seguiram com a sirene ligada para a delegacia do Leblon. Na delegacia, alguém reconheceu Hyldon, e o imbróglio foi desfeito. Como ele continuava exaltado, dizendo que estava atrasado para a pelada, o subdelegado, pedindo desculpas, ordenou que levassem os dois. Com a sirene ligada. Hyldon lembra que o carro da PM entrou com a sirene ligada no Caxinguelê. "Foi uma correria. Tanto os que estavam em campo, jogando, quanto os da arquibancada, que assistiam. Pânico. A maioria correu para o bambuzal que tinha atrás. Mas não houve nada, os PMs nos largaram e foram embora. Depois todos vieram reclamar comigo, dizendo que dispensaram as coisas no mato."

E, por fim, havia a pelada com a turma do São Carlos, em um time ao qual Luiz continuava ligado. Era o Estácio, holly Estácio, literalmente um time da pesada, com destaque para Nelson Galinha (sambista e famoso traficante do morro) e alguns irmãos de Rose do Estácio. O amigo Jards Macalé, conhecido no meio *underground* como "o faquir da dor", fazia parte do time, circunstancialmente, pois era o dono do carro utilizado para o transporte de todos, uma Variant vermelha. Macalé se reconhece um jogador medíocre, um perna de pau, por isso entendia quando era escalado para jogar na ponta direita, isolado na frente: para não atrapalhar. Macalé se lembra de um jogo levado a sério contra o badalado time de Chico Buarque, no campo do Politheama, que virou atração nos anos 1980 quando o sítio dos Novos Baianos acabou: "O time do Chico era movido a birita, cerveja, uísque, enquanto os meninos do Estácio eram energizados a cocaína. Resultado: o placar foi um humilhante 11 a 2 ou 12 a 1 para o time do São Carlos. Os meninos corriam muito, estavam elétricos. Nesse mesmo jogo acertei uma canelada no Chico, daquelas de doer, que o Melodia jurava ter sido de propósito. Mas não foi, eu era ruim mesmo".

Assim se justifica que em shows de Luiz Melodia ou Paulinho da Viola ou Moraes Moreira ou Alceu Valença a plateia entrasse em transe com a presença da turma das peladas. Ou melhor, tudo era uma coisa só, uma grande festa de resistência cultural contra a ditadura. Era o fim dos anos românticos e o início da automação do cotidiano. Ainda não havia telefone celular, nem computador. Na paisagem urbana, um orelhão em cada esquina. Como lembra Afonsinho: "Eu assisti muitos shows de Luiz Melodia, como de Paulinho da Viola e do meu prezado amigo Gilberto Gil. Todos se conheciam e se encontravam nos teatros. As noites na Zona Sul eram eletrizantes e a juventude, insuperável".

Pode-se dizer que 1973 foi um ano de turbulência para Luiz, não apenas pelos atritos com a gravadora – que ainda vinham sendo administrados por Guilherme Araújo –, mas também pela inesperada gravidez de Beatriz. Não se pode dizer que Luiz tenha recebido bem a notícia de que ia ser pai. Na opinião de Beatriz, ele ficou bastante agitado. "O Luiz era muito jovem, nunca quis ter uma casa, um casamento, um filho, não tinha a pretensão sequer de ter um lugar para morar. Quando eu o conheci ele tinha vários lugares onde podia dormir, e gostava disso. A ideia de ser pai trouxe uma certa inquietação para ele, mais preocupado com a carreira. Mas eu estava apaixonada."

O fato de não estar gravando não significa que Luiz tivesse deixado de compor. Pelo contrário. Havia uma nova safra de composições que amenizavam a angústia da espera. Uma espera que contribuía para a sua fama de "maldito", de artista que não aceitava a mordaça das gravadoras e que tinha vontade própria. Mas agora as negociações estavam sendo encaminhadas com a Som Livre, uma novidade no mercado fonográfico, ligada ao grupo Globo, do empresário Roberto Marinho. Ele continuava compondo. Como viria a se tornar uma postura recorrente, nesses dias criou uma homenagem a uma amiga considerada de "alta estima", Baby Rose do Estácio:

ZÉ... ZÉ... ZÉ... ZÉ
BRA... BRA... BRA... BRA
ZIL... ZIL... ZIL... ZIL
RÁ... RÁ... RÁ... RÁ

MEU RECINTO ESTÁ FECHADO
MINHA LOJA TAMBÉM
FECHADO PARA ALMOÇO
AMOR LIVRE TAMBÉM
FECHADO PARA O SEXO

HOJE TUDO ESTÁ FECHADO
EU RELEMBRO MEU PASSADO
HOJE TUDO ESTÁ FECHADO
EU RELEMBRO MEU PASSADO

EU ESTOU COM BABY ROSE
TUDO CERTO, O QUE QUE HOUVE?
BABY LÁ DA ZONA SUL
TUDO AZUL, TUDO AZUL [...]

Em janeiro de 1974, uma aventura com sabor de dendê. Seguindo a tendência e os amigos Caetano e Gil, Luiz decidiu ir a Salvador acompanhar o Festival de Verão, organizado por Guilherme Araújo. Ele não estava na programação oficial, mas mesmo assim se deixou contaminar pelo clima. Já conhecia a cidade, onde tinha vários amigos. Nesses dias, ele conheceu o guitarrista carioca Frederico Mendonça, o Fredera, remanescente do mitológico grupo Som Imaginário, que trabalhava com Milton Nascimento. Eles já tinham se encontrado nos corredores das gravadoras e em casas de show do Rio, mas dessa vez houve empatia. Fredera e a namorada, Vera, levaram 38 horas para viajar do Rio a Salvador. De Kombi. E logo se envolveram no clima de trabalho, música e festa que dominava a capital baiana. Fredera estava escalado para tocar nas bandas dos músicos baianos. A agitação se concentrava no Teatro Vila Velha, onde tudo acontecia. Incentivado pelo amigo, Luiz encarou um show relâmpago, em plena terça-feira, fora da programação, no mesmo teatro, com o apoio de uma banda organizada na hora com o auxílio inestimável do saxofonista Oberdan. Fredera cuidou dos arranjos. Luiz estava se conectando com músicos que viriam a estar para sempre ligados ao seu trabalho e ao seu destino. Na lembrança de Fredera, foi uma experiência muito bem-sucedida: "A gente aproveitou um dia sem programação do evento oficial e fizemos um show de arrepiar, muito forte mesmo, com poucos ensaios. Não se falava de outra coisa".

Depois de uma semana em alta rotação e total efervescência em Salvador, Luiz voltou ao Rio com as baterias recarregadas. Tinha colocado mais um tijolinho na construção do seu prestígio musical.

Chegando ao Rio, uma notícia desagradável, mas ao mesmo tempo rotineira naqueles dias de chumbo: sua música "Feto, poeta do mundo" tinha sido vetada pela Censura Federal, com três carimbos e três assinaturas oficiais. A música saiu temporariamente dos planos de gravação. Eis parte da letra proibida:

**ESTA SANTA**
**ESTE ROSTO**
**ESTA MADRUGADA**
**ESTA DANÇA**
**ESTE ROXO**
**ESTA MÃO GELADA**
**ESTE ATENTO**
**OUÇO PASSOS**
**SOBRE OS CORREDORES [...]**

Antes de acabar o ano de 1974 aconteceram dois shows em Brasília, sob a direção do amigo Oberdan, que tocou flauta: em uma butique para a elite e na Base Aérea da Aeronáutica, para o alto-comando. Segundo Oberdan: "Tocamos para os dois extremos e agradamos nos dois ambientes".

Em casa, com Beatriz, as coisas não andavam bem. Poucos amigos os visitavam no Mundo Novo, entre eles, Daminhão Experiença, o casal Dro e Regina, que também estava grávida, Renault e a turma do Estácio. Para Beatriz, um cotidiano pesado. Ela diz ter conhecido nessa época a solidão da gravidez. Tudo contribuía para que Luiz não voltasse a atenção para o que acontecia em casa. Ainda sem gravadora, sofria a angústia de uma negociação para poder realizar um novo disco. Como consequência, lembra Beatriz, sua presença em casa foi ficando rara, estava sempre com os amigos pela cidade. "Ele não contribuía com nada, nenhum centavo. Chegou a me dizer na cara que o filho não era dele."

Havia um descompasso evidente entre as intenções e as expectativas. Luiz dizia ter sido surpreendido quando, certa noite, ao chegar em casa, encontrou tudo mudado, ou quase. Beatriz havia levado alguns pertences (inclusive a televisão), roupas, e voltara para a casa dos pais em Vila Velha. Alegava que não tinha mais condições de permanecer no Rio e que a situação tinha chegado ao limite. "O Luiz foi avisado. Ele até rasgou uma passagem que eu tinha comprado dias antes. Eu falei que não estava mais suportando. No final, pensei: 'Eu não posso gostar mais dele do que de mim'. E fui embora."

Ele, por sua vez, se dizia injustiçado, chocado mesmo com o que considerava "uma fuga" de Beatriz. Ficou sabendo que a família dela não queria aproximação e que ele não deveria procurá-la. A verdade é que apenas catorze dias depois de sua chegada a Vitória, ou seja, no dia 10 de junho de 1974, Beatriz dava à luz Hiran Athayde de Oliveira, primeiro filho de Luiz Melodia, que nasceu com quase 5 quilos, uma das razões para uma gravidez complicada para a mãe, que apresentou pequenos deslocamentos das costelas do lado direito.

Ela o sustentava no ar como um troféu: "É um crioulinho".

Não era uma situação cômoda – e Luiz passou exatamente dois anos sem conhecer o filho. Ele se dizia injuriado; ela, depois que saiu de casa, afirma que nunca mais quis saber dele. Cai o pano.

Depois da separação, sentindo-se amparado emocionalmente pelos amigos, Luiz vibrou ao saber que a amiga Regina havia entrado em trabalho de parto e estava sendo levada para o hospital Pró-Matre da Praça Mauá. No dia 18 de agosto de 1974 nasceu Maria, primeira filha do casal Dro e Regina. Luiz foi visitá-los assim que soube da novidade. A cena foi tocante, pois, quando ele entrou no quarto, pisando macio, Dro pegou o bebê do colo da mãe e o colocou em seus braços, dizendo: "Luiz, é sua afilhada". Ele se emocionou às lágrimas – e esse gesto marcaria para sempre a história da amizade deles. Agora eram compadres à vera.

Nessa época, Luiz conheceu o artista gráfico baiano Rogério Duarte, considerado um talento e uma inteligência rara. Era uma das cabeças pensantes da tropicália. Gostava de tocar violão. Rogério, *designer* famoso por capas de discos e cartazes de cinema (é dele o sol esplendoroso de *Deus e o diabo na terra do sol*, de Glauber Rocha), tinha morado no Solar da Fossa na mesma época que os amigos Caetano, Gal e Duda Machado, mas seu destino seria definido pela prisão no famoso conflito da Candelária, em 1968, quando o exército radicalizou. Ele foi torturado e reapareceu na Bahia anos depois, doente.

Luiz lembrava das conversas com Rogério: "Ele me ensinou muitos acordes de violão e dizia que eu não precisava entrar em escola nenhuma. 'Você é o cara. Ou você entra numa escola ou não entra – é contigo mesmo a decisão', ele dizia. Eu continuo compondo, e isso de compor não vai parar, eu sei compor melhor do que tocar, acho que compor eu componho de qualquer forma, com ou sem violão".

Torquato Neto estava mergulhado até o pescoço na edição de uma revista de poesia que ele mesmo chamava de

*Navilouca*, com a participação dos amigos poetas. Com sua morte, a edição foi assumida por Waly Salomão e pelos *designers* Óscar Ramos e Luciano Figueiredo, os mesmos do show e do disco *Fa-tal,* de Gal Costa. *Navilouca* era um almanaque em formato de revista grande (27 x 36 cm), em cores. Trazia na capa – como era desejo de Torquato – a estampa "Edição única". Reunia o *crème de la crème*: os três mestres da poesia concreta – Augusto, Haroldo de Campos e Décio Pignatari –, Waly e Jorge Salomão, o próprio Torquato, Ivan Cardoso, Luiz Otávio Pimentel, Duda Machado, Chacal e outros mais. Eles tiveram a ajuda de André Midani, da gravadora Polygram, que se engajou no projeto. O nome era uma referência à *Stultifera navis*, embarcação descrita pelo filósofo Michel Foucault no livro *História da loucura*.

O lançamento da revista *Navilouca* só aconteceu dois anos após a morte de Torquato, em uma noite festiva, no dia 7 de junho de 1974, no Teatro Casa Grande, no Leblon. Todos estavam lá, efusivamente, homenageando o anjo torto ausente, inclusive Luiz Melodia, sua criatura, que sempre lamentou o fato de Torquato não ter ouvido a versão final da música "Começar pelo recomeço", feita a partir da letra que o poeta lhe dera. Luiz dizia: "Eu coloquei melodia quatro dias depois que ele me passou um papel com a letra, mas ele partiu sem ouvir como ficou".

Nos anos 1970 e 1980 existiu no Rio – e perdurou por mais de dez anos – um fenômeno urbano de natureza lúdica, festiva, que ficou conhecido como Baixo Leblon. Era a efervescência noturna da juventude que se reunia para celebrações e conversas no trecho compreendido entre a Avenida Ataulfo de Paiva e as ruas Dias Ferreira e Aristides Espínola. Ou, por outro critério de localização, entre os bares Luna, Jobi, Real Astoria (RA), Diagonal e a pizzaria Guanabara. Era frequentado pela fina flor das artes cariocas: o ator Paulo César Pereio, Alceu Valença, Guarabyra, Moraes Moreira e Marilia, Elba Ramalho, Caetano Veloso, Waly Salomão e uma multidão de anônimos.

Um desses anônimos era Júnior Prata, o Pratinha, que estava iniciando uma carreira de ator, seu verdadeiro objetivo. Ele trabalhava na Polygram, em São Paulo, e lá conheceu Luiz Melodia, de quem se tornou amigo para sempre quando se mudou para o Rio. Pratinha atesta que Luiz, mesmo com o copo na mão, era uma pessoa de conversa densa e específica. "O Luiz sempre tinha um papo claro sobre alguns temas. Gostava de discorrer sobre músicas antigas brasileiras, música de raiz, fixando-se nas *performances* de alguns cantores, como Anísio Silva e outros sambistas clássicos, como o Ismael Silva. Ele tinha profundo interesse nesses assuntos."

Ainda nos anos 1970, um garoto circulava entre essas estrelas, preparando-se para se tornar uma também: Cazuza, o moleque agitado. Todos os parceiros das peladas faziam parte desse burburinho. Tudo acontecia nos bares, nas ruas e nas calçadas. Com destaque especial para o piano-bar do RA, um anexo, onde Angela Ro Ro costumava comandar a canja musical nas madrugadas enfumaçadas. Era um alvoroço até o clarear do dia. Tinha tanta gente reunida que por várias vezes, no verão, a rua ficava interditada para o tráfego de veículos. Foi no burburinho do Baixo Leblon, em uma noite gloriosa no Luna Bar, que Luiz encontrou Glorinha pela primeira vez.

Maria da Gloria Lampreia tinha 21 anos quando isso aconteceu. Loura, filha de intelectuais e escritores, estudava literatura na faculdade e trabalhava como tradutora de livros de bolso. Morava na Rua José Linhares, no Leblon. Sua mãe, Nené Rodrigues, era casada com o escritor Moacir Werneck de Castro, renomado no mundo acadêmico, a quem ela considerava um pai, nunca um padrasto, embora o fosse. Glorinha era cria do Baixo Leblon e se recorda de que, na noite do primeiro encontro, Luiz estava em companhia do seu novo empresário, o divertido Cláudio Fortuna. "O Luiz estava deprimido, abatido pela separação da última namorada. Nós tivemos um encontro forte na primeira noite, quando, depois de umas rodadas de chope, iniciamos nossa homenagem a Lennon e Yoko e ficamos três dias na cama, na casa dele. Foi algo transbordante."

Depois do primeiro momento, o namoro continuou ardente. Cada um morando em sua casa, com muitos encontros em motéis. Quando saíam em grupo, era com os músicos que eventualmente trabalhavam com ele: o baixista Arnaldo Brandão e a namorada Claudinha, o guitarrista Perinho Santana ou o amigo Rubens Maia, o fotógrafo, que então ocupava um anexo na casa de Dro e Regina, em Santa Teresa. Para Arnaldo, que nessa época tocava com o grupo baiano Doces Bárbaros, uma das características do amigo Luiz era a resistência nessas noitadas. "O Luiz era bom de copo, eu não chegava perto. No circuito do Baixo, ele amanhecia com o copo na mão, era um boêmio."

Ainda hoje, passados mais de quarenta anos, Glorinha se reconhece fascinada por Luiz Melodia. "Ele era elegante, alto, e se vestia como um príncipe. Inteligente, sabia cortejar. No início tudo era festa, aquela agitação pela cidade, mas tenho que reconhecer que nossas brigas eram também espetaculares. Nosso namoro existiu enquanto ele preparava um novo disco, que iria se chamar *Maravilhas contemporâneas.*"

Foi no Baixo Leblon, aliás, que Luiz conheceu o sergipano Sérgio Mello, produtor da Som Livre para o setor de telenovelas, sua especialidade. Os primeiros encontros não foram profissionais, eles apenas tomaram umas cervejas na boêmia, mas logo seriam colocados em ambiente de trabalho. Era o destino. Também no Baixo ele conheceu o ator David Pinheiro, que havia trabalhado em *Memórias do cárcere*, de Nelson Pereira dos Santos, e em *O homem da capa preta*, de Sérgio Rezende. David era casado com a jornalista Rosa Nepomuceno, que anos antes escrevera a primeira grande reportagem sobre ele na revista *Fatos & Fotos*. David se lembra daqueles dias. "Quando conheci o Luiz, ele já era famoso e eu ainda um ator desconhecido. Ele era um notório boêmio, tomava quinze chopes numa levada. Ele namorava a Glorinha. Os nossos caminhos iriam se cruzar algumas vezes."

O músico Guarabyra, que formava um trio com Sá e Rodrix, criador do chamado rock rural, era frequentador preferencial do bar Diagonal, onde se lembra de ter mantido uma conversa das mais curiosas com Luiz. "O Melodia contou na mesa que, certa vez, quando foi preso pela polícia e levado para uma delegacia, a tortura que lhe impuseram foi passar o ralador de queijo na canela, até sangrar. Ele disse isso, eu me surpreendi e até achei graça, o que deixou ele na bronca, com toda a razão. Mas eu achei graça... Um ralador..."

Antes mesmo de entrar no estúdio para gravar o novo LP, Luiz foi convocado pela revista *Manchete*, de circulação nacional, para fazer parte de uma reportagem com o título "Uma geração de briga". Na capa, além dele, Fagner, João Bosco e Walter Franco, ainda desconhecidos. A reportagem de seis páginas enaltecia as virtudes dos jovens talentos e os identificava como os rebeldes da nova MPB. Luiz afirmava: "Não somos pessoas que obedecem. Burlamos, pode-se dizer assim, todas as ordens da casa, da gravadora; rompemos com situações que não nos convêm. Sempre acreditei naquilo que fiz e faço".

Ainda em 1975, ele decidiu participar do festival Abertura, da Rede Globo de São Paulo, que sonhava reviver (ou prolongar) a fase gloriosa dos festivais de dez anos antes. Das suas novas composições, que fariam parte do novo disco, uma tinha sua preferência e lhe caía como uma grife naquele momento, "Ébano":

**MEU NOME É ÉBANO**
**VENHO TE FELICITAR SUA ATITUDE**
**ESPERO TE ENCONTRAR COM MAIS SAÚDE**
**ME CHAMAM ÉBANO**
**O NOVO PEREGRINO SÁBIO DOS ENGANOS**
**SEU ATO DURA POUCO TEMPO SE TRAGANDO**

**EU GRITO ÉBANO**
**O COURO QUE ME COBRE A CARNE**
**NÃO TEM PLANOS**
**A SOMBRA DA NEUROSE TE PERSEGUE**
**HÁ QUANTOS ANOS**

**DO RIO DE JANEIRO ESTOU TE SACANDO**
**DO CENTRO DA CIDADE VOU TE ASSEMELHANDO**
**NO NÚCLEO DO SEU CRÂNIO**
**EU NÓS TRÊS MANCHANDO**
**QUEM É QUENTE TE AMANDO**
**QUEM SOU EU PASSANDO**
**QUEM SOU EU FICANDO NU**

A música foi bem recebida pelo público na fase classificatória e conseguiu passar para a grande final. Na noite nobre, com o Theatro Municipal lotado, Luiz estava elegantemente vestido com um paletó de cetim preto, calça igual, e um cravo vermelho na lapela. O cabelo estava alto, além do normal, quase um capacete da guarda palaciana da Inglaterra. Foi apresentado por José Wilker e Márcia Mendes, uma bela e talentosa apresentadora da TV Globo que veio a falecer precocemente. Luiz cantava acompanhado da banda Solando no Tempo, formada por músicos amigos, como Barrosinho, Oberdan (também arranjador) e Perinho Santana, com participação especial de José Roberto Bertrami, do grupo Azymuth, no teclado. A partir desse dia a banda de Oberdan passou a se chamar Black Rio. Era um grupo de respeito, uma "cozinha" para segurar um som ao vivo, com baixo, bateria, guitarra e dois instrumentos de sopro – sax e trompete. E muito suingue na condução do blues.

Nos bastidores do festival, dizia-se que ele era o favorito. Os amigos Dro e Luís Otávio estavam na plateia assistindo a tudo de camarote. Eles tinham viajado de trem para São Paulo, fazendo farra no vagão-restaurante e fumando um na cabine. Apesar da boa recepção do público, a música não foi a vencedora. O resultado final, que premiou "Como um ladrão", de Carlinhos Vergueiro, foi devidamente contestado pela imprensa e pela opinião pública. (Na intimidade, Luiz dizia com ironia: "Ele levou como um ladrão".)

Nos camarins e nas coxias, um desfile constante de astros e estrelas da MPB, entre eles, Alceu Valença, que defendia sua composição "Vou danado pra Catende", que acabou não passando para a fase final. Ele esclarece: "Até esse dia eu nunca tinha conversado com o Melodia, mesmo depois de vê-lo no show da Gal, no MAM, anos antes. Depois mantivemos uma amizade cordial. No Rio, ele frequentava o Baixo Leblon e o boteco Hipódromo, na Gávea, onde eu sempre estava tomando um chopinho com os amigos. Ele era simpático, muito educado, sempre sorridente, bebia muito e nessa época fumava também cigarro careta. Nunca frequentamos a casa um do outro, mas nos víamos quase diariamente nos botequins da vida".

Também na plateia do festival Abertura estava Mário Luiz Thompson, fotógrafo paulistano focado em astros da MPB, inclusive em Luiz Melodia, de quem se tornaria amigo. Ele também era amigo de Dro e Regina, de Santa Teresa, o que facilitou as coisas. Thompson era muito requisitado para criar capas e encartes de LPs. Calcula-se que tenha registrado mais de mil artistas brasileiros, como Gal, Gil e Jorge Ben Jor, entre outros. Nessa noite do festival, ele fotografou Luiz defendendo a sua música "Ébano".

O amigo Fábio, companheiro do Adega Pérola e do Baixo Leblon, estava assistindo à *performance* da coxia, ao lado do palco. Ele tinha classificado, como intérprete, a música "Círculo vicioso", de Guilherme Lamounier. Ainda hoje, Fábio se diz impressionado com a performance de Luiz naquela noite. "Foi sem dúvida alguma a melhor coisa do festival. O Luiz deu um show, foi simplesmente espetacular. A música que eu defendia não estava no páreo, não foi para a final. Ele estava com a superbanda do Oberdan, garantia de qualidade. Merecia ganhar o primeiro prêmio, que ficou com o Carlinhos Vergueiro. Mesmo assim, depois fomos comemorar tomando uns drinques no Hotel San Raphael, onde estávamos hospedados."

Sobre o festival, a revista *POP*, uma das favoritas dos leitores jovens, em sua edição de março de 1975 disse com destaque: "Houve confusão e injustiça nos prêmios" – e publicou uma foto de Luiz Melodia com a legenda: "Melodia, que era um dos favoritos com 'Ébano', foi esquecido". Outros favoritos apontados pela revista eram Jorge Mautner e Alceu Valença, que também não foram premiados. O público manifestou de forma estridente sua revolta: quando foi defender "Muito tudo", Walter Franco, que ficou com o terceiro lugar, foi tão vaiado que não conseguiu cantar. Tentou novamente, mas não conseguiu.

Em artigo publicado no *Jornal do Brasil*, Tárik de Souza destacou a participação de Luiz no festival Abertura, saudando-o como a grande novidade do evento. Para o historiador e crítico Magno Córdova, da Universidade Federal de Minas Gerais (UFMG), "'Ébano' trazia elementos claramente herdados do jazz para o palco do Municipal de São Paulo. A recorrência de elementos musicais 'exógenos' (jazz, reggae, salsa, blues) na trajetória artística de Luiz Melodia, convivendo simultaneamente com um repertório de choros e sambas-canções, tornou-o alvo de críticas por parte de uma vertente guardiã das tradições do samba e do morro".

Luiz Melodia estava sendo levado a sério.

Enquanto isso, o relacionamento com Glorinha continuava ocupando seu cotidiano amoroso e as noites do Baixo. Eles viajavam muito, especialmente para Búzios, onde Dro e Regina tinham uma casa na praia de Geribá, ponto de encontro de muitos amigos. Eles mantinham uma convivência diária, dividindo os espaços, as bebedeiras e as cantorias. Regina destaca uma característica do amigo Luiz: "Ele era uma pessoa muito gentil, muito afável. Um *gentleman*. Pude vê-lo algumas vezes irritado com alguma coisa, exaltado, mas na maior parte do tempo era muito sensível e educado. Tinha uma grande força espiritual".

O amigo Fábio, o Fábio Stella, se lembra de ter reencontrado Melodia na praia de Geribá, curtindo o verão. "Nos encontramos várias vezes em Búzios, ele com a namorada Glorinha. Ele já estava iniciando uma carreira na música. Irônico, me dizia que a irmã Marize era muito fã do Fábio. Brincava dizendo que estava com ciúmes, mas era visivelmente admiração. No final, as nossas namoradas ficaram amigas e a gente saiu muito juntos."

Um dia ele surgiu na praia bolado, pois tinha brigado com um surfista que estava dando em cima da Glorinha. Mas poderia ser apenas uma cena de ciúmes criada por ela, pois eles quase sempre estavam às turras. Fábio foi testemunha: "Dizia que 'a Glorinha deu mole pro moleque' e que ele teve que botar o surfista pra correr. Depois pediu cervejas e cachaças para espantar as mágoas e a indignação. Reagia como um poeta".

Considerando que Luiz era a desorganização em pessoa, era evidente que ele não tinha documentos, o que o transformava em um fora da lei em tempos de repressão policial. Eles andavam com a revista *Veja* no carro para mostrar aos porteiros de boates e teatros: "Veja, ele é este aqui, só que esqueceu seus documentos". Mesmo assim, não conseguiram evitar que uma confusão na deserta Prainha, um paraíso do litoral carioca, os levasse para trás das grades da 16ª Delegacia de Polícia, na Barra da Tijuca. Por atentado ao pudor, pois Glorinha estava nua na areia em companhia de Luiz Melodia e Rubens Maia. A prisão aconteceu porque ela tentou fugir.

Uma no cravo, outra na ferradura. Ou nem tanto assim, nem tanto assado. Para compensar o gesto desregrado que acabou em prisão, Luiz foi ao morro de São Carlos confraternizar com os pais. Ele ia sempre que podia, mas dessa vez foi especial, pois 8 de agosto de 1975 foi o dia do casamento da irmã Marize. Uma sexta-feira "gorda", quando ele posou para a foto oficial com a família reunida em frente à casa da Rua Nova. E com o novo cunhado, Adilson do Nascimento.

No final do ano, uma notícia para alegrar a vida de qualquer compositor. Uma música da última safra de criações em que ele mais botava fé, chamada "Juventude transviada", foi escolhida pela Globo como tema da novela *Pecado Capital*, de Janete Clair, que foi ao ar em novembro de 1975. A música era tema do personagem principal, Carlão, vivido pelo ator Francisco Cuoco, e ainda continuava inédita em disco. A trilha sonora, claro, sairia pela gravadora Som Livre em vinil. O resultado disso tudo: sucesso. Antes mesmo do lançamento de *Maravilhas contemporâneas*, que aconteceria apenas em junho de 1976, a música tocou muito nas rádios e nas vitrolas:

**LAVA ROUPA TODO DIA, QUE AGONIA**
**NA QUEBRADA DA SOLEIRA, QUE CHOVIA**
**ATÉ SONHAR DE MADRUGADA,**
**UMA MOÇA SEM MANCADA**
**UMA MULHER NÃO DEVE VACILAR**

**EU ENTENDO A JUVENTUDE TRANSVIADA**
**E O AUXÍLIO LUXUOSO DE UM PANDEIRO**
**ATÉ SONHAR DE MADRUGADA,**
**UMA MOÇA SEM MANCADA**
**UMA MULHER NÃO DEVE VACILAR**

**CADA CARA REPRESENTA UMA MENTIRA**
**NASCIMENTO, VIDA E MORTE, QUEM DIRIA**
**ATÉ SONHAR DE MADRUGADA,**
**UMA MOÇA SEM MANCADA**
**UMA MULHER NÃO DEVE VACILAR**
**HOJE PODE TRANSFORMAR, E O QUE DIRIA A JUVENTUDE**
**UM DIA VOCÊ VAI CHORAR, VEJO CLARA AS FANTASIAS**

A música e a produção da Globo renderam um musical no *Fantástico* (na época ainda não era chamado de *clip*), com Luiz cantando com camisa florida, boina na cabeça e lenço no pescoço. Fumando charuto e tirando onda de ator ao fazer expressões dramáticas, caras e bocas para a câmera. Apresentado pelo ator Fúlvio Stefanini.

Em julho de 1976, uma notícia de impacto naqueles dias de repressão explícita: o grupo baiano Doces Bárbaros, inclusive os amigos Gil e Caetano, foi preso em Florianópolis por porte de maconha. O foco da polícia catarinense era Gil, que tinha sido detido no Hotel Ivoram, no centro da cidade. Gil disse que era apenas um cigarro de maconha para consumo próprio. Não adiantou, foi levado para o presídio da cidade, onde passou alguns dias admirando a paisagem pela janela da cela. Foi quando ele compôs a canção "Gaivota", que foi gravada logo depois, no álbum *Viramundo*. Luiz acompanhou apreensivo o que acontecia e vibrou quando tudo se resolveu rapidamente – sobretudo quando soube que Gil tinha feito uma canção na prisão.

Ainda nesse ano houve uma noite memorável para Luiz e Glorinha, numa festa promovida para o filme *Gordos e magros*, de Mário Carneiro, na suntuosa embaixada da Argentina, na praia de Botafogo, que estava sendo filmada. Muita luz e gente elegante. Era na verdade o cenário do filme, que estaria sendo gravado. Os convidados se misturavam aos atores em cena, criando um ambiente festivo e glamouroso: Sérgio Britto, Tônia Carrero, Hugo Carvana, Roberto Bomfim, Wilson Grey... Uma constelação. Glorinha se lembra do brilho da noite, quando Luiz estava deslumbrante, todo de branco, chamando a atenção das mulheres como um novo personagem do mundo social e artístico carioca. Eles estavam se divertindo com gente da alta sociedade, como Vivi Nabuco, Teresa Cesário Alvim e outros notáveis. O episódio tem relevância na medida em que Glorinha diz ter captado para sempre a magia daquele momento: "Eu e o Luiz estávamos chiquérrimos. As amigas da minha mãe ficaram impressionadas com aquele negão lindo, artista badalado... Ele era facilmente um destaque no contexto e, quando queria se exibir pra mim, cantava no meu ouvido o samba de Noite Ilustrada que dizia 'o neguinho gostou da filha da madame, que nós chamamos de sinhá'. Foi o Luiz quem me ensinou a dançar".

Apesar desses momentos de descontração, o relacionamento entre eles continuava em turbulência, agravando-se a cada dia. O desfecho aconteceu depois de uma nova briga espetacular, que levou Glorinha a se refugiar no apartamento da mãe, na Rua Rainha Guilhermina, distante poucos metros da sua casa e dos bares que frequentavam. Não adiantou muito. Luiz descobriu seu paradeiro e apareceu na calçada do pequeno edifício, no meio da madrugada, gritando: "Glorinha, tesão da minha vida, vamos tomar um chope e esquecer tudo. Desça, meu amor. Glorinhaaaa".

O escândalo acordou os moradores dos apartamentos de baixo, de cima, da frente e dos lados. As luzes se acenderam aqui e ali. Até que o padrasto da moça, o acadêmico Moacir Werneck, apareceu na portaria do edifício, pedindo encarecidamente para ele parar com a gritaria ou a polícia seria acionada. Ele não parou, a polícia foi acionada e Luiz Melodia foi levado para a 14ª Delegacia, no Leblon, ao lado do Teatro Casa Grande. Para amenizar o constrangimento, Glorinha apareceu na carceragem para depor a seu favor, explicando aos policiais que era apenas uma briga de casal, um desentendimento de namorados. Ela tentou ajudar. Mesmo assim, ele tomou um chá de banco antes de ser liberado pelo delegado de plantão. No dia seguinte, era uma ressaca apenas, e a vida seguiria normalmente.

# 5

# MARAVILHAS CONTEMPORÂNEAS

**O novo disco começou a ser gravado** no início de 1976, nos estúdios da Som Livre, gravadora dirigida por João Araújo. Para tocar a produção, foram escalados os músicos Guto Graça Mello e Márcio Antonucci – que ficou famoso na jovem guarda, ao lado do irmão Ronaldo, com a dupla Os Vips (cantando "Coruja, ai de mim"). Luiz teve tempo suficiente para organizar a sua cozinha musical. Chamou os mais talentosos e experientes músicos de estúdio, começando com o amigo e guitarrista Fredera, com quem havia tocado em Salvador. Mas havia ainda Chico Batera (percussão), Márcio Montarroyos (trompete), arranjos de Perinho Santana (guitarra), Cidinho (piano elétrico), Jamil Joanes (baixo) e Oberdan (flauta), estes integrantes da banda Black Rio, que naquele mesmo ano gravava seu primeiro disco, *Maria fumaça*. Luiz estava diretamente ligado aos destinos da banda de Oberdan e Barrosinho, que, mais do que um grupo musical, estava incorporada a um movimento cujo interesse central era a cultura negra (sobretudo a carioca). Sabe-se que foram os ensaios e os arranjos de metais feitos por Oberdan no disco de Melodia (e também num disco de Hyldon) que definiram a concepção da linha sonora que norteou o disco *Maria fumaça* e os trabalhos posteriores da Black Rio.

A banda foi a precursora da soul music brasileira. Como disse a jornalista Ana Maria Bahiana, íntima da cena musical da cidade: "Para entender as forças que criaram a Black Rio é preciso imaginar o país e a cidade nessa época. É preciso pensar num universo compartimentado, segregado, onde o local, o comunitário, o tribal era mais importante que tudo mais... corrijo: era, em última análise, a única realidade possível".

*Maravilhas contemporâneas* tinha Luiz Melodia ao violão. Estava escrito no encarte: "Uma homenagem a Pérola Cristina". Pérola, que tinha acabado de nascer, era sobrinha de Luiz, filha da irmã Marize. O guitarrista Renato Piau, que já era considerado parceiro, estava temporariamente morando em Brasília e ficou de fora desse disco.

O lançamento ansiosamente aguardado veio confirmar o sucesso de Luiz, que apresentava onze novas músicas – ou melhor, dez de sua autoria, pois "Quando o carnaval chegou" era do primo Célio José, de quem Lena Rios já havia gravado "Cogito" anos antes. A faixa "Veleiro azul" era parceria com a amiga Rubia Matos, a garota do Estácio, que se lembra dos velhos tempos: "O Luiz passava os dias tocando violão e eu, rabiscando poesia. Quando começamos a sair juntos, meus poemas passaram a ser letra de música. O Luiz fazia isso com muita facilidade".

Entre as músicas escolhidas para *Maravilhas contemporâneas* estavam ainda "Juventude transviada", da trilha da novela da Globo, e "Baby Rose". Assim, o lançamento ganhava divulgação maciça nos intervalos de programação da Globo. O resultado disso? Sucesso. Em "Maravilhas contemporâneas", a música, Luiz falava mais uma vez das suas origens:

**EU SOU QUASE CIGANO**
**BEIRANDO A MEXICANO**
**AMERICANO, BRASILEIRO**
**PARAÍBA**
**NOVAMENTE CIVIL**

EU SOU QUASE ESSE CRÂNIO
TENTANDO OU NÃO TENTANDO
SOU QUASE NADA MULATO
NÃO É QUESTÃO DE ENGANO

SOU QUASE NADA
SOU DESCENDENTE
MAIS DE AFRICANO

SOU QUASE NADA
SOU FORTE FEITO
UM NOBRE HUMANO

A foto da capa de *Maravilhas contemporâneas* era de Rubens Maia, com *design* de Antônio Henrique Nitzsche. Luiz aparece de perfil, com uma boina na cabeça e lenço de seda (emprestado da amiga Regina) no pescoço. Um sorriso nos lábios. Emoldurado por flores e pássaros coloridos. Era uma capa bastante tropical. A faixa "Questão de posse", com arranjos de Guto Graça Mello, era dedicada ao filho Hiran (no disco saiu Iram), que vivia com a mãe em Vila Velha. No encerramento da música, um recado de pai:

QUEM PODE PODE, QUEM NÃO PODE SE SACODE
QUEM PODE PODE, QUEM NÃO PODE SE SACODE
IRAM, EU ESTOU CONTIGO, NEGO
IRAM, MEU FILHO TENHA SOSSEGO

IRAM...
ISSO É QUESTÃO DE POSSE...
QUESTÃO DE POSSE

O baixista Arnaldo Brandão se lembra de ter visto Luiz no palco, cantando essa música aos prantos e de forma visceral, quase gritando: "Iram, Iram".

O álbum *Maravilhas contemporâneas* foi aplaudido de pé pela crítica, que se derramou em elogios. E também destacou o sucesso de "Juventude transviada", entre as mais tocadas nas rádios FM, uma nova frequência de transmissão criada no início dos anos 1970. As rádios FM existiam basicamente para a difusão de músicas e entretenimento. A rádio Jornal do Brasil FM entrou no ar pela primeira vez em 1973 com um cardápio exclusivo de música erudita. Ou seja, a nova fase da MPB, pós-festivais, nascia junto com as rádios FM, que viriam a dominar o mercado de música, deixando a cobertura jornalística e de utilidades para as AM.

Em entrevista ao crítico Tárik de Souza, do *Jornal do Brasil*, publicada no dia 18 de abril de 1976, Luiz falou da sua escrita, dos versos aparentemente sem nexo, das frases curtas e do sentido de tudo: "As pessoas têm que estar abertas para entender os toques. Não é assim, eu pisei numa pedra e aí nasceu essa frase. É um toque ingênuo, uma coisa poética, das vivências que observei".

A comadre Regina foi testemunha da fase depressiva que se abateu sobre Luiz como consequência das brigas com Glorinha, de quem ele estava se separando. Outro fator gerador de angústias, que o entristecia, era continuar sem conhecer o filho, que morava em Vila Velha. (Alguns rapazes do Estácio apresentaram em reunião a proposta de – em represália – alguém ir a Vitória para matar Beatriz. Luiz descartou a ideia sumariamente.) Ou seja, a vida afetiva estava em frangalhos. Em seu caderno de anotações foram encontrados alguns textos referentes a essa fase. Um deles resistiu ao tempo e à corrosão:

**VIVIA FELIZ E TRANQUILO**
**COM AQUELA VIDA EXEMPLAR**
**UMA VIDA DE AMOR**
**QUE HOJE NÃO CONSIGO ENCONTRAR**

Foi uma época de grande sofrimento para ele. Um dia, apareceu na casa de Regina e Dro, em Santa Teresa, e descobriu que havia um cômodo no andar de cima, o sótão, destacado e disponível. A casa tinha três andares, sendo o porão utilizado como oficina de material acrílico. Bem em frente aos trilhos do bondinho de Santa Teresa. Regina foi enfática: "Pode ocupar, Luiz, traga suas coisas".

Ele foi ficando. Agora, seu ninho mais frequente passaria a ser a Rua Oriente, no bairro boêmio, onde dividia o espaço com o *show room* de peças de acrílico para decoração. Foi autorizado por Regina a aproveitar os serviços da secretária da empresa que trabalhava na fábrica, oficialmente chamada Acrílo. A moça anotava recados, fazia pagamentos e preparava cafezinho. Era uma mão na roda. A convivência com os amigos anfitriões, portanto, foi sempre harmoniosa e estimulou novas descobertas, como a alimentação macrobiótica. Vivia-se à procura do equilíbrio, da mente aberta e do corpo ereto. Para Luiz, começava uma fase de muitas viagens e shows pelo Brasil. Com frequência, deixava recados para Dro e Regina: "Vou a Fortaleza", "Estou indo pra Belo Horizonte", "Volto em três dias". Como resultado, estava ganhando muito dinheiro. Chegava das viagens com maços de notas, uma maçaroca, sem nunca saber exatamente a quantia exata que tinha recebido. Regina lembra que ele era o caos com as finanças: "O Luiz jogava maços de dinheiro sobre a mesa e pedia pra eu contar pra ele. Muitas vezes não batia com o que deveria ter. Ele não tinha uma conta bancária".

O amigo Papa Kid também foi testemunha dessa fase amargurada. Ele comungava da opinião de que Luiz vivia emocionalmente desnorteado por não conhecer o filho e pelo ritmo frenético que a vida e o trabalho lhe impunham. Sem contar que não havia mais a figura paternal e serena do empresário Guilherme Araújo, que tinha abandonado o barco, desistido do trabalho. Luiz não fumava, mas bebia demais, ficava no Baixo Leblon até o dia amanhecer e mais um pouco, associando o sofrimento circunstancial da vida ao estilo boêmio que já lhe era peculiar. Na opinião de Papa, era triste testemunhar o sofrimento do amigo. "O Luiz era uma pessoa iluminada, mas estava visivelmente abalado, de cair na rua. Armou uma confusão no restaurante Natural, em Ipanema, e acabou na delegacia. Quando eu estava com ele nas noites, evitava beber para cuidar dele e do Fiat, pois não havia lei seca. Nossa amizade foi ficando sólida. Um dia ele me convidou para ocupar o sótão da casa de Dro e Regina, dividir com ele o espaço. Eu aceitei. Ficou sendo uma opção minha na cidade."

Os dois passaram a sair juntos e a compor em parceria, posto que eram dois poetas populares com aptidões ao violão. A essa dupla veio juntar-se o cantor Macau, morador da Cruzada e autor do sucesso "Olhos coloridos", na voz de Sandra de Sá, considerado um símbolo do orgulho negro no Brasil, ou, como diria o pesquisador Ricardo Cravo Albin, "da negritude ostensiva":

**OS MEUS OLHOS COLORIDOS**
**ME FAZEM REFLETIR**
**EU ESTOU SEMPRE NA MINHA**
**E NÃO POSSO MAIS FUGIR**

**MEU CABELO ENROLADO**
**TODOS QUEREM IMITAR**
**ELES ESTÃO BARATINADOS**
**TAMBÉM QUEREM ENROLAR**

**VOCÊ RI DA MINHA ROUPA**
**VOCÊ RI DO MEU CABELO**
**VOCÊ RI DA MINHA PELE**
**VOCÊ RI DO MEU SORRISO**

**A VERDADE É QUE VOCÊ**
**TEM SANGUE CRIOULO**
**TEM CABELO DURO**
**SARARÁ CRIOULO**

Macau tinha sido preso nos anos 1970, sem motivos, em uma exposição de escolas públicas no Estádio de Remo da Lagoa, e a experiência indigesta serviu de inspiração para a música. Diz-se que foi uma prisão injusta porque não havia flagrante e, na ocasião, as únicas coisas encontradas com ele foram a cor da pele e o cabelo estilo africano. Era o que bastava. Passeou de camburão a noite toda, com os policiais rindo de seu cabelo e de suas roupas. Acabou sendo resgatado no dia seguinte por um padre da Pastoral Penal da Igreja Católica. Macau reconhece que a barra pesada política e o preconceito racial eram os principais obstáculos para negros sobreviverem com dignidade na "sociedade carioca". "O Luiz já era um nome da MPB, mas o caminho era difícil. A gente era alvo fácil da polícia, que sempre agia com truculência. Eu, Luiz e Papa Kid éramos três negões circulando pela cidade. Quando um PM aparecia, a gente logo dizia: 'Sujou'. Mas o Luiz estava conseguindo furar essa barreira e se impor como músico e artista. A carreira dele estava seguindo em frente, apesar de todas as dificuldades." O produtor Gato Félix lembra que foi em noite agitada e festiva no Baixo Leblon que Luiz lhe confessou querer fazer um show em São Paulo, uma cidade importante para qualquer músico. Eles acertaram os principais pontos da produção, inclusive que o título do show deveria ser *Biscate*. E assim foi feito. A partir de então, vários espetáculos relâmpagos de Luiz Melodia em São Paulo se chamariam *Biscate*.

Foi nessa época que Luiz resolveu encarar uma situação indigesta: viajar ao Espírito Santo para conhecer o filho Hiran. Finalmente, ele foi. Com o consentimento da mãe do menino, Beatriz, que se lembra do episódio: "O Hiran tinha quase 2 anos quando o Luiz veio a Vila Velha para conhecê-lo. Contra o desejo dos meus pais. Ele não sabia o que dizer e nem o que fazer. Não se emocionou, mas viu que o pequeno era um crioulinho. Foi muito rápido, mas ele voltaria outras vezes, inclusive para fazer shows em Vitória".

Dedicada ao filho Hiran, a música "Congênito", uma das maravilhas contemporâneas, guarda uma peculiaridade: foi criada apenas por Luiz no sótão de Santa Teresa, em novembro de 1974, e gravada no ano seguinte por Vanusa em seu disco *Amigos novos e antigos*:

SE A GENTE FALASSE MENOS
TALVEZ COMPREENDESSE MAIS
TEATRO, BOATE, CINEMA
QUALQUER PRAZER NÃO SATISFAZ
PALAVRA FIGURA DE ESPANTO, QUANTO
NA TERRA TENTO DESCANSAR

MAS O TUDO QUE SE TEM
NÃO REPRESENTA NADA
TÁ NA CARA
QUE O JOVEM TEM SEU AUTOMÓVEL
O TUDO QUE SE TEM
NÃO REPRESENTA TUDO
O PURO CONTEÚDO É CONSIDERAÇÃO

QUEM NÃO VÊ!
NÃO GOZA DE CONSIDERAÇÃO
QUEM NÃO VÊ!
ENTÃO SAI A CONSIDERAÇÃO
QUEM NÃO VÊ
NÃO GOZA DE CONSIDERAÇÃO [...]

Houve um episódio desagradável quando Luiz foi convidado pela TV Globo para gravar a música "Ébano", ainda inédita em disco e não incluída em *Maravilhas contemporâneas*. Era para o programa *Globo de Ouro*, uma edição vinculada ao festival Abertura e seus sucessos decorrentes. A direção estava a cargo de Maurício Sherman, cacique dos grandes no panteão da Vênus Platinada, que convocou para dirigir o *clip* os editores Aloysio Legey e Walter Lacet. Pelo lado de Luiz, o empresário Daniel Rodrigues conduzia as negociações. Quando Luiz chegou ao estúdio do Jardim Botânico para a marcação de luz, foi informado de que o cenário seria aquele, um telhado de casebre de favela de onde ele cantaria. Tudo bem, ele aceitou. O problema foi com as cinco vedetes vestidas de gatas pretas, de unhas longas, arranhando as pernas e o corpo do nosso herói no ritmo da música. Ele não viu nenhum sentido naquilo. E calmamente recusou o roteiro. Disse que poderia esperar o tempo necessário para a mudança de planos e da coreografia. Mas aquilo ele não iria gravar. Sabe-se que Oberdan Magalhães, o maestro da banda, foi quem mais se manifestou contrário à encenação. A produção endureceu o jogo, e Maurício Sherman se exaltou: "Se ele não gravar agora, pode ir embora. E tenha a certeza de que nunca mais voltará".

Ele foi embora. Do ponto de vista de Daniel Rodrigues, o episódio acabou assim: "O Luiz se aproximou e me falou que ia até a esquina e já voltava. Foi e não voltou mais. A produção teve que ser desmontada, os cenários, e os caras da Globo queriam comer o meu fígado, ficaram muito brabos". Não foi um caso isolado, pois na mesma época aconteceu um episódio idêntico com Gilberto Gil, que se recusou a cantar "Oriente" em cima de um elefante em trajes indianos (ele e o elefante). No futuro, referindo-se a essa e a outras situações similares nas quais aconteceram confrontos de ideias e objetivos, Luiz Melodia diria com a calma e a imodéstia que lhe eram características: "Eles querem que eu faça coisas com as quais não concordo. Ninguém vai dirigir a minha carreira. Eu não sou apenas um cantor, sou um artista".

O episódio ajudou a fortalecer o estigma de "maldito" com o qual se rotulavam alguns artistas, como Jards Macalé, Sérgio Sampaio e Eduardo Dusek. Em meio à obediência militar obrigatória, alguns se rebelavam contra as normas vigentes. Sobre Macalé, Luiz disse ser o único paralelo aceitável na música brasileira, "uma pessoa fantástica, que está muito próxima de mim, é carioca como eu e tem vivido em circunstâncias parecidas com as minhas, quase marginais em relação aos outros músicos e compositores brasileiros".

Foi no ano de 1976 que morreram os ex-presidentes Juscelino Kubitschek e João Goulart, ambos em circunstâncias dramáticas. Foi também esse o ano de criação da banda irlandesa U2 e do lançamento do romance *Maíra*, de Darcy Ribeiro. Na música brasileira, os destaques eram Belchior, com "Apenas um rapaz latino-americano"; Ednardo, com "Pavão misterioso"; e Beth Carvalho, com "As rosas não falam", de Cartola. Influenciado por novos amigos, amantes de jazz, Luiz passou a ouvir com frequência Louis Armstrong e Taj Mahal, dois clássicos do gênero.

Em dezembro, no âmbito político, o Brasil vivia o clima da abertura proposta pelo quarto presidente da era militar, o general Ernesto Geisel. No cenário cultural, os festivais de música e os programas de televisão *Jovem Guarda* e *O Fino da Bossa* eram páginas viradas, apesar do sucesso do álbum *Falso brilhante*, de Elis Regina, disco afirmativo que, entre outras qualidades, revelava o talento de Belchior. Ou seja, Elis estava para Belchior assim como Gal para Luiz Melodia. Agora existia uma nova MPB tocando nas rádios FM, com novos valores e nomes: Djavan, Fagner, Novos Baianos, Paulo Diniz, João Bosco e, sim, Luiz Melodia.

Em 1977 foi lançado o álbum *Contrastes*, de Jards Macalé, com destaque para a faixa "Negra melodia", parceria com Waly Salomão. A música é uma homenagem dos dois amigos a Luiz, outra estrela nascente:

**UM, DOIS E LÁ VÃO OS TRÊS**
**NEGRA MELODIA QUE VEM DO SANGUE DO CORAÇÃO,**
**I KNOW HOW TO DANCE, DANCE LIKE A BLACK YOUNG BLACK**
**AMERICAN BLACK DO BRÁS DO BRASIL.**
**DANCE MY GIRL DON'T CRY TO STOP ME**
**MY WOMAN DON'T CRY, CAUSE, EVERYTHING IS GONNA BE ALL RIGHT**

**O MEU PISANTE COLORIDO, O MEU BARRACO LÁ NO MORRO DE
   SÃO CARLOS
MEU CACHORRO PARAÍBA, MINHA CABROCHA, MINHA COCOTA
A MINHA MONA LÁ NO LARGO DO ESTÁCIO DE SÁ
FORGET YOUR TROUBLES AND DANCE
FORGET YOUR SORROWS AND DANCE
FORGET YOUR SICKNESS AND DANCE
FORGET YOUR WEAKNESS AND DANCE, REGGAE IS ANOTHER BAGO**

Em dezembro, um show relâmpago no Museu de Arte Moderna (MAM) com a banda Black Rio, também conhecida como a banda de Oberdan Magalhães e os pretinhos de Santa Teresa. Eram todos amigos. Amigos que eventualmente se uniam contra as adversidades do momento político. Toda forma de reação era bem-vinda, por isso Jorge Mautner idealizou um jornal de criação poética e literária, com pegada revolucionária. Era o *Ta-ta-ta*, lançado em dezembro de 1976 (edição única) com um elenco de estrelas entre seus colaboradores: Gilberto Gil, Ezequiel Neves, Clarice Lispector, Luiz Carlos Maciel, Maria Gladys, Júlio Barroso, Paulo Leminski, Caetano Veloso, o próprio Mautner e muitos outros. Em meio a tantas estrelas da emergente nova cultura brasileira estava Luiz Melodia, com um texto curto e desconcertante na sua ingenuidade, na verdade uma letra de música nunca gravada, em homenagem ao filho Hiran. Ele cantava apenas em casa:

**UNITU-DO-T
UNIDUNITÊ
DE SALAMEMINGUÊ
MONA QUER DIZER
SÃO PALAVRAS DE CRIANÇAS
SÃO PALAVRAS DE CRIANÇAS
TE QUERER PODE SER O QUE
EU POSSO GAGUEJAR
A NÃO QUERER PAPAR**

SÃO COISINHAS DE INFÂNCIA
SÃO COISINHAS DE INFÂNCIA
VEJO BRILHO NOS SEUS OLHOS
A MATA VIRGEM
LENDO SEU OLHAR
SEU OLHAR É IGUAL
IGUAL AO MEU
SEU OLHAR É DE
SEU OLHAR É DE
MISTER BORMING
MISTER BORMING
UM DIA EU VOU VOLTAR

    Antes mesmo do fim do ano, um convite animador criou uma grande expectativa no espírito de Luiz Melodia: ele foi convidado a participar do Festival de Música de Itaparica, na Bahia, cuja programação previa três dias de curtição na última semana de janeiro de 1977. Em pleno verão de Salvador, com hotel pago e tudo. Ele sabia que vários amigos baianos e mesmo os não baianos estariam por lá, participando da folia. Sua interação com o universo lúdico de Salvador, que se iniciara no Festival de Verão de 1974, ou seja, três anos antes, estava então consolidada. Nos dias que antecederam a viagem, mal conseguia dormir.

# 6

# REFÉM DO PRAZER
## Música, amor e poesia

**O verão de 1977 seria inesquecível** para Luiz por vários motivos – e não apenas pela morte de Elvis Presley, seu grande ídolo. Foi o verão da mudança. Mudança de vida, de hábitos, de *status* e de amores. Ele tinha sido convidado a participar do Festival de Música de Itaparica, a ilha localizada em frente ao Elevador Lacerda, em Salvador. Passou dias tentando imaginar o prazer de conviver e tocar ao lado de gente como Dodô e Osmar, Moraes Moreira e as bandas A Bolha e Made in Brazil, entre outras atrações prometidas para o evento. (Ninguém podia prever, mas esse foi o último Carnaval de Dodô, o criador do "pau elétrico"). A grande surpresa estava reservada para o primeiro dia do festival, quando subiria ao palco o amigo e parceiro Ricardo Augusto, que Luiz havia conhecido no Rio anos antes. Eles festejaram o reencontro. O evento estava sendo anunciado pelo produtor Sílvio Palmeira como um festival de "sol, natureza e som". Sua apresentação foi marcada para a segunda noite.

Quando Luiz viajou para Salvador, deixou Papa Kid ocupando o sótão da casa de Dro e Regina em Santa Teresa. Saiu de táxi para o Galeão imaginando que seria uma ausência de, no máximo, dez dias. Mas, diz a lenda, ninguém passa incólume pelo verão e pelo Carnaval baianos. O festival de Itaparica aconteceu nos dias 21, 22 e 23 de janeiro – e foi transbordante para ele. Além de novos e velhos amigos de palco (Moraes era companheiro do Baixo Leblon), reencontrou vários outros no ritual diário da praia e dos bares. O dançarino americano Lennie Dale, figura igualmente emblemática do Baixo, era um deles. Aliás, todo o esquadrão dos Dzi Croquettes estava no Farol da Barra. Sem falar de Waly, Jorge e o resto da turma, inclusive a "madrinha" Gal. Para agitar ainda mais a vida social, Maria Bethânia fazia temporada no Teatro da Praia com o show *Pássaro da manhã*, dirigido por Fauzi Arap. Pelo menos em duas noites Luiz esteve na plateia e depois no camarim. No repertório da musa, "Estácio, holly Estácio", de sua autoria.

Ficar para o Carnaval não foi uma decisão difícil de tomar, pois naquele verão Luiz estava namorando a fotógrafa Lucia Correia Lima, que conhecera logo nos primeiros dias, durante uma entrevista ao jornal *Tribuna da Bahia*, onde ela trabalhava como *freelancer*. Depois, Luiz pediu para ver como tinham ficado as fotos. Lucia estava com uma amiga, Márcia Lancelotti, paulista e também jornalista. Os três ficaram bebendo cerveja até o dia amanhecer. Não foi preciso muito tempo de convivência para Lucia perceber que o seu novo amigo estava sofrendo. "O Luiz estava sofrendo por causa do filho, de quem falava muito. Bebia demais e caía em depressão."

Foi Lucia quem aproximou Luiz do jornalista Raimundo Mazzei, chefe da sucursal do jornal *O Globo* em Salvador. Na verdade, ela procurou o amigo para pedir que hospedasse seu namorado carioca, o já famoso Luiz Melodia. Assim, Luiz ficou algumas semanas na casa de Mazzei e da curitibana Cristina, sua mulher, na Rua Clemente Mariani, na Boca do Rio. Eles eram vizinhos de Galvão, dos Novos Baianos, que morava no caminho da lagoa de Pituaçu. Luiz foi acomodado no quarto do filho do casal, Paco. Ambos eram pequenos, o quarto e o garoto de 2 anos. Ainda hoje Mazzei se recorda de uma sexta-feira de muito calor: "Emprestei meu carro, um possante Fuscão 71, para o Luiz dar uma volta. Ele sumiu por cinco dias. Fui saber, estava em Itapuã. Eu fiquei preocupado por dois motivos: por ele e pelo carro. Na segunda-feira fui trabalhar de ônibus e ele reapareceu na terça. Não havia celular e a comunicação era precária".

Tirando o episódio do carro, tudo correu bem entre eles. O casal anfitrião mostrou mais do que boa vontade: admiração. A casa de Mazzei era a base do violão de Luiz, que era muito cuidadoso. Sempre que passava por ali, mesmo rapidamente, para tomar banho e trocar de roupa, dedilhava e solfejava alguma canção em progresso. Na memória de Mazzei, estava sempre imerso num ritual de criação. "Ele cantava e dedilhava repetidas vezes até que a música tomava forma definitiva. Então, largava a viola e saía pela vizinhança para tomar uma e bater papo com alguém."

Naquele mês, Luiz foi testemunha de dois momentos históricos para o Carnaval de rua de Salvador, cujo tema era "Bahia de todos os encantos": o sucesso da música de Moraes Moreira "Pombo-correio", com o trio de Dodô e Osmar, e a façanha de Baby Consuelo, que, ao entoar o hino do time do Bahia, tornou-se a primeira mulher a cantar em cima de um trio elétrico. Luiz acompanhou tudo de perto, entre arrastões e cotoveladas.

Ele reencontrou o amigo Mário Luiz Thompson, o fotógrafo, que estava hospedado na casa do cineasta Walter Lima (não confundir com o carioca Walter Lima Jr.) onde Luiz também dormiu algumas noites. Eles se reencontraram no bairro dos Barris e tudo era uma festa. Thompson se lembra dos embalos notáveis. "Eu ofereci um ácido ao Luiz, que aceitou na hora. Eu também tomei um. Ficamos curtindo a Praça Castro Alves e tivemos uma experiência lisérgica muito interessante. Altos papos, me lembro das conversas do Luiz, meio irônicas e sarcásticas. Em outro dia, conversei com ele e Beatriz, mãe do Hiran, que também estavam por perto. Fiz o registro em super-8, todos tomando água de coco."

O reencontro de Luiz com o músico Ricardo Augusto, na casa de quem ele também tinha um quartinho disponível, acabaria por transformá-los em parceiros e cúmplices. Parceiros porque criavam canções juntos sempre que havia um violão por perto. A produção foi grande, e ainda hoje algumas dessas parcerias continuam inéditas. Ricardo era um exímio violonista. Logo depois do festival de Itaparica, Luiz passou a frequentar direto a Boca do Rio. Ali reencontrou, em outra circunstância, o amigo Sérgio Mello. E arrumou uma turma de pelada (baba, como dizem os baianos) – logo estava enturmado no time dos músicos Edil Pacheco e Cardan Dantas, com quem passou a tocar violão e a compor.

Luiz e Ricardo Augusto – que também era peladeiro – ficaram cúmplices na noite de 7 de março, quando estavam juntos na varanda, tocando violão, e passou um animado grupo de amigos com ares festivos. Entre eles, Lennie Dale, vestindo uma mortalha azul, José Simão e o artista plástico Gilson Rodrigues. Eles vinham da casa do diretor de teatro José Possi Neto e seguiam para uma festa na casa de outro Zé, o Parmito, ator de teatro, ainda na Boca do Rio. Na opinião de Ricardo, a cumplicidade se deu nesse momento. "De imediato, não aceitamos o convite para ir à festa. Ficamos de pensar. Continuamos na varanda tocando violão. Mas dez minutos depois o Luiz levantou-se da cadeira dizendo: 'Vamos nessa festa'. E fomos."

Logo ao chegar viram uma morena bonita dançando, uma espécie de Gabriela, bastante vistosa com seu semblante de cravo e canela e vasta cabeleira. Ricardo a conhecia de vista, ela morava na casa, portanto era sua vizinha, e Luiz fez imediatamente o seguinte comentário, tirando onda de baiano: "Veja, Ricardo, que mocotó lindo!"

Do ponto de vista de Jane Reis, a morena vistosa de Jequié que dançava faceira pelo salão, tudo foi surpreendente. "De repente chegaram alguns amigos na minha casa, inclusive um rapaz bastante conhecido de todos, o Luiz Melodia. Eu dançava sem parar. Ele passou a noite sentado na janela me olhando, mas eu não me emocionei no início. Nada. Só que logo começamos a conversar e tudo mudou. Casamos na hora."

Jane registrou o seguinte episódio vivido por ela quando morou no Rio, anos antes. Foi durante um ensaio do show *Índia*, de Gal Costa, no Teatro Tereza Rachel (portanto, em 1973), no qual ela cantava "Presente cotidiano", de Luiz Melodia, a música censurada do disco anterior. O depoimento de Jane: "Eu estava com meu namorado na plateia vazia, pois era um ensaio. De repente vi um rapaz andando na minha direção, todo maneiro, com boina marrom na cabeça (a mesma da capa de *Maravilhas contemporâneas*), camiseta branca e coturno do exército. Eu 'fotografei' aquele sorriso largo e bonito. Ele passou. Ficou nisso. Anos depois, nesses dias em Salvador, me lembrei disso e falei: 'Eu conheço você'. Era a mesma pessoa".

Naquela noite da festa eles ficaram juntos na casa dela e nos dias seguintes também. Luiz foi trazendo a cada visita uma ou duas camisas para guardar no armário e foi ficando. E os meses foram passando. Conheceu um empresário local, o experiente Crisvaldo, que agendou um show no Teatro Vila Velha, com banda. Depois, Luiz fez outro show em Ilhéus que lhe rendeu um bom dinheiro. Quando o dinheiro acabou, fez contato com a gravadora no Rio e conseguiu mais um adiantamento. Ele tinha apenas que ir ao banco retirar. Sabe-se que a grande dificuldade do novo empresário era colocar Luiz Melodia na reta dos ensaios e de outras produções necessárias para a divulgação. Na lembrança de Mazzei, uma missão diária: "O Crisvaldo sofria. Sua luta cotidiana era capturar o Melodia na cidade, tarefa de razoável dificuldade levando em conta a vida boêmia e sem horários que o nosso astro levava, em plena liberdade na Bahia. Mas tudo acabou dando certo".

Enquanto isso, longe dali, no Rio de Janeiro, o grupo de teatro Asdrúbal Trouxe o Trombone estreava a peça sensação *Trate-me leão*, no Teatro Dulcina. Em contato com o público, foi uma combustão espontânea. Enorme sucesso de bilheteria, projetou ao estrelato nacional vários nomes do elenco: Regina Casé, Patricya Travassos, Luiz Fernando Guimarães e o companheiro de peladas Evandro Mesquita. Eles frequentavam o Baixo Leblon e traziam uma nova linguagem e um novo teatro, despojado de artifícios cênicos e posturas acadêmicas. Muitos desses talentos se tornaram amigos de Luiz Melodia, uma espécie de "músico da família" Asdrúbal.

Na sequência, Jane se mudou para outra casa, não longe da Boca do Rio. Ele foi atrás. No redemoinho da vida, no calor da paixão, alugaram uma casa de pescador na praia de Coroa, no sul da ilha de Itaparica, perto de Cacha Pregos, onde ficaram quase três meses. Era uma casa rústica, sem luz, quase sem infraestrutura e com muita gente simples por perto, como ele gostava. Para melhorar as coisas, Jane se revelou uma boa cantora, afinada e, algumas vezes, sua melhor intérprete durante a criação. Quando não estava namorando, Luiz passava horas pescando ou brincando com as crianças do lugar, sua plateia para as imitações de danças de James Brown, uma de suas especialidades. As crianças deliravam.

Na primeira oportunidade, Jane levou Luiz para conhecer sua família, no mesmo bairro da Boca do Rio, onde moravam seus pais e sete irmãos, quatro meninas e três rapazes. De início, a mãe, Maria José, reagiu mal, não gostou do que viu. Mas, com o passar do tempo, o humor dela foi mudando, a ponto de reconhecer, quarenta anos depois, que era puro preconceito: "Eu tomei uma lição da vida. O Luiz era um amor de pessoa, todos os meus filhos o adoravam, desde o início. Eu mudei completamente de opinião e hoje só tenho coisas boas para falar dele. Depois de sua morte colocamos uma foto dele na parede de nossa casa, onde está escrito: 'A pérola negra virou estrela'".

Na lembrança de Lila, irmã mais nova de Jane, a empatia foi grande e recíproca: "O Luiz era muito tranquilo, um bom sujeito, simples, falava com todos sem distinção. E já era famoso. Quando esteve em Jequié, nossa cidade natal, logo foi participar das babas com os rapazes do bairro. Estava sempre de bermuda e camisão. Logo virou o xodó da minha mãe, que adorava cozinhar para ele".

Nas conversas com Jane, seu assunto preferido era o novo disco que estava sendo gestado na sua imaginação. Ele passou a fazer planos incluindo a mulher como peça indispensável em qualquer viagem ou show de lançamento. Tempos depois, quando se preparavam para outra festa, em Salvador, ele colocou para tocar uma música de Chico Buarque e cantou para ela como uma mensagem cifrada:

**VOCÊ VAI ME SEGUIR AONDE QUER QUE EU VÁ
VOCÊ VAI ME SERVIR, VOCÊ VAI SE ABAIXAR
VOCÊ VAI RESISTIR, MAS VAI SE ACOSTUMAR [...]**

Aos 23 anos, ela entendeu a mensagem e se assustou com a proposta, perigosa para quem até poucos dias não pensava em casamento. Mas ele insistiu. Nessa época, Jane trabalhava em sua própria confecção de roupas exclusivas (como Beatriz, a ex) e reconhece que foi atropelada por uma paixão. Ela reagiu e se escondeu na casa da mãe; ele foi atrás. Assim, foram se conhecendo aos poucos. No total, Luiz ficou quase sete meses em Salvador, cinco deles namorando Jane Reis em vários lugares, inclusive em banco de praça.

Houve um episódio desagradável (para não dizer criminoso), um ato de preconceito da gerência de um hotel, que não o aceitou como hóspede. E nem apresentou um motivo que justificasse o impedimento. Na verdade, Luiz fora vítima de racismo. Eles esperaram o dia amanhecer sentados em um banco de praça. O resto era festa, dia e noite. Foi um período fértil para ele na produção de novas músicas para o disco que já estava encomendado pela gravadora. Estava sempre com o violão e algum parceiro por perto. Muita praia durante o dia e botequins durante a noite.

Luiz ainda estava em Salvador, em setembro, quando o grupo Asdrúbal Trouxe o Trombone foi preso na cidade de Santa Maria, no interior do Rio Grande do Sul, por porte de maconha. Eles já haviam se apresentado com sucesso em Porto Alegre e seguiam com a turnê quando foram abordados por policiais no hotel. Luiz conhecia todo o elenco, claro, mas seu amigo mais próximo era Evandro Mesquita, que disse ter "pintado sujeira". O grupo foi liberado depois de uma sucessão de escândalos em jornais e revistas, tal como acontecera com Gil e Caetano anos antes.

Finalmente, depois de muita conversa e adiamentos, ficou decidido que Luiz seguiria na frente para o Rio, onde deveria logo alugar um apartamento ou pelo menos deixar encaminhado um contrato. E que Jane iria uns quinze ou vinte dias depois para definir a situação. Assim foi combinado. Luiz voltou para o Rio e do aeroporto seguiu direto para Santa Teresa, para o sótão de Dro e Regina. O dileto Papa Kid, que estava acampado por ali naqueles dias, já havia seguido em frente.

Dois meses depois, quando Jane chegou toda elegante, vestindo uma blusa de seda azul, *jeans* pretos e botas, ele ficou bastante abalado. Até porque não tinha procurado apartamento algum, ou seja, não tinha cumprido sua parte no combinado. A bela Jane não gostou de saber e logo rodou a baiana: "Vou dormir aqui hoje, porque já é tarde, mas amanhã vamos para um hotel até acharmos um lugar definitivo. É só hoje. Não podemos incomodar os outros".

E assim foi. No dia seguinte fizeram as malas e foram para o Hotel Santa Teresa, também conhecido como "hotel dos descasados", na Rua Almirante Alexandrino, a do bondinho. Era um lugar charmoso, pequeno para os padrões dos hotéis modernos, um casarão com piscina e vista magnífica da baía de Guanabara. Tudo arborizado. Com o Pão de Açúcar ao fundo. Um cenário perfeito para o idílio de casais enamorados. Fábio Stella morava no hotel, e o reencontro foi efusivo. Luiz e Jane receberam a visita de alguns amigos, entre eles o compositor Márcio Borges, mineiro do Clube da Esquina, vizinho de bairro, com quem trocaram figurinhas. Eles passaram os dias seguintes procurando um apartamento para morar. Com uma estratégia que, na prática, mostrou-se necessária: ele nunca aparecia nas negociações, que eram sempre encaminhadas apenas por ela. Na opinião de Jane, a presença dele, um homem negro em trajes esquisitos, dificultava a conversa com o locador.

"Nessas horas era melhor deixar o Luiz de lado. Ele era constante alvo de preconceito. Cansei de assistir a cenas lamentáveis."

Encontraram um lugar simpático na Gávea, quase ao lado da PUC, endereço nobre para os padrões cariocas. A duzentos metros do Planetário, na Rua Marquês de São Vicente. Era um lugar tranquilo, com muita área verde por perto. Nos primeiros dias, Luiz tratou de levar a nova namorada ao Baixo Leblon, em uma noite festiva, com a intenção de apresentá-la aos amigos, todo pimpão. De volta de Brasília, Renato Piau, que naqueles dias tocava na banda Vitória Régia, de Tim Maia, estava no Baixo e foi testemunha: "O Luiz apareceu com uma morena, baiana mesmo, com uma rosa branca no cabelo. Foi um arraso". O amigo Fábio também se lembra de ter encontrado o casal no Baixo: "O Luiz era muito elegante, e ao lado daquela baiana charmosa... Era um casal muito bonito".

A rotina da vida de casados foi se adequando à realidade. No somatório, eram dois ariscos apaixonados. Nos primeiros dias, quando Jane estava abrindo a porta de casa para sair e ir ao banco, ouviu-o gritar: "Veja por onde anda, sua lesada, você tem coisa valiosa na bolsa".

Para Jane, Luiz se revelou um homem com muitas virtudes. Como namorado, era um galanteador, romântico, apaixonado, capaz de cobrir a banheira de rosas vermelhas e de deixar bilhetinhos espalhados pela casa. Em um deles, depois de uma briga, ele dizia:

**JA – NA – RUA**
**JA – COMEÇO**
**JANE JAZZ**
**JA – NA GRUTA – SOZINHA**
**JA – DE JANGADA PELO MAR**
**UM ABRAÇO E UM BEIJO JEITOSO GOSTOSO**
**DESTE QUE LHE QUER MUITO**
**(QUERO RESPOSTA)**

**ASS. MELODIA**

Foi ela quem fez os primeiros *dreadlocks* no cabelo dele, ainda curtos, o que acentuou seu lado afro, ou, como se diz hoje, "de raiz". Ele era boêmio, mas não farrista e nem festeiro. Estava frequentemente sujeito a desequilíbrios emocionais, sim, como já acontecera antes. Era sensível. Mas não falava palavrões no cotidiano (apenas em momentos cruciais) e raramente subia o tom de voz ou se exasperava. Tinha um grande defeito, que Jane descobriu nos primeiros dias: não sabia fazer supermercado. Gastava muito dinheiro e não tinha critério nas compras – ou seja, queria sinalizar para ela que era generoso, mas acabava tornando-se, sobretudo, perdulário.

Houve um evento em São Paulo, organizado pelo amigo Mário Thompson, a Primeira Festa da Vila Madalena, na qual as principais atrações eram Belchior e Luiz Melodia, que cantaram em um pequeno palco na Rua Rodésia. Foi nas férias de meio de ano, julho de 1978. Não era um grande evento, mas uma festa realmente comunitária que se prolongou por três dias, com Luiz circulando à vontade pela Pauliceia desvairada.

Antes de acabar o ano, um lançamento capaz de encher de orgulho qualquer músico: Luiz foi escolhido pela Editora Abril para ser o astro da Nova História da Música Popular Brasileira, uma coleção de fascículos semanais vendidos em bancas de jornal. Ele era apresentado ao lado de Jards Macalé, o que significava outra realização pessoal, pois Macalé era seu ídolo. Cada um teve direito a quatro faixas de um vinil em formato menor do que o LP. No lado A, Melodia apresentava quatro canções, seus maiores sucessos nas gravações originais: "Pérola negra" (com Gal Costa), "Estácio, holly Estácio" (na voz de Maria Bethânia), "Juventude transviada" (em sua própria voz) e "Farrapo humano", cantada por Macalé. No lado B, Macalé apresentou seus *hits*: "Hotel das estrelas", "Mal secreto", "Movimento dos barcos" e "Choro de Archanjo". Em se tratando de dois "malditos", era um luxo dialogar com a intelectualidade. Sim, pois o disco era apenas uma ilustração, um complemento dos verbetes escritos sobre a história deles na

MPB. Cinco páginas grandes para cada um, nas quais se contava desde o início da vida musical até o reconhecimento popular, com fotos coloridas e outras (históricas) em preto e branco. O fascículo tinha supervisão de texto de Tárik de Souza, do *Jornal do Brasil*, que escreveu o seguinte sobre Melodia: "Compositor intuitivo, sua obra tem causado polêmica entre a crítica especializada. Mas para ele não há meias medidas: amado ou odiado. Seu jeito é único, seu estilo é único e sua música reflete todas as influências. Vem da longa tradição dos violões de morro e explode no som eletrizado". Encerrando o perfil, uma informação estritamente biográfica: "Luiz inteligente, que não queria saber de escola, mal terminou o ginásio".

O ano chegava ao fim com as melhores perspectivas para 1978: consolidar seu casamento com Jane Reis (de um jeito como nunca tinha feito antes) e gravar um novo disco de inéditas para a Som Livre, ainda sob o comando de João Araújo. Nas conversas com o diretor da gravadora, Luiz acabou ficando amigo também de Lucinha Araújo, esposa do executivo, que o tinha na conta de um homem "extremamente educado, uma pessoa bastante sensível". Lucinha era mãe de um jovem inquieto e talentoso chamado Cazuza.

O novo disco era prenúncio de novos adiantamentos e de um longo período de estabilidade financeira. O repertório estava definido basicamente com as canções compostas na Bahia, inclusive a parceria com Ricardo Augusto em "O morro não engana". Luiz se dava ao luxo de dizer que tinha passado sete meses criando canções em Salvador e Itaparica sob a "inspiração da brisa, de Dorival Caymmi e de Caetano". Para agora colocar tudo em disco. Em uma mesa de dezesseis canais.

Em dezembro, ele recebeu um envelope de Salvador, enviado pelo parceiro Cardan Dantas, com uma letra de música chamada "Jane hollyday blues" e uma letra maior, "Mel de Melodia" (parceria de Cardan com Beu Machado), além de um bilhete no qual Cardan falava do desejo de ir ao Rio reencontrar o casal e matar as saudades: "Agora estou namorando uma carioca massa da ilha do Governador. Mais um motivo para eu ir à cidade maravilhosa. Quero assistir à gravação do seu novo disco".

A ideia básica de Luiz para o novo disco era aproveitar ao máximo as canções criadas em Salvador, sozinho ou em parceria com a turma da Boca do Rio, entre eles Ricardo Augusto, o mais frequente. Esse era o melhor momento da festa, a parte que ele mais gostava: convocar os músicos, dividir os arranjos entre amigos competentes e entrar no estúdio para finalizar tudo. Muitas vezes o trabalho no estúdio durava semanas ou meses. Ele arregaçou as mangas e partiu para colocar em disco de vinil as músicas que estavam na sua cabeça.

## 7
# MICO DE CIRCO
## Estilo marginal

**O álbum *Mico de circo* foi a consolidação** do talento e do valor de mercado de Luiz Melodia. Ele estava com um repertório atualizado e com tempo suficiente para arregimentar músicos de alta qualidade para entrar em estúdio. Era um trabalho de formiguinha, com muitos ensaios e gravações. Todas as atenções estavam voltadas para o novo disco. O trabalho mais específico e delicado era o dos arranjos. Além da nova parceria com Ricardo Augusto "O morro não engana", ele apresentava músicas de dois novos compositores amigos: "Mulato latino", de Papa Kid, e "Falando de pobreza", do violonista Tureko, que fez parte da sua banda. Tinha também a regravação de "A voz do morro", de Zé Kéti, abrindo o disco, mais um achado entre os sambas clássicos que lhe cairia como uma luva. Sabe-se que foi uma sugestão de Waly Salomão, que imaginou uma resposta aos críticos que acusavam Luiz de renegar o samba de morro. Resposta com algum deboche. Não é à toa que o arranjo de João Donato carregava no efeito gafieira da orquestra de Severino Araújo:

EU SOU O SAMBA
A VOZ DO MORRO SOU EU MESMO SIM SENHOR
QUERO MOSTRAR AO MUNDO QUE TENHO VALOR
EU SOU O REI DOS TERREIROS

**EU SOU O SAMBA
SOU NATURAL DAQUI DO RIO DE JANEIRO
SOU EU QUEM LEVO A ALEGRIA
PARA MILHÕES DE CORAÇÕES BRASILEIROS
MAIS UM SAMBA, QUEREMOS SAMBA
QUEM ESTÁ PEDINDO É A VOZ DO POVO DE UM PAÍS
PELO SAMBA, VAMOS CANTANDO
É... PRA MELODIA DE UM BRASIL FELIZ**

Em "Bata com a cabeça", a segunda faixa do lado B, acontece o primeiro registro em disco da guitarra de Victor Biglione, com arranjo de Márcio Montarroyos. Foi um evento marcante na vida e na carreira do jovem argentino, que recorda o episódio: "Eu morava na Urca e conhecia o Márcio, que era meu vizinho. Um dia tive a oportunidade de tocar guitarra para ele. Eu tinha 16 anos. Em seguida, o Melodia ficou de aparecer na casa do Márcio, que me convidou para o encontro. Eles acertaram, na minha frente, a gravação de uma música do disco *Mico de circo*. O Melodia tinha ido levar a letra e mostrar a música no violão. A convite deles, toquei nessa faixa com a banda Black Rio".

Havia ainda, fechando o vinil, a inédita "Fadas", de Luiz Melodia, declaradamente inspirada em namoradas baianas, três ou quatro delas, incluindo Lucia, Márcia Lancelotti e Jane Reis (a letra omite os nomes). Curiosamente, foi no dia da gravação daquela música que Jane descobriu que estava grávida:

**DEVO DE IR, FADAS
INSETO VOA EM CEGO SEM DIREÇÃO
EU BEM TE VI, NADA
OU FADA BORBOLETA, OU FADA CANÇÃO**

**AS ILUSÕES FARTAS
DA FADA COM VARINHA VIREI CONDÃO
RABO DE PIPA, OLHO DE VIDRO
PRA SUPORTAR UMA COSTELA DE ADÃO [...]**

**UM TOQUE DE SONHAR SOZINHO
TE LEVA A QUALQUER DIREÇÃO
DE FLAUTA, REMO OU MOINHO
DE PASSO A PASSO, PASSO [...]**

Sabe-se que *Mico de circo* foi um disco feito em homenagem aos marginalizados em geral e aos bandidos do São Carlos em particular. No encarte – uma peça cheia de pistas sobre o universo afetivo do artista –, um único aviso: "Este disco é um tributo". E enumera cento e cinco nomes de amigos/referências, misturando músicos e compositores, entre os quais, Candeia, Taj Mahal, Dro, Regina, Roberto Dinamite, o artista Rogério Duarte, a atriz Maria Gladys, Getúlio Vargas, Gato Félix (dos Novos Baianos), Cartola e Hélio Oiticica com conhecidos marginais do São Carlos, como Caveirinha, Mineirinho, Micuçu, Portuguesinho, Renô (o Renault) e o famoso Cara de Cavalo. Luiz flertava com a marginalidade em grande estilo. Não esqueceu os folclóricos Nelson Galinha e Paulinho Supri(mento). Entre os bambas do crime estavam figuras apenas polêmicas, como Djalmão, segurança do bicheiro Mário Naval, e o próprio Micuçu, renomado assaltante que adorava soltar pipa com os moleques da esquina. Luiz brincava com o nome, dizendo: "quero ser mico de circo se este disco não for um sucesso" ou "quero ser mico de circo se o Vasco não for campeão".

O primeiro nome da lista no encarte era o de Roberto Carlos e o último, o de Nené Rodrigues, mãe de Glorinha. A longa relação de nomes circundava a foto em preto e branco onde apareciam Luiz e a mãe, Eurídice, abraçados em frente à casa da Rua Nova, no São Carlos. Rubens Maia fez a foto da capa e a da contracapa, onde Luiz aparece com camisa *jeans* e óculos escuros estilo gatinho. Ele não explicava nada. O disco foi produzido por Guto Graça Mello e teve arranjos de Perinho Santana, Oberdan, João Donato, Severino Araújo, Armandinho e Márcio Montarroyos. O resultado de tudo isso? Sucesso. Um sucesso que para Luiz Melodia, em meados de

1978, se acumulava com a notícia alvissareira de que um filho estava a caminho. Emoção pouca é bobagem – e o disco finalmente ficou pronto. Foram cinco meses de gravações, de julho a novembro de 1978.

O lançamento glorioso aconteceu em Salvador, em um *happening* organizado e dirigido por Waly Salomão. Foi uma festa de rua hiperpopular, com um caruru de 7 mil quiabos oferecido ao povo no Mercado Sete Portas. A comitiva chegou ao local em uma carroça rústica, com Melodia no lombo de um cavalo e Waly de túnica branca, óculos escuros e turbante árabe, comandando a caravana. Uma pequena multidão de festeiros vinha atrás, entre eles, o produtor Sérgio Mello, da equipe do vinil, e o amigo Gato Félix.

O cortejo desceu a Rua Djalma Dutra, no Matatu, até chegar ao mercado, em Nazaré, onde foi servido o almoço coletivo. Para Gato Félix, o grande acontecimento em Salvador foi algo notável, "realmente deram um show com a carreata de carroças".

Para a imprensa de Salvador, Luiz declarou: "Acho que todos os discos costumam ser lançados em situações restritas. Caretas. Este *Mico de circo*, em especial, representa uma homenagem aos marginais. Daí o fato de o disco ter que sair, mesmo, nas ruas. É nelas que os marginais se encontram".

Um jornal de Salvador publicou uma foto de Luiz no lombo de um cavalo, com a legenda: "Luiz Melodia armou um lançamento muito louco para o seu novo disco".

A revista *Amiga*, de circulação nacional, especializada em shows e entretenimento, apresentou reportagem de página inteira com o título: "Luiz Melodia fez a cabeça dos baianos". E argumentou com destaque na página: "*Mico de circo* – o último disco de Luiz Melodia – realmente botou a cidade de Salvador de pernas para o ar. Ao invés de acontecer em recinto qualquer, mais especificamente num ambiente fechado, foi sim divulgado nas próprias ruas baianas. Em questão de minutos o povo acompanhava aquela espécie de procissão encabeçada pelo cantor". A revista destacou ainda o papel de Jane Reis, que, grávida, participou da produção, assim justificada por ele: "Nós – eu e a Jane – discutimos bastante em Itaparica, durante vários meses, cada detalhe que deveria entrar na confecção do disco, que já estava programado há meses".

Alguns críticos viram em *Mico de circo* um disco de eflúvios poéticos no sentido baudelairiano, "sujo", politicamente incorreto. "Seja marginal, seja herói" ainda era a palavra de ordem, pois o governo ainda era militar. Para Leandro L. Rodrigues, pesquisador, "*Mico de circo* é o fim de um ciclo de Luiz Melodia. Um fechamento que conclui em alto nível a trilogia que marca a genial primeira fase de um dos mais completos artistas da música brasileira da geração pós-tropicália".

Luiz Melodia e a cidade de Salvador, um encontro de similaridades. Ou melhor, de Luiz Carlos com suas origens. Ele estava em casa. É verdade que encontrou sua identidade mais remota em uma cidade negra retinta – e com valores culturais tão fortes na sua negritude quanto as manifestações populares de rua. Que ele ajudou a promover com a festa do caruru de 7 mil quiabos.

Um dia, Luiz e Jane resolveram sair no histórico Ilê Aiyê, o bloco afro mais antigo de Salvador. Foram com a ex-namorada dele, a fotógrafa Lucia Correia, que fazia parte da comunidade do bairro do Curuzu desde a sua fundação. Jane lembra que mesmo depois do desfile, no qual todos se acabaram, Luiz continuou impecável na sua elegância: "A forma como ele terminou o desfile foi motivo de riso de todos. Era um espanto, muito bem-vestido. Todos estávamos desarrumados, aos frangalhos, menos ele".

No Ilê, Luiz conversou com as pessoas, assuntou, interagiu e se empolgou com o que viu. Ficou sabendo, para sua surpresa, que no primeiro ano de desfile do bloco no Carnaval, em 1975, o grupo apresentou a música "Que bloco é esse", de Paulinho Camafeu, que ele conhecia na voz de Gilberto Gil:

**QUE BLOCO É ESSE
EU QUERO SABER
É O MUNDO NEGRO
QUE VIEMOS CANTAR PARA VOCÊ [...]**

    Como era comum acontecer com um lançamento da Som Livre, a faixa de abertura, "A voz do morro", foi escolhida para integrar a trilha sonora da telenovela *Feijão Maravilha*, da TV Globo. Era tema dos personagens Benevides e Oscar, vividos por Grande Otelo e Olney Cazarré. Ou seja, a música fazia parte do LP da novela, abrindo o lado B do vinil. No centro da trama estava o casal romântico Eliana e Anselmo, personagens vividos respectivamente por Lucélia Santos e Stepan Nercessian. *Feijão Maravilha* foi escrita por Bráulio Pedroso, o mesmo autor de *Beto Rockfeller*, que fora transmitida pela TV Tupi anos antes, e dirigida por Paulo Ubiratan. O resultado disso tudo? Mais sucesso.

    Muitos shows, viagens e entrevistas foram agendados para o resto do ano. A espera angustiante tinha acabado. O novo disco passou a movimentar a vida de Luiz de forma intensa e constante. Em maio de 1979 ele se apresentou em curta temporada no Teatro Pixinguinha, em São Paulo, onde cativou a plateia demonstrando ser, além de bom cantor, excelente dançarino.

    Ainda como artista contratado da Warner, Luiz gravou o seu primeiro compacto, com duas músicas emblemáticas: "Passarinho viu", de sua autoria, e "Negro gato", versão de Getúlio Côrtes para uma música da dupla americana Leiber/Stoller, gravada no Brasil inicialmente pelo grupo Renato e Seus Blue Caps e, mais tarde, por Roberto Carlos. As duas com arranjos de Perinho Santana.

    A vida continuava intensa, agora com a ajuda de Jane Reis, organizadora do cafofo da Gávea onde o casal fazia pousada. Grávida, Jane passou a ajudar Luiz na organização básica das viagens e da burocracia. Ele agora tinha conta bancária e alguém para cuidar disso. Continuava dirigindo o mesmo Fiat branco de anos antes, mas o dinheiro estava mais folgado, pois o mercado de discos estava em alta. Para ser mais preciso, o dinheiro entrava e saía com a mesma facilidade.

Para Luiz Melodia, 1978 foi o ano da colheita. E também um ano de excessos. Muito dinheiro, muitas celebrações. Aconteceu de um show no Teatro João Caetano, no Rio, ser cancelado depois de ele passar mal no camarim. O show já estava atrasado, a plateia inquieta, quando um locutor surgiu no palco de microfone em punho solicitando algum médico da plateia. Foi um *frisson*. Na primeira fila, como convidada especial, ao lado da filha Maria, a amiga Regina deu um pulo da poltrona, escalou o palco e se enfiou por trás das cortinas. Ela teve uma premonição. Para confirmar suas suspeitas, Luiz estava deitado no sofá do camarim sendo atendido por algumas pessoas, inclusive o médico que apareceu. Suava frio. Ele acabou sendo levado no carro de Renato Piau ao Hospital Pró-Cardíaco de Botafogo. Sua pressão estava nos picos. O show foi cancelado.

Um frequentador das peladas do Caxinguelê, que prefere manter o anonimato, lembra um episódio acontecido depois do futebol, quando foram em bando ao edifício onde Luiz morava para dar uns tecos, como se referiam ao ato de consumir cocaína: "Foi curioso e engraçado porque o porteiro do prédio se assustou vendo aqueles cabeludos entrando e seguindo direto para o *play*. Ele ainda perguntou: 'O que é isso, meu Deus?'"

Logo no começo de 1979, exatamente no dia 15 de março, o general Ernesto Geisel deixou o governo para outro general, João Baptista Figueiredo, o homem da cavalaria, que seria o último presidente da era militar. Mas ninguém sabia disso ainda. Em agosto Figueiredo sinalizou a abertura lenta e gradual ao assinar a Lei da Anistia.

Não parece coincidência, mas exatamente no dia de São Jorge, 23 de abril de 1979, nasceu Mahal Reis dos Santos, primeiro filho do casal Luiz e Jane, no Hospital Evangélico da Rua Bom Pastor, na Tijuca. Veio ao mundo em meio aos fogos de uma igreja próxima, que anunciava a missa das 15 horas e 30 minutos em celebração ao santo guerreiro. Não se pode dizer que a reação do pai tenha sido das melhores, desprovida de alguns tormentos. Considerando que Luiz era uma pessoa ciumenta (ele tinha ciúmes da mãe de Jane), destilou algum ciúme da criança também; mas só por algum tempo, pois se recuperou depois de conversar com a mulher e com alguns amigos sobre o assunto. Era um aprendizado.

Em 1979, Luiz viveu outra experiência inusitada, um lançamento de disco fora da curva: um álbum coletivo com Tim Maia, Hyldon e Cassiano, o rei da soul music. A essa altura, o guitarrista Hyldon já era autor do estrondoso sucesso "Na rua, na chuva, na fazenda". Eram todos amigos e dividiram um repertório bastante conhecido, os clássicos de cada um. Tudo parecia glamouroso, mas não era verdade, conforme explica Hyldon: "Esse disco foi um oportunismo da gravadora, pois nós não entramos no estúdio para fazê-lo, tudo já estava gravado. Não houve interação alguma, apenas o reaproveitamento do sucesso de cada um de nós, coisa de arquivo. Eu nunca valorizei muito esse disco".

Um dia, Luiz ficou sabendo que iria participar do Projeto Pixinguinha 79, um evento considerado de primeira linha pelos músicos nacionais. Criado dois anos antes pela Funarte, o projeto era inspirado na série de shows chamada *Seis e meia*, que lotava o Teatro João Caetano, no Rio. A receita: bons espetáculos a preços populares – os ingressos custavam oito cruzeiros. Com o Projeto Pixinguinha sendo convocado em edital, a Funarte firmava parceria com as secretarias regionais de cultura. Estavam programados sessenta espetáculos musicais em sessenta cidades brasileiras entre os meses de maio e novembro. Seriam selecionadas quinze duplas de artistas, que deveriam apresentar um terceiro convidado, considerado novato ou revelação. Cada grupo seria responsável pela apresentação de quatro espetáculos em quatro cidades diferentes de determinada região. As trinta duplas do modelo original, no ano anterior, passaram a ser vinte. O orçamento também caiu de 24 para 10 milhões de cruzeiros.

Luiz, com *dreads* curtos, bigode e cavanhaque afilado, iria trabalhar no palco com Zezé Motta, atriz consagrada como Xica da Silva no premiado filme homônimo de Cacá Diegues. Zezé era o que o jornalista Tárik de Souza, do *Jornal do Brasil*, passou a chamar de cantriz, meio cantora e meio atriz. Depois que concedeu uma entrevista falando do sucesso no cinema, Zezé manifestou o desejo de gravar um disco, mas reconhecia que ainda lhe faltava tudo, repertório, músicos, etc. O empresário Guilherme Araújo viu a entrevista e ligou para Zezé, propondo-se, como empresário, a ajudá-la a concretizar o tal sonho. Ela lembra que Guilherme teve a ideia de oferecer uma festa em seu apartamento de Ipanema e convidar seus amigos músicos. "Foi um impacto na minha vida. Lá estavam Gil, Caetano, Moraes Moreira, Rita Lee, todos que se possa imaginar, inclusive Luiz Melodia. Todos contribuíram com canções para o meu primeiro disco, um LP de vinil. Luiz compôs e me deu "Dores de amores", música que marcaria para sempre a minha vida. Ele foi o único a cantar comigo no disco."

No Projeto Pixinguinha, Luiz e Zezé receberam como convidada a cantora Marina (ainda não era Lima), que também estava lançando seu primeiro LP. Marina vinha de uma temporada de sucesso no Teatro Ipanema e se enquadrava na categoria revelação. Zezé tinha feito o projeto no ano anterior em dupla com Johnny Alf. Os músicos que percorreram o roteiro da Funarte tocando com eles foram Marcos André (bateria), Renato Piau (guitarra), Ricardo Augusto (violão e guitarra), Zé Luiz (flauta), Mini Paulo (contrabaixo) e Paulinho Soledade (violões de seis e doze cordas). Para eles foram destinadas cinco capitais: São Paulo, Curitiba, Porto Alegre, Brasília e Belo Horizonte, tudo em série, em um único fôlego, sem intervalo e com três dias de shows em cada cidade. Foi quando começaram a conhecer o Brasil.

O show do trio atraiu um dos maiores públicos do Teatro Pixinguinha naquele ano. Em Curitiba, eles se apresentaram em um Teatro Guaíra lotado. Na plateia, durante o show e depois no camarim, o reencontro com os amigos de Salvador, Raimundo Mazzei e a curitibana Cristina. Foi uma festa.

Em Porto Alegre, ficou registrada a boa receptividade do público e algum azedume da crítica. Houve sessão extra todos os dias, devido às lotações esgotadas, quando então todos os integrantes da equipe dividiam o dinheiro da bilheteria, com o mesmo cachê, sem distinção. O prestigiado jornal *Correio do Povo* publicou no dia seguinte um artigo intitulado "Muito rock nesta ótima semana do Projeto Pixinguinha entre nós". Vinha assinado por Norton Correa, que reclamava da falta de elementos brasileiros no show: "Não fossem as letras das músicas (em português, vejam só) e algumas das canções interpretadas por Zezé Motta (em ritmo de samba e samba-canção), a gente poderia concluir que a origem do espetáculo que está em cartaz na Reitoria às seis e meia da tarde é os *States* ou qualquer outro". Ao focar de modo particular o desempenho de Luiz Melodia, o articulista disse: "Seja na música, seja na postura, Luiz Melodia revela de imediato total influência do grupo baiano – Caetano Veloso, Gil, etc. Na música, o mesmo embalo de Gil, o mesmo som, a mesma insistência no pop-soul-rock até quando canta o morro, a favela ou na própria pronúncia de várias palavras em que aparecem as vogais abertas do sotaque nordestino". A crítica seguia: "Quanto à postura – muita gesticulação, movimentação, contorções, a semelhança também é flagrante, especialmente no trajar: fantasia completa de africano, do chapéu à longa bata amarela, ambos de padrão característico".

Em Brasília, o show aconteceu na Piscina Coberta (hoje Ginásio Cláudio Coutinho), onde o trio foi aplaudido com casa cheia nas três noites.

Os maiores sucessos da temporada do Projeto Pixinguinha foram "Pérola negra" e "Dores de amores", em dueto com Zezé, música muito aplaudida pelo público, que cantava junto:

**EU FICO COM ESSA DOR
OU ESSA DOR TEM QUE MORRER
A DOR QUE NOS ENSINA
E A VONTADE DE NÃO TER
SOFRER DE MAIS QUE TUDO
NÓS PRECISAMOS APRENDER
EU GRITO E ME SOLTO
EU PRECISO APRENDER**

**CURO ESSE RASGO OU IGNORO QUALQUER SER
SIGO ENGANADO OU ENGANANDO MEU VIVER
POIS QUANDO ESTOU AMANDO É PARECIDO COM SOFRER
EU MORRO DE AMORES
EU PRECISO APRENDER**

Mais tarde, Zezé se apresentaria no Teatro Alaska, na famosa galeria *gay* de Copacabana, com o espetáculo *Zezé canta Melodia*, com direção de Marília Pêra. Como resultado do sucesso do Projeto Pixinguinha, a gravadora decidiu lançar um disco da dupla e chamou o produtor Liminha para executar a tarefa, o que acabou resultando em conflito e desligamento da gravadora. Luiz dizia: "A gravadora queria tomar conta do disco, e eu não aceito isso. Quero decidir a respeito do meu trabalho. Como resultado, eu saí da gravadora, mas ia ser um belo disco".

A amizade com Jards Macalé estava consolidada. Eles tinham amplas afinidades, dentro e fora da música. Afinidades e cumplicidades. Macalé recorda da noite em que foi ao apartamento de Glauber Rocha, que recebia a visita do cineasta Mário Peixoto e de uma jovem diretora americana cujo nome se perdeu na estrada. A certa altura, Glauber se ausentou para levar Peixoto em casa e, quando voltou, encontrou Macalé num dos quartos se engalfinhando (no bom sentido) com a moça. Glauber se irritou com a cena e expulsou ambos de sua casa. A moça, com mochila e tudo. Na rua, Macalé se angustiava em busca de uma solução para a americana, pelo menos naquela noite. Ela não tinha para onde ir. Ele se lembrou de Melodia e Jane, perfeitamente liberais diante de uma questão daquelas. E seguiu para a Gávea. Lá chegando, como havia imaginado, não encontrou problema, a moça foi bem recebida e acomodada. E Macalé terminou o serviço que havia sido interrompido. Dias depois, recebeu um telefonema de Luiz, preocupado: "Porra, Macau, a sua amiga é ninfomaníaca. Resolveu comer todos os meus amigos, todo mundo que aparecia aqui. Um deles a levou para o morro de São Carlos e ela sumiu daqui de casa".

Enquanto isso, o Brasil vivia os últimos dias da ditadura militar. A Lei da Anistia – ampla, geral e irrestrita – assinada em 28 de agosto de 1979, beneficiava aqueles que cometeram crimes políticos e tiveram seus direitos cassados. Com isso, os exilados começaram a voltar para casa, entre eles, Fernando Gabeira, Miguel Arraes e Leonel Brizola, que muito em breve viria a ser eleito governador do Rio de Janeiro. As mudanças estavam acontecendo.

Mudanças também para Luiz Melodia, que deixava a gravadora Som Livre para assinar contrato com uma novidade no mercado, a Warner Music (WEA), uma multinacional que chegava arregimentando o que havia de melhor no mercado brasileiro. Era grande o investimento. Luiz estava no meio de um elenco que tinha Gilberto Gil, Baby Consuelo e Pepeu Gomes, Raul Seixas, Teixeirinha e Tom Jobim, entre outros. Os contratos, inclusive o de Luiz, foram encaminhados pelo empresário de Gil, o mineiro Daniel Rodrigues, que cuidou de tudo. Foi obra do destino. Gil tinha agendado uma viagem particular de três meses para os Estados Unidos e Daniel sentiu necessidade de preencher esse tempo com trabalho, agenciando outros artistas. Ele queria evitar o fechamento do escritório nesse período. Pensou um pouco e, pela disponibilidade, escolheu Luiz Melodia, exatamente na hora em que a Warner formava um elenco.

Nas negociações, saía João Araújo e entrava André Midani, um sírio criado na França que se tornaria um dos principais nomes da indústria do disco no Brasil. Não foi fácil. No início, Midani reagiu mal ao nome de Luiz, evocando seu histórico de problemas disciplinares. "O Melodia não cumpre horários." Com ênfase, Daniel insistiu e se responsabilizou pelas consequências – só assim o *boss* autorizou a produção. Conhecedor das manhas e manias de Melodia, Daniel tomou uma decisão administrativa imediata, que deveria ser adotada durante todo o período em que o estúdio estivesse alugado: "Jamais marcar ensaios ou gravações pela manhã, pois o Melodia não vai aparecer. Colocar um produtor para buscá-lo em casa pelo menos três horas antes. A gravadora havia oferecido um mês de estúdio, eu pedi dois, mas, na verdade, fizemos o trabalho em três meses".

Ao contrário do que havia acontecido antes, com esperas prolongadas, o próximo disco de Luiz Melodia na nova gravadora seria lançado já no ano seguinte, 1980, e se chamaria *Nós*. No novo disco ele finalmente gravou uma música do amigo Papa Kid, "Ilha de Cuba", e uma inédita, "Mistério da raça", fruto da parceria com Ricardo Augusto, além do já mencionado clássico "Negro gato", consagrado na voz de Roberto Carlos anos antes:

**MIAAAAAAAAAUUUUU!**
**EU SOU UM NEGRO GATO DE ARREPIAR**
**E ESSA MINHA VIDA**
**É MESMO DE AMARGAR**
**SÓ MESMO DE UM TELHADO**
**AOS OUTROS DESACATO**
**EU SOU UM NEGRO GATO! [...]**

Das nove faixas do disco, sete eram de sua autoria. Em uma delas, "Passarinho viu", uma novidade: ele dividia o vocal com Jane Reis. Sérgio Mello era o produtor executivo; Liminha, o produtor artístico; e as gravações aconteceram nos Estúdios Transamérica. No final, como bem destacou Daniel Rodrigues: "O disco ficou lindo, foi um trabalho belíssimo".

A vida pessoal continuava em harmonia ao lado de Jane e do pequeno Mahal. Eles agora eram reconhecidos no charmoso circuito da Gávea, onde também moravam amigos como Waly Salomão. Em março de 1980, uma notícia para arrasar o moral da tropa: Hélio Oiticica, o patrono da arte marginal, morreu vítima de um derrame. Ele tinha sido encontrado em casa, agonizando, sozinho, pela amiga e artista plástica Lygia Clark, que ainda o levou para um hospital, onde ele faleceu dois dias depois.

Após dois anos vivendo na Rua Marquês de São Vicente, o primeiro endereço, Luiz e Jane se mudaram para outro apartamento na Gávea, na parte alta, próximo à Escola Parque. E mudaram de carro também; trocaram o velho Fiat branco por um Ford Escort. A transformação acompanhava o bom gosto e a elegância do cidadão Melodia, que agora usava roupas de confecções exclusivas e colecionava relógios e sapatos bicolores, aqueles de malandro de morro. Fazia barba e cabelo, quando não estava no modo *dread*, em um salão da praça do Jockey, onde ficou amigo de Gessi, o barbeiro de sua estima durante anos.

Sua coleção de boinas e chapéus ainda era incipiente. Vaidoso, acompanhava a moda alternativa, sobretudo aquela mais criativa, ideal para artistas excêntricos. Perguntem sobre isso aos Mutantes, que lançaram nesse mesmo ano um dos discos mais importantes da carreira do grupo. Especialistas em roupas esquisitas no palco – e elegantes nas ruas –, eles seguiam a moda do rock inglês, famoso pela extravagância do vestuário.

No dia 12 de agosto de 1980, um evento de prestígio: Luiz foi entrevistado pela rádio Jornal do Brasil AM no programa *Luiz Melodia Especial*. A chamada publicitária da entrevista destacava uma frase: "Eu sou uma pessoa que nunca viu o sucesso. Nem sei o que é isso". O bate-papo começou às onze horas e terminou exatamente à meia-noite; enfim, uma hora de conversa sobre a vida e a carreira de Melodia.

Na virada para a década de 1980, a muvuca noturna do Rio se concentrava no Baixo Gávea, herdeiro do Leblon, onde os bares Sagres, Hipódromo e Guimas atraíam a fina e criativa flor da juventude carioca. E, claro, boêmios em geral. O amigo David Pinheiro, então popular como o personagem Sambarilove, da *Escolinha do Professor Raimundo*, era um deles. "Certa vez engatamos uma conversa na madrugada do Baixo Gávea e passamos uma noite inteira bebendo até amanhecer o dia. Comendo bolinho de carne com pão." Outro companheiro do bar Hipódromo, agora no rol dos amigos diletos, Alceu Valença destaca uma característica de Melodia: "Introspectivo, ficava com um guardanapo e uma caneta na mão, fazendo anotações. Era doce. Gostava de ficar encostado no balcão. A gente se via e fazia festa. Fiz uma música dedicada a ele, que seria gravada por mim anos depois no álbum *Andar andar*".

A letra da música que Alceu chamou de "FM Rebeldia" pode ser interpretada como retratos casuais do artista:

**UM DIA DESSES EU TIVE UM SONHO**
**QUE HAVIA COMEÇADO A GRANDE GUERRA**
**ENTRE O MORRO E A CIDADE**
**E MEU AMIGO MELODIA**
**ERA O COMANDANTE EM CHEFE**
**DA PRIMEIRA BATERIA**
**LÁ DO MORRO DE SÃO CARLOS**

**ELE FALAVA, EU ENTENDIA**
**VOCÊ PRECISA ESCUTAR A REBELDIA**

**PANTERA NEGRA, FM REBELDIA**
**TRANSMITINDO DA ROCINHA**
**PRIMEIRO COMUNICADO**
**O PÃO E CIRCO E O PODER DA MAIORIA**
**E O PAÍS BEM PODERIA**
**TER SEU POVO ALIMENTADO**

**E ERA UM SONHO AO SOM
DE UM SAMBA TÃO BONITO
QUE QUASE NÃO ACREDITO
EU NÃO QUERIA ACORDAR [...]**

Do ponto de vista financeiro, existiam as bilheterias dos shows, claro, que sempre ajudavam nas despesas, mas a grande notícia chegava pelas gravadoras, que lhe ofereciam bons adiantamentos, palavra mágica que significa antecipar ao artista certa quantia em dinheiro pela venda futura dos discos. O valor do adiantamento leva em conta a estimativa de sucesso (de venda) projetado para cada disco e o conceito do profissional a quem se está, em última análise, dando um crédito. Uma prática comum do mercado. Com Luiz Melodia, alternavam-se épocas de fartura e de escassez, até porque ele não era um artista previsível, manipulável, não fazia certas concessões. Estava sujeito, portanto, às intempéries do humor e do espírito. E, como virtude máxima, ele sabia levar o barco devagar.

No casamento com Jane, apesar da vida agitada, tudo continuava romântico e, por que não dizer, criativo. Quando eles brigavam e ela ameaçava ir embora, Luiz respondia na lata: "Se você for, eu vou também".

## 8

# POESIA SEMPRE
## E algumas folhas de hortelã

**Os anos 1980 foram de baixa** para Luiz Melodia, uma década ruim para o artista. Não aconteceu nada específico, não houve um episódio central, mas uma mudança de comportamento e humor ao longo do tempo. Como diz Jane Reis: "Ele radicalizou. Foi uma rebeldia de juventude retardada". Os efeitos se espalharam por vários anos, quase uma década. Na base de tudo, a reação de um artista inconformado com o destino e com o *establishment*. Ele mesmo explicou ao jornal *Folha de S.Paulo* o imbróglio do seu ponto de vista: "O sucesso me deixou meio desorientado, perdido, desamparado, e aí surgiu o mito do artista maldito, que desencadeou essa fama".

Depois de homenagear em disco os marginais de sua estima, Luiz Melodia continuava militando na causa dos desvalidos e abandonados pela sorte. Mantinha uma forte cumplicidade com os sacaneados pelo sistema – como ele próprio afirmava. Na virada da década, Luiz Melodia estava "mais São Carlos" do que nunca.

Para equilibrar o astral, continuava participando das peladas no Caxinguelê, com a turma das antigas. O produtor Gato Félix, que se autodefine como craque no meio de campo, lembra um episódio conhecido dos peladeiros cariocas. Ele encontrou logo pela manhã dois rastafáris caminhando saudavelmente pelo calçadão de Copacabana e reconheceu um deles: era Bob Marley, que estava hospedado no Copacabana Palace. Gato fez contatos imediatos, e Marley ficou à vontade para perguntar como poderia encontrar um "baurete *made in Brazil*". É Gato quem conta: "O Marley estava com o baixista da banda. Fui com eles até o morro de São Carlos falar com o Paulinho Suprimento. Ele comprou alguma coisa e voltamos pra Copacabana. Marley subiu no quarto e voltou com um enorme sorriso no rosto – sinal de que era do bom –, e manifestou vontade de jogar futebol. O Afonsinho estava ocupado, então liguei para o Paulo Cesar Caju, que organizou tudo. A pelada entrou para a história".

No dia seguinte ao da pelada tinha show de Moraes Moreira no morro da Urca, na boate Dancing Days, de Nelson Motta. Estavam todos convidados: Novos Baianos, Afonsinho, Bob Marley com alguns músicos da banda Wailers, Luiz Melodia e até Paulinho Suprimento. Foi uma grande festa.

Uma notícia impactante exatamente no dia 8 de dezembro de 1980: John Lennon foi assassinado em Nova York por um atirador sem causa e sem (aparente) motivação. Para comandar as investigações, melhor seria chamar o professor Freud, pois as razões pareciam insondáveis. O crime abalou a estrutura da geração da qual Luiz fazia parte. John Lennon era seu ídolo. Assim que a notícia foi divulgada pelas rádios e televisões, os amigos trataram de se falar e, em seguida, de se reunir. O grupo acabou promovendo uma "vigília para Lennon" na casa de praia dos compadres Dro e Regina, no canal da Barra da Tijuca, mais precisamente na praia dos Amores. Passaram a noite bebendo, falando e cantando canções de Lennon: Renato Piau com a namorada Marinez, Luiz, Rubens Maia (o fotógrafo), as crianças, etc. Deixaram o rádio ligado na FM, abriram as garrafas e acompanharam as homenagens ao Beatle assassinado. Era mais um ídolo que caía, ou, como dizem no mundo do blues, *"six strings down"*.

É sempre bom lembrar que, nesse contexto, em abril de 1981, aconteceu no Rio o episódio que entrou para a história como o Atentado do Riocentro. Dois agentes da polícia do exército foram incumbidos de plantar uma bomba em um grande show de música que acontecia no centro de convenções, mas a bomba explodiu ainda dentro do carro, matando um agente e ferindo gravemente o outro. Elba Ramalho cantava no palco no momento da explosão, mas quem anunciou o atentado frustrado minutos depois foi Gonzaguinha. O clima estava tenso no auge do governo Figueiredo. Os brasileiros queriam eleições diretas já.

Para Luiz, as viagens e os shows pelo Brasil continuavam sem tréguas. Ora estava em São Paulo, ora em Brasília, Fortaleza ou Belo Horizonte. Em junho, participou de um show no Rádio Clube de São Paulo, com Zezé Motta, Luiz Wagner e Itamar Assumpção, com produção de Gato Félix, que então morava em São Paulo e estava "fisicamente" afastado dos Novos Baianos. Eles acertaram tudo com os sócios da casa, Telmo de Carvalho e o jornalista Paulo Markun. O show foi batizado por Gato de *A noite da beleza negra*. Luiz ficou hospedado no hotel Transamérica, onde, dias antes do show, recebeu uma visita de alta estima: a ex-namorada Lucia, a fotógrafa de Salvador, que chegava para lhe apresentar um irmão de alma, o insuperável Itamar Assumpção – o outro negro gato. Lucia registrou a descontração do encontro, pois eles invadiram o quarto com Melodia ainda na cama. E partiram juntos para o primeiro ensaio.

No dia do show, horas antes, Luiz foi parar em um sobrado em Pinheiros, onde morava o cineasta José Antonio Garcia, reconhecidamente *gay*, que vivia cercado de amigas lindas e maravilhosas. E, como bem observou o jornalista esportivo Gilson Ribeiro, um dos presentes, "a maioria lésbica". Era uma reunião frequente e festiva na qual, por acaso, Luiz Melodia foi parar. A preliminar foi poderosa; eles beberam e consumiram de tudo. Houve quem temesse pela sorte de Luiz no palco, mas nada de ruim aconteceu. Eles seguiram para o teatro no Passat de Gilson, que tem boa lembrança daquela noite:

"Posso resumir dizendo que o Melodia fez um puta show. Ele estava muito à vontade e encantou a plateia".

O show no Rádio Clube, que era para ser único, simplesmente lotou, e foi preciso fazer uma sessão extra. Foram então três dias e quatro shows. Na plateia, o médico e amigo Bettarello e seu *kit* de emergência, sempre pronto para entrar em ação.

Shows, viagens, gravações. Sem falar dos períodos de ensaio, que exigiam bastante disciplina. Para uma alma indolente e avessa a compromissos com horário, tudo acontecia em ritmo mais acelerado do que o desejado. Tinha hora certa para sair do hotel, hora para chegar ao aeroporto, hora para dar entrevista. Era um estresse que, temperado por noitadas boêmias e desregradas, criavam um certo desconforto físico e mental. Para Jane Reis, Luiz estava regurgitando uma infância pobre, difícil e sofrida. "Ele reagiu de forma natural a todas as adversidades da vida. Não era fácil ser Luiz Melodia."

A ex-namorada Lucia, a fotógrafa da Bahia, costumava dizer que Luiz enfrentava na vida os "três Ps: pobreza, polícia e preconceito".

Quem estava por perto costumava avaliar que ele podia explodir a qualquer momento. Como consequência, em 1981 houve outra internação de emergência em São Paulo depois de um show na PUC com João Donato e Renato Piau. Foi um sufoco. Uma parada indigesta. Ele acabou no Hospital das Clínicas, onde ficou internado por vários dias para desintoxicação.

Luiz vinha fazendo dieta por conta de uma infecção urinária, mas caiu de boca na noite paulistana, começando por tomar sozinho uma garrafa de vinho branco ainda no camarim. Nesse momento, Renato Piau e Donato decidiram seguir direto para o Aeroporto de Congonhas com a intenção inequívoca de voltar para o Rio. Eles se separaram.

Depois do camarim, Luiz seguiu em grupo para a casa de um amigo, onde as drogas se intensificaram em quantidade e variedade. Rolou de tudo, inclusive mais birita. O resultado foi bombástico. Ele ficou mal mesmo. Quando Jane percebeu e se alarmou com o que estava acontecendo, levou-o correndo para um hospital. Ele entrou no soro.

Quando teve alta, dias depois, Luiz, Jane e o pequeno Mahal foram para a casa de uma amiga, a jornalista Marli Gonçalves, na Rua Augusta, onde ele prazerosamente passou alguns dias tomando sopinha e recuperando as energias. Era visto nas redondezas ostentando longos *dreads*, quase sempre de boné e óculos escuros, passeando de mãos dadas com Mahal. Finalmente, quando Luiz estava se sentindo melhor e recuperado, ao final de uma semana, eles voltaram para a Gávea.

Como atitude saudável, sempre que estava no Rio Luiz costumava colocar os meninos da sua rua no carro, com pelo menos dois deles no porta-malas, e levava a turma para tomar sorvete na pracinha do Hipódromo. Era amigo das crianças.

Foi nessa época, quando o filho Hiran ainda era garoto, que Luiz decidiu levá-lo para um show em Belo Horizonte. O menino aceitou o convite e viajou de avião sozinho, com autorização da mãe. Hoje ele lembra: "Eu fui a alguns shows do meu pai em BH. E, claro, também quando ele se apresentava em Vitória, onde eu morava".

Em outra viagem a Belo Horizonte, Hiran viajou de ônibus levando dois gatos. Para ele foi uma viagem Rio-Belo Horizonte-Vitória. Com o seguinte agravante, explicado por Jane: "O Hiran esqueceu os gatos dentro do ônibus, que foi recolhido para a garagem. Tivemos que criar uma operação de resgate dos bichanos, o que efetivamente aconteceu. Nós voltamos de BH para o Rio e ele seguiu para Vitória com os gatos".

Nesse mesmo ano, 1981, surgia nas rádios e nas caixas de som uma banda sensação, um produto carioca do rock garagem: Barão Vermelho. O destaque era o vocalista e compositor Cazuza, filho do *boss* João Araújo, da Som Livre. Luiz ficou amigo da banda, que incluía Frejat (guitarra), Dé (baixo) e Guto (bateria). Os meninos fizeram sucesso desde o primeiro disco, sucesso que se confirmou dois anos depois com a trilha sonora do filme *Bete Balanço*, estrelado por Débora Bloch. Todos figurinhas carimbadas do Baixo Leblon, com um detalhe significativo: Frejat ficava até o dia amanhecer tomando apenas suco de laranja. Era uma exceção.

Houve outro show em São Paulo, onde Luiz tinha um público cativo, no teatro da GV, ou seja, Fundação Getúlio Vargas. Foram quatro dias agitados, de 20 a 23 de maio de 1982, com grande esquema de divulgação na imprensa paulistana. A *Folha de S.Paulo*, através de Miguel de Almeida, deu destaque de primeira página no caderno Ilustrada. Resultado: casa lotada e sessões extras para atender à demanda. Mais um trabalho da dupla Gato Félix e Thomas Nunes.

Para Gato, depois de anos de amizade e trabalho conjunto, resta uma constatação: "O Luiz era um gênio, um sujeito iluminado, um místico que compunha por intuição. Um verdadeiro artista, sofrido como poucos. Sua pegada musical e de vida eram bastante fortes".

Memorável também foi o show em uma cidade-satélite de Brasília, a popularíssima Taguatinga. Luiz era uma das atrações da Facita – Feira do Comércio e Indústria de Taguatinga de 1982. Depois do espetáculo, foi levado por fãs e amigos para um tradicional bar do bairro, o Kareka's, na CNF2. O jornal *Correio Braziliense* registrou a passagem dele pelo bar, onde conversou com todos, tomou cerveja e cantou sem microfone. Atravessou a madrugada. O fotógrafo Ivaldo Cavalcante, que estivera na Facita horas antes, registrou a presença de Luiz no Kareka's. O ator Chico Simões, um conhecido mamulengo da vizinhança, contou ao jornal que Melodia deu um show de simplicidade no botequim. "Conversamos muito sobre a presença da arte nos bares, que na época eram quase como centros culturais. Melodia tinha conversa pra tudo. Falamos das transformações do país e tínhamos esperança em dias melhores, pois a ditadura militar estava chegando ao fim."

Nesse mesmo ano houve um show em Castelo, cidade capixaba onde Luiz foi tocar com uma grande banda, pois além de Renato Piau, na guitarra, tinha João Bosco Nóbrega no teclado, Afonso Correia na bateria, Mini Paulo no contrabaixo e Humberto Araújo no sax alto. A mesma banda, com pequenas modificações, acompanharia Luiz em alguns poucos shows pelo Brasil. Na lembrança de Humberto, a formação se fortaleceu com a chegada de Fernando Gama, que era do Boca Livre: "Como os shows do Melodia com a banda ainda eram raros, fui tocar com o Zé Ramalho. Durante algum tempo eu me dividi entre os dois. Fizemos com Melodia um show em São Paulo, no Morumbi, e outro no ginásio do Palmeiras. Era sempre algo espetacular, ele dominava o palco e hipnotizava a plateia cantando músicas que todos conheciam".

Em novembro de 1982 aconteceram, afinal, as primeiras eleições diretas no país. Apenas para governador e o Legislativo, em 23 estados e dois territórios. No Rio de Janeiro, a disputa foi acirrada e acabou por mobilizar toda a população. Sandra Cavalcanti, do PTB, liderou as pesquisas desde o início, até a surpreendente reversão a favor do gaúcho Leonel Brizola, que terminou o ano como o único governador eleito pelo PDT em todo o país, tendo o antropólogo Darcy Ribeiro como vice. Saturnino Braga foi eleito senador dos fluminenses.

O artista Luiz Melodia, mesmo não sendo um cidadão engajado em política partidária, tinha suas inclinações e escolhas bem definidas. É verdade que, nesse caso particular, o seu engajamento aconteceu também em função do *slogan* e *jingle* de campanha do candidato Brizola, cuja música se tornou um sucesso que eles aprenderam rapidamente:

**BRIZOLA NA CABEÇA
E NO CORAÇÃO**

Como consequência da carraspana e da internação em São Paulo no ano anterior, Luiz e Jane resolveram dar uma guinada na vida, mudar de ares, dar um tempo nas coisas. Decidiram comprar uma casa em Salvador, na Boca do Rio, para onde deveriam se mudar – e começaram a organizar a retirada. Na verdade, eles estavam aproveitando um adiantamento em dinheiro feito pela Warner pelo disco *Nós,* que estava em todas as lojas. E compraram a casa por 32 mil cruzeiros. Era uma casa pequena, mas bonitinha, com um pequeno jardim na frente, varanda, dois quartos, sala e cozinha. E bastava, por enquanto. Depois foi feita uma reforma que ampliou o espaço da construção. Eles estavam voltando para o lugar onde se conheceram e tinham muitos amigos. Ficou decidido que Mahal, então com quase 4 anos, iria para uma creche nas redondezas. E que Luiz trabalharia normalmente, seguindo a agenda de shows e viagens pelo Brasil. Assim foi feito. Ele adorava andar de pé no chão, encostando nos botequins para conversar com qualquer pessoa, sem distinção. Nas horas de lazer, que eram muitas, frequentavam a praia mais descolada de Salvador, o Porto da Barra, onde lagarteavam ao sol tomando cerveja com os amigos de sempre e outros eventuais. Foi quando Luiz e Jane reencontraram, para surpresa geral, Cristina e Raimundo Mazzei, que lembra a rápida passagem: "O Mahal era um garotão e estava superanimado na praia, queria um picolé atrás do outro. Como os pais estavam envolvidos com a alimentação macrobiótica, os seus mimos eram bem dosados".

Nesses dias eles reencontraram, também no Porto da Barra, o amigo e fotógrafo paulistano Mário Luiz Thompson, que rodou um pequeno filme com Luiz tomando água no coco e contemplando o mar do alto. Tudo em preto e branco, claro.

O compositor Márcio Borges, o Marcinho de Santa Teresa e do Clube da Esquina, que estava curtindo uns dias em Salvador, também aparecia no Farol da Barra. Ele e Luiz se encontravam no final da tarde no bar em frente à baiana do acarajé. Ele se recorda: "Não precisávamos combinar nada. Era batata. No final do dia lá estávamos nós, eu e Melodia. A gente pedia umas cervejas e estabelecia uma boa conversa. Eu andava brincando com um cubo mágico, daqueles coloridos, de montar, cada face com uma cor. Eu tinha aprendido o truque, sabia fazer a combinação de cores, e o Luiz ficou muito intrigado, se perguntando 'como é possível?'" Marcinho lembra que a brincadeira do cubo mágico, que ele tentou ensinar mas não conseguiu, poderia ser uma metáfora perfeita da relação deles. "Aparentemente, a nossa amizade era caótica, sem formalidade, mas bastava aplicarmos na vida os movimentos certos e precisos que ela se transformava imediatamente em harmonia e exatidão."

Para Luiz, a rotina comportava viagens e shows pelo Brasil, inclusive ao interior da Bahia. Sempre com o parceiro e guitarrista Ricardo Augusto, que estava em casa. Os dois criaram uma nova safra de parcerias musicais que seriam bem-vindas para os discos já encomendados.

Ao final de quase dois anos em Salvador, Luiz e Jane começaram a pensar em voltar para o Rio, pausadamente. Sabiam que seria uma mão de obra procurar apartamento para alugar naquelas condições. A economia estava em frangalhos, a inflação era galopante e não havia interesse do mercado imobiliário em assinar contratos de médio ou longo prazo. Não foi fácil. A oferta era abundante para temporada, para turistas, lembra ela: "Chegamos ao Rio e fomos para o Barra Palace Hotel pensando que seria uma temporada curta, o suficiente para alugar um apartamento. Mas ficamos perto de três anos vivendo como ciganos. O tal de *overnight* na economia não ajudava, ninguém estava acreditando em negócio duradouro. Tivemos que morar em apartamentos para temporada".

É fato que a partir daqueles dias em Salvador, e com a casa comprada na Boca do Rio, eles criaram um hábito que se tornaria religioso para sempre: todos os anos, no dia seguinte ao aniversário de Luiz, ou seja, 8 de janeiro, eles pegavam Mahal, faziam as malas e saíam de férias para a Bahia. E caíam na folia até o Carnaval. E mais: com o passar do tempo, alugaram um apartamento no bairro da Pituba para, em seguida, comprar uma casinha na praia de Itacimirim, litoral norte de Salvador, onde Luiz tinha uma prancha para pegar onda, tipo surfista carioca. Ele gostava de pescar, mas não trazia muito peixe. No final do dia, acomodava-se em algum botequim próximo e ficava interagindo com as pessoas do lugar. Ele gostava disso, de pessoas simples e de andar descalço, com o pé no chão.

Na sequência, para viver no Rio, alugaram um apartamento na Rua Professor Manoel Ferreira, na Gávea, por curto espaço de tempo, e foram depois para Ipanema, na Rua Henrique Dumont, em aluguel por temporada. Nesse caso, o complicador era que o apartamento já vinha mobiliado, obrigatoriamente. Eles tiveram que se virar com suas tralhas.

Na peregrinação por um lugar onde morar definitivamente, voltaram para a Rua Professor Manoel Ferreira e para o Barra Palace, quando receberam a visita, durante as férias escolares, do pequeno Hiran, vindo direto de Vila Velha. Outro morador ilustre do mesmo hotel, nessa época, era o impagável Tim Maia, que dispensa apresentações. Tim convidava o pequeno Mahal para ver filmes na TV à tarde, no seu apartamento no décimo segundo andar, cada um com uma lata de leite condensado na mão. Na lembrança de Hiran, que também participou desses momentos, tudo era muito divertido e misterioso. "Eu ainda era criança, brincava com meu irmão Mahal na casa do Tim, que nos dava muito dinheiro para comprar sorvete e qualquer outra coisa. O apartamento era uma confusão, gente entrando e saindo, o entregador de pizzas. Lembro que conheci naqueles dias a atriz Vera Fischer e o namorado, Felipe Camargo. E os filhos da Baby Consuelo."

Outro frequentador do pedaço era o cantor Fábio, amigo das antigas, desde os tempos do Solar da Fossa, quando eram vizinhos na pensão. Aliás, foram Tim e Carlos Imperial, como empresário, que conseguiram um apartamento para o Fábio (muito concorrido em função da localização e do baixo preço do aluguel) e o acomodaram no casarão administrado por dona Jurema. Fábio ainda hoje lembra as visitas ao Síndico no Barra Palace: "Eram longas sessões noturnas de 'caratê boliviano' (como eles chamavam o ato de consumir carreiras de cocaína). O dia amanhecia e o Tim não pensava em dormir. Tudo por pura diversão".

Quem conheceu Tim Maia de perto sabe das suas manias, como a frase com que se anunciava com voz grave, quase rouca, em pleno exercício da galhofa: "Eu sou especialista formado em dificuldades e sofrências, cornologia e tratamentos capilares. Comigo não tem erro. Venham conhecer minhas habilidades". Um belo dia ele pediu ao amigo Fábio, que o estava visitando, para ligar para o Luiz subir ao seu apartamento para que ele concretizasse o sonho antigo de cortar-lhe o cabelo. Ressabiado, Luiz subiu, levando Jane e Mahal como testemunhas. Já sentado, ainda tentou argumentar que tinha um barbeiro na Gávea, o Gessi, que era melhor marcar hora, etc. Mas não conseguiu escapar. Tim foi buscar o equipamento, dizendo-se capacitado para a função. A estrela do seu "material profissional" era uma "tesourinha de ouro", correspondente ao martelinho de ouro das oficinas de automóvel. No final do trabalho, restavam alguns buracos no cabelo de Luiz, alguns desníveis capilares. E Tim Maia não parava de rir. Para não brigar com o amigo, Luiz se despediu e seguiu direto para o salão do Gessi, onde recebeu um diagnóstico competente: "Luiz, vou ter que raspar tudo, passar a máquina. Ele deixou buracos e desníveis". E assim foi feito. Deve-se registrar que, como lembra Gessi, o cabelo de Melodia nunca mais foi o mesmo. "As partes cortadas por Tim nunca mais cresceram igual ao resto. Ficou uma espécie de pelada capilar, cientificamente conhecida como alopecia areata", lembra.

Depois desse período no hotel, Jane finalmente encontrou o que procurava, um apartamento na Rua das Acácias, aprazível e arborizada, mais perto ainda de Waly Salomão. Na sua área de lazer, Luiz tinha agora uma atração predominante: o simpático e pequeno restaurante (lanchonete nessa época) de comida árabe do Shopping da Gávea. Por ser um lugar discreto, quase escondido, o Árabe da Gávea foi escolhido por ele para tomar cervejas à tarde, de preferência sozinho. Luiz acabou se acostumando com a companhia do gerente, Sérgio, e sua mulher, Anita, que viraram amigos. Luiz chamava Anita de "poderosa". Ela lembra o encontro: "O Sérgio ficava no caixa e eu atendia as mesas. Batíamos muito papo sobre tudo: relacionamento com amigos, de casais, etc. Algumas vezes ele ia com o Mahal, que ficava na loja de brinquedos que havia em frente. Outras vezes podia ficar até o fechamento, esperando para sairmos juntos para outros botecos, sobretudo do Baixo Gávea. Virou meu *brother*".

Anita lembra uma confraternização espontânea que aconteceu no seu bar quando Luiz se encontrou, por acaso, com o baixista André Sheik, do grupo Biquini Cavadão, que morava em frente ao *shopping*. Foi um alvoroço, com todos cantando as músicas do Melodia numa espécie de homenagem sincera.

As consequências da fase rebelde de Luiz Melodia se faziam sentir principalmente nos relacionamentos com o lado "careta" do ofício, ou seja, empresários, gravadoras, contratos e horários. A questão do empresário foi finalmente resolvida quando Jane Reis assumiu a tarefa de organizar a agenda de shows, viagens, gravações, etc. Ela passou a ser sua empresária.

Eles agora estavam mudando de gravadora. Ou seja, Luiz nem se criou na Warner e já estava de mudança para a Ariola, de matriz alemã. Não foi uma mudança harmoniosa. Como atenuante, o fato de o novo contrato vir acompanhado da perspectiva de um novo disco, para o qual ele deveria fazer músicas com novos parceiros. Disso ele gostava. E havia decidido que o novo disco se chamaria *Felino*. Ao mesmo tempo, nascia no Rio o esperto Circo Voador, uma nova espécie de casa de shows, com lona, em seu primeiro endereço na praia do Arpoador.

Se alguém ligasse ao acaso uma rádio AM/FM nesses dias, teria grandes chances de ouvir os Paralamas do Sucesso tocando "Vital e sua moto", Ritchie cantando "Menina veneno" ou ainda Lulu Santos mandando "Como uma onda". Esse foi o ano em que surgiram as bandas Metallica, Red Hot Chilli Peppers, Sepultura e Capital Inicial. O rock ficava pesado. Foi também o ano em que morreram Clara Nunes e Muddy Waters. Já Luiz Melodia preparava o seu quarto álbum de vinil.

No estúdio, mais uma vez, o felino Luiz cercou-se de um time seleto de músicos: Perinho Santana, responsável pela guitarra e por alguns arranjos compartilhados com Serginho Trombone, Márcio Montarroyos e João Donato; o uruguaio Hugo Fattoruso, que tocou piano acústico em "Só", de Melodia e Perinho; Leo Gandelman, arranjador, que tocou piano Fender e sax alto em "Um toque", de Melodia; Jamil Joanes no contrabaixo; Lincoln Olivetti no teclado; Cláudio Infante na bateria; e muitos outros, cada um acompanhando seus arranjadores. Leo Gandelman lembra que conhecia Luiz de outros carnavais, pois sua mulher, Cristina, irmã do guitarrista Toni Costa, era amiga de Jane e os filhos estudavam no mesmo colégio. "A gente tinha afinidade de papo, de conversa informal. Trabalhar juntos, com música, foi uma consequência natural."

Na direção artística do novo disco estava Mazzola; na de produção, o amigo Sérgio Mello, que tinha como assistentes Rosaria Mello, Jane Reis e Gato Félix. A foto da capa foi feita por Maurício Cirne e as do encarte, por Rubens Maia. Luiz dizia no encarte: "Dedico este disco aos meus filhos Mahal e Hiran". E também destacava as ausências sentidas dos amigos que tinham partido: Terezão (mulher de Maurício Cirne), um certo Carlinhos, Torquato Neto, Hélio Oiticica e um certo Guima. E enumerava as "presenças astrais" de outros amigos que chegaram, como Vilma Nascimento (prima de Milton), Gato Félix, Paulinho da Outra, Oswaldo Melodia, Dona Eurídice, Jane, Diana Pequeno, Lelo, Daminhão Experiença, Ronaldo Bastos, Paulo Cesar Caju e Ney Conceição – os dois jogadores do Botafogo. Para Ronaldo, o carioca do Clube da Esquina, a citação no disco foi a consagração de uma amizade. "Conheci o Melodia anos antes na casa do Bituca [Milton Nascimento], na Barra, quando ele ainda era desconhecido. Foi uma noite em que estavam também as primas do Bituca, entre elas a Vilma, amiga do Melodia. Depois, nos encontramos algumas noites no Baixo e também em Salvador, onde eu tinha uma casinha de praia. Agora, eu estava acompanhando a gravação do disco dele dentro do estúdio, sempre conversando sobre as músicas." Ronaldo considera – como letrista que é – que as letras das canções de Luiz são "um primor", algo maravilhoso. Não tem dúvida de que "Estácio, holly Estácio" é uma obra-prima. Até hoje, quando lhe perguntam o que há de novo na música brasileira, ele responde: "Luiz Melodia".

No repertório, mais uma parceria com o amigo Papa Kid, "Divina criatura", a segunda faixa do lado A. A faixa 2 do lado B tinha um significado especial, pois "Sorri pra Bahia" foi criada nas noites de Salvador em parceria com Edil Pacheco e Cardan Dantas, companheiros das peladas. Ele homenageava seus amigos e amores:

**INDA NÃO FUI À BAHIA ESSE ANO**
**MAS INDA VOU**
**PITUAÇU DE REPENTE**
**É UMA LAGOA QUE MORA**
**DO LADO DA BOCA DO RIO**
**E O PENTE PENTEIA O CABELO**
**DO MEU AMOR**
**E TODA BAIANA QUE SABE DO SAMBA**
**SABE DO JEITO DO AFOXÉ**
**QUEM ANDA NA AREIA DA PRAIA**
**RECEBE DO VENTO SAUDADES DO SEU AMOR**
**EU PAREI NA BAHIA**
**E COM A FORÇA DO VENTO**
**ELE ME ENTALHOU**
**EU SORRI PRA BAHIA**
**E COM A FORÇA DO MAR**
**O MAR ME CANTOU**
**LOGUM-EDÉ, EDÉ, EDÉ, EDÉ**
**LOGUM-EDÉ, EDÉ, EDÉ, EDÉ**

A faixa 3, "Um toque", foi a primeira canção feita para a namorada Jane, tendo como contexto os dias inesquecíveis na Boca do Rio. Ele, que já era chegado, agora tinha tudo a ver com a Bahia:

**LARGARAM UM TOQUE NO MUNDO**
**QUE TUDO ACABARA**
**MAS NÃO PASSOU DE ILUSÃO**
**ILUSÃO, ILUSÃO**
**FRUTAS NA MESA**
**DESFRUTE DO FUNDO DO MAR**
**OH! QUE BELEZA**
**ESTRELAS FLUTUAM NO AR**
**A NATUREZA**
**TE ENVOLVE EM TECIDO**
**DE GRAMA, CAPIM**
**A REDE NOS LEVA AO LUAR**
**NOSSO AMOR NÃO SE ACABARÁ**
**ME TOQUE**

A faixa 4 guarda outra peculiaridade, pois "Neja" é o nome de Jane com as sílabas invertidas. Foi a segunda canção feita para ela. Trocar as sílabas dos nomes era uma mania de Luiz desde garoto. Como no caso da irmã Zerima, ou melhor, Marize. (Alguns cariocas dessa geração afirmam que a brincadeira virou moda no Rio nos anos 1970 e, originalmente, chamava-se língua do Teteca, ou seja, do Catete.)

Dessa vez não houve música em trilha de telenovela da Globo, *clip* no *Fantástico* e nem o resultado final pôde ser chamado de "grande sucesso", como os anteriores. O disco apenas cumpriu o protocolo da gravadora, sem muitos destaques na parada das "dez mais". Não era culpa de ninguém, era o astral que estava ruim. A gravadora Ariola se esforçou e preparou um bom material de divulgação coordenado por Ângela de Almeida, que destacava pontos luminosos da vida e da carreira do felino

Melodia, para concluir: "Ouvindo agora este Luiz felino, com sua poesia vaga e profunda como o mar, lembrei uma entrevista antiga para um programa radioativo. Perguntava-lhe justamente sobre seu trabalho como letrista – quase sempre de difícil leitura; se acreditava que ainda assim poderia se popularizar pra valer. Ao que ele, prontamente, respondeu: 'Na minha adolescência, quando eu ouvia os Beatles, eu não entendia nada, mas doía aqui dentro'. E, cofiando a barba, concluiu sereno: 'eu não sei inglês, mas eu sei *love*'. E é por ele ser assim, do jeito que é, que fica difícil resistir nesta hora a escrever no quadro em palavras gigantes: Salve Luiz, pura Melodia".

Em 1984, uma deferência concedida a poucos, quase sempre por merecimento: Luiz Melodia foi convidado a dar seu depoimento de vida ao Museu da Imagem e do Som (MIS), na praça XV, no Rio de Janeiro. Foi um trabalho apresentado e desenvolvido pela jornalista Ana Maria Bahiana, que cuidou de tudo, inclusive da pauta. Luiz falou de suas origens no morro de São Carlos, do pai, Oswaldo, e das influências musicais desde o tempo da jovem guarda até o tropicalismo. Gravou horas de depoimento que continuam até hoje no cardápio das estrelas do MIS.

Luiz fez também uma curta temporada em São Paulo para o lançamento de *Felino*, no Circo Mágico do Anhembi. A temporada terminou no dia 10 de agosto de 1984, com ele anunciando à imprensa, em entrevista coletiva concedida no Lord Hotel, que se afastaria das atividades de palco para compor músicas para um novo trabalho. "Artista tem mania de dizer que sempre um novo trabalho é melhor do que o anterior. Mas meu grande sonho ainda não foi realizado, eu sinto que ainda posso fazer melhor."

Para o caderno Ilustrada, da *Folha de S. Paulo*, ele afirmou (posando em foto com camiseta do Bad Company e um ramo de *Cannabis* no boné): "Na vida moderna não há lugar para a inocência, pois a ingenuidade é apenas um esmalte que acoberta os medíocres".

Durante o lançamento desse álbum houve uma noite excitante, quando Luiz e Jane receberam para jantar no apartamento da Gávea o cantor jamaicano Jimmy Cliff, que estava saindo em excursão com Gilberto Gil por várias cidades brasileiras. Jimmy fazia sucesso também nas rádios e no Baixo Leblon. Eles tinham sido contratados da mesma gravadora, a Warner, o que facilitou o encontro. Jane, que se tornara amiga de Harumi, a namorada brasileira de Jimmy Cliff (no futuro, ela seria repórter e uma *sister* da décima sexta edição do *Big Brother Brasil*, da TV Globo), preparou um peixe ao escabeche, com temperos baianos, para regalo dos convivas: os compadres Dro e Regina; o cineasta Jodele Larcher; a banda Brylho da Cidade, com Cláudio Zoli, Arnaldo Brandão e outros mais. O grupo era pequeno, mas alvoroçado. Beberam bastante e cantaram algumas, em reunião onde Jimmy só consumiu *Cannabis*. Harumi lembra: "O Jimmy estava substituindo o Peter Tosh, originalmente escalado para fazer a turnê com o Gil. Eu trabalhava na Warner e acompanhei essa movimentação de perto. Fiquei amiga de Melodia e Jane, um casal muito legal. O Luiz era um ser humano incrível, uma pessoa muito boa".

O mesmo resultado morno teria o disco seguinte, *Claro*, pela Victor Talking Machine Company, um selo da gravadora Continental, que saiu em 1988. Nenhuma das dez faixas fez muito sucesso. Era mais um disco de estima, no qual ele e seus amigos músicos tentaram fazer o melhor, embora fosse pouco o dinheiro disponível para montar a estrutura. Apesar disso, a turnê de lançamento pelo Brasil foi bastante intensa e animada, conforme testemunha Jane Reis, que cuidou da agenda.

Em 1985, antes de uma anunciada turnê pela Europa, houve uma excursão por várias cidades do Nordeste. O saxofonista Humberto Costa lembra a temporada memorável: "Shows lotados em todas as capitais, Salvador, Recife, com o Melodia brilhando no palco. A gente começou a formar um grupo musical que acabaria se fixando em torno do Melodia. Deu frutos."

Ainda em 1985, um show fora da curva, inusitado mesmo, no espaço chamado Califórnia Circus, uma lona armada no Guarujá, litoral paulista, onde havia um palco para shows de rock e afins. Ali já tinham tocado o Barão Vermelho com Cazuza e o pessoal da Blitz. O nome do espaço remetia a uma marca de cigarro que era distribuído gratuitamente em caixinhas pequenas, com quatro unidades, na promoção de lançamento. O circo ficava em uma enseada. Era um espaço administrado por Telmo de Carvalho, o mesmo do Rádio Clube, onde Luiz se apresentara alguns anos antes. Telmo agora contava com uma parceria com a rádio Jovem Pan, mas não era mais sócio do jornalista Paulo Markun, um amigo que ainda continuava por perto. "O Telmo me contou que, no dia seguinte ao show do Guarujá, Melodia sentou num banco na beira da praia, tirou um charro enorme do bolso e fumou como quem pita um Hollywood sem filtro. A maconha era mesmo proibida. Melodia ainda ofereceu para o Telmo, que tirou do bolso um puro cubano. Ficaram os dois ali, cada um com o seu barato."

Em fevereiro de 1986, um acontecimento inusitado durante a passagem do cometa Halley pelos céus do hemisfério sul. Alguém teve a ideia de fazer um show na cidade de Extrema, em Minas Gerais, onde se acreditava que o cometa fosse visível a olho nu. Era para ser um grande evento, com Tim Maia, Melodia e outros músicos se apresentando para uma plateia de jovens acampados em suas barracas, a geração pé na estrada. Ainda havia o componente místico como atrativo. No final, quando ficou claro que Tim não apareceria, apenas um músico importante se apresentou no festival: Luiz Melodia, acompanhado da banda, inclusive de Renato Piau. O médico Bettarello estava presente e lembra da decepção naquela noite fria. "O show dos meninos foi muito bom, mas o cometa não foi visível a olho nu. Um amigo astrônomo levou um telescópio, e o máximo que pudemos ver foi uma manchinha branca no meio da escuridão do cosmos, um pequeno chumaço de algodão".

Luiz Melodia com a mãe, dona Eurídice, no morro de São Carlos.

O pai, Oswaldo, que na década de 1940 construiu a casa da família no morro de São Carlos, no Rio de Janeiro.

Com Beatriz Saldanha, mãe de Hiran, seu primeiro filho.

Melodia canta para a criançada do morro.

Da esquerda para a direita: Renault, amigo do morro de São Carlos; Melodia; o baixista Rubão; e Baby Rose, irmã de Renault e Rubia. De costas, Ana Duarte, já viúva de Torquato Neto. O grupo está em São Paulo, em frente ao Hotel Rosa, em 1973.

Melodia e o parceiro Renato Piau caminham pelo bairro de Botafogo, no Ro de Janeiro (1973).

Em 1975 Melodia participa do festival Abertura com a canção "Ébano".

Jane Reis e Luiz Melodia se conheceram em Salvador, no verão de 1977.

Em 1978 Jane engravida do primeiro e único filho do casal.

Abaixo e na página ao lado, Jane e Luiz com o pequeno Mahal, que nasceu em abril de 1979.

Acima e na página ao lado, Melodia com o filho Mahal.

Figurino exótico com inspiração afro-oriental. Mantendo a elegância.

Lançamento do disco *Mico de circo*, em Salvador, numa festa de rua dirigida por Waly Salomão.

Em 1980 Bob Marley visita o Brasil e joga futebol com os craques do time de Chico Buarque. Melodia também participava dessas peladas.

O amigo Papa Kid (à direita, ao lado de Luiz) ocupou o quarto de Melodia quando ele viajou para seu longo verão na Bahia, nos anos 1970. Na foto, à esquerda, o guitarrista Toni Costa; à direita, o cantor Zeca Baleiro.

Com Zezé Motta – a quem presenteou com "Dores de amores" –, a cantora que mais interpretou suas composições.

No final dos anos 1970, Melodia viaja o Brasil com Zezé Motta (acima) e a então novata Marina Lima com os shows do Projeto Pixinguinha.

Luiz, Jane e Mahal seguiram para a fazenda de Bettarello, não muito longe dali, no alto da serra da Mantiqueira, onde passaram o fim de semana olhando estrelas. Bete, a mulher de Bettarello, formada em história, lembra que o próprio Luiz procurou amenizar a frustração provocada pelo não comparecimento do cometa. "Ele resolveu fazer teatro, cantar, dançar, divertir as crianças. Foi o catalisador dos miúdos. Aliás, ele era ídolo das crianças, que adoravam suas palhaçadas."

Renato Piau não acompanhou o grupo, pois tinha um show no dia seguinte em Goiás, onde deveria tocar com o amigo Arnaud Rodrigues, um dos Novos Caetanos. Ele entrou em um ônibus na rodoviária e seguiu viagem. A nova passagem do cometa está prevista para 2061.

Como consequência do descompasso profissional, não se pode dizer que a vida que Luiz levava com Jane e Mahal na Gávea fosse um mar de rosas, pois a questão financeira os atingia: o dinheiro entrava e saía com a mesma rapidez, mas o patrão agora não era tão generoso. Com um detalhe: eles não se importavam em acumular capital. Ora eram afetados pelo excesso, ora pela escassez, sem que isso alterasse muito o astral. Mesmo assim, trocaram de carro algumas vezes: primeiro um Monza e depois um jipe russo Niva, com o qual Luiz teve um pequeno acidente quando voltava da casa do amigo Lincoln Olivetti, em Vargem Grande.

Nessa época eles frequentavam a casa de praia de Regina e Dro, na Barra da Tijuca, no canal que liga a lagoa de Marapendi ao oceano. Foi onde fizeram as homenagens a John Lennon. Na verdade, era a casa da família de Dro, que eles usavam à vontade. Um refúgio. Refúgio também para Erasmo Carlos, o ídolo Tremendão, que, separado da mulher, alugou uma casa na outra margem do canal, na parte conhecida como Barrinha. O quintal da casa de Dro era o canal, que para Erasmo era o jardim da frente. Erasmo lembra que um dia estava parado, olhando a paisagem das águas, quando ouviu alguém gritar seu nome, uma, duas vezes. "Eu olhei bem e vi que era o Melodia, acenando com os braços da outra margem. 'Sou eu', ele dizia, 'o Melodia'. Levamos uma conversa inteira no grito, escandalosamente. Aos berros."

Testemunha e parceiro da "fase difícil" de Luiz, o cantor e compositor Macau tem uma opinião sedimentada sobre o amigo. "O Luiz não era como todo mundo. No convívio você percebia como era especial. Humilde, mas às vezes perdia a calma. Nesse sentido, ele era muito igual ao Tim Maia, meu grande amigo, pois eles não davam importância ao chamado 'sistema'; de certa forma, eram rebeldes. Uma diferença entre eles: o Luiz era da rua, dos botequins, gostava de sair, enquanto Tim fazia tudo em casa. Aliás, era difícil tirar o Tim de casa para subir no palco."

Um episódio indigesto. Luiz foi convidado por Caetano Veloso para fazer uma apresentação especial no disco e no *clip* de lançamento do CD *Caetano*, gravado em 1987. A música em questão era "Vamo comê", de Caetano e Toni Costa. Acontece que, na edição final do *clip* que foi ao ar, aparecia apenas a voz de Luiz Melodia, sem imagem. Caetano, em estúdio, cantava a música com a coreografia de bailarinas brancas vestidas e maquiadas como negras. Ao fundo, *background*, a voz de Melodia em três trechos da música:

**É UM PAPO DE PELICANO ROMÂNTICO**
**ABERTO PRO BICO DE QUEM ALCANÇAR**
**QUEM QUISER VER**
**QUEM QUISER OUVIR**
**QUEM QUISER FALAR [...]**

**MERCI BEAUCOUP**
**MERCI BEAUCOUP, BAHIA**
**ARIGATÔ**
**ARIGATÔ, JAMAICA**
**E TRINIDAD**
**E TRINIDAD-TOBAGO**
**Ô Ô Ô Ô [...]**

## QUANDO É QUE EM VEZ DE RICO
## OU POLÍCIA OU MENDIGO OU PIVETE
## SEREI CIDADÃO [...]

Anos depois, em entrevista ao jornal *Folha de S.Paulo*, Luiz mandou um recado direto para o astro baiano: "Foi a coisa mais ridícula que eu já vi na minha vida. Pintaram um branco de negro para fazer o Melodia. Eu não gostei, achei desagradável. Não sei se você sabe, Caetano, mas foi muito desagradável para mim".

Em agosto de 1988, dois shows importantes no Rio. O primeiro, nas Faculdades Hélio Alonso (Facha), no câmpus de Botafogo, dentro do projeto *Nossas expressões*, que valorizava talentos genuinamente cariocas. Luiz se apresentou elegante como sempre, de boné, camisa colorida de seda, calça clara e sapato bicolor. Uma reportagem publicada no *Jornal do Brasil* no mesmo dia, com uma foto dele como ilustração, garantiu uma plateia de mais de 2 mil pessoas. A coordenação do evento era de Sady Bianchin, poeta e agitador cultural, que lembra do espetáculo que atraiu uma multidão. "A nossa primeira intenção era tornar o Melodia o padrinho do projeto. Na noite da apresentação, ele estava endiabrado e fez uma apresentação antológica, que teve Renato Piau, Ronaldo Werneck e a participação especial do percussionista Repolho, que, na falta de um instrumento mais adequado, 'destruiu' uma caixa de maçãs na percussão. Mais cedo, ainda nos preparativos, apareceu uma cantora se oferecendo para abrir o show. Era Zélia Cristina, que ficaria conhecida como Zélia Duncan."

Minutos antes de começar o show apareceu um homem na portaria querendo falar com Luiz Melodia. Alguém explicou que estava na hora de começar o show, que ele estava no camarim e se dirigindo ao palco. Foi quando o sujeito explicou: "Eu acho que ele só vai entrar no palco depois de receber a encomenda que eu trouxe".

O segundo show aconteceu por ocasião de uma curta temporada de três dias na boate People, centro de agitação e badalação do Leblon. O *Jornal do Brasil* publicou no Caderno B um artigo do jornalista Alfredo Ribeiro, criador do personagem Tutty Vasques, que lhe permitia operar na zona do humor e do sarcasmo; no entanto, "Melodia enfrenta a noite" não era um texto de humor. O artigo enaltecia as virtudes do artista Luiz Melodia e questionava o ambiente do show: "O Pérola Negra mostra seu talento na Zona Sul para uma plateia desatenta". Sobre o artista: "Vão dizer que é exagero, mas Luiz Melodia é uma espécie de Cartola e Nelson Cavaquinho do final do século. Um legítimo herdeiro da poesia do morro que desceu até o asfalto para bater a carteira da modernidade sonora da música negra que tomou conta do mundo. Esse cara merece respeito".

Sobre a noite, o jornalista reclamava da plateia, que não se comportara direito, e da fila do banheiro, que estava sempre ocupado, funcionando como tatame de caratê boliviano. Ele se refere a uma "autêntica peruagem" que elegeu a People como "a passarela da moda mais cafona do Leblon". E concluiu: "Pode ter sido coisa da estreia, que não vai se repetir hoje ou amanhã, quando Melodia encerra sua temporada na People e prepara-se para a excursão que fará em outubro para Europa, Estados Unidos e Japão. Se você é fã de Luiz Melodia, não deixe de ir à People, e chegue cedo para tomar o lugar de uma perua entre as mesas da plateia".

## 9

# UM CAPÍTULO À PARTE
## De volta às paradas

**O disco seguinte a entrar em produção**, *Pintando o sete*, foi lançado em 1991 por uma gravadora considerada grande, a Polygram, com cacife suficiente para dançar a valsa do mercado. Resultado: o sucesso apareceu com a regravação de "Codinome Beija-Flor", de Cazuza, Ezequiel Neves e Reinaldo Arias, que virou tema do personagem vivido pelo ator Ângelo Antônio na novela *O Dono do Mundo*, da TV Globo. Alguns críticos chamaram a gravação de "o renascimento de Luiz Melodia", o fim do inferno astral. Para ele, modestamente, valeram mais as palavras ouvidas diretamente de Lucinha Araújo, mãe de Cazuza (falecido no ano anterior): "Luiz, meus parabéns, devo reconhecer que a sua gravação de 'Codinome Beija-Flor' é melhor do que a do meu filho".

Um pouco antes de sua morte, já com sinais visíveis da doença, Cazuza deu uma entrevista para a televisão na qual abordava suas preferências musicais. Respondendo a uma pergunta do repórter, disse: "Em casa eu ouço direto Angela Ro Ro, Luiz Melodia, e mais pra trás, Lupicínio Rodrigues e esse pessoal das antigas. E, claro, Caetano e Gil, pelo que representou o desbunde deles com o tropicalismo". E acrescentou: "Eu comprava todos os discos do Melodia, ia assistir aos shows, estava sempre no camarim, pedia autógrafo, me tornei amigo".

Estava terminando o período de baixo-astral, das dificuldades para trabalhar, da falta de dinheiro. Tudo voltou a se multiplicar. *Pintando o sete* – o título foi uma sugestão de Jane – tinha onze faixas e outros destaques, como a música "Maria particularmente", feita em homenagem à afilhada, filha de Dro e Regina, os anfitriões de Santa Teresa. Incluía ainda a faixa "Maura", do pai, Oswaldo, e o sucesso "Cara a cara", parceria com Renato Piau, que falava da moça de calcinha preta:

**CARA, CARA**
**QUANDO VEJO VOCÊ**
**DE CALCINHA PRETA**
**VOCÊ ME DEIXA LOUCO**
**VOCÊ ME DEIXA DE CARETA**

**PELO TELEFONE**
**OUÇO, VEJO VOCÊ DE VENETA**
**VOCÊ ME DEIXA LOUCO**
**VOCÊ ME DEIXA DE CARETA [...]**

A criação dessa música teve um andamento curioso, pois Luiz e Renato conversaram no aeroporto, ao iniciar uma turnê pelo Brasil, e a cada perna da viagem Renato perguntava da canção. Foram duas ou três cidades, até chegar a Porto Alegre, quando Luiz apresentou a primeira parte da letra, feita no avião e nos hotéis, pedindo para Renato concluir. Foi ele quem fez a segunda parte:

**NOVA YORK, NOVO BRASIL**
**VOCÊ MENTIU**
**É TUDO ESPOLETA**
**VOCÊ ME DEIXA LOUCO**
**VOCÊ ME DEIXA DE CARETA**

PEÇO UM BEIJO
ENTÃO NÃO DÁ
DIZ PRA MIM O QUE É QUE HÁ
DESPERTA PRA MIM
PERFUME COMO AQUELA FLOR

ROSA, DÁLIA, TURMALINA
FRUTO NOVO DE SE VER
NO ESCURO ACORDADO
TE VEJO DE TODA COR

Na hora H, Luiz chamou Humberto Araújo para fazer o arranjo da música e conduzir as gravações no estúdio. Para Humberto, um jovem músico, foi uma experiência significativa. "'Cara a cara' foi o primeiro arranjo que fiz para o Luiz e ficou muito bem no disco, fiquei satisfeito. Trabalhar ao lado de arranjadores como João Donato, Altamiro Carrilho e todas aquelas feras foi o começo de uma longa parceria, pois sempre que as circunstâncias exigiam ao Luiz tocar com uma formação de banda, ele me chamava. Naquela época, o Luiz era, verdadeiramente, um *pop star*."

Entre as onze faixas estava também "Mistério do planeta", de Galvão e Moraes Moreira.

A direção artística de *Pintando o sete* era de Mayrton Bahia e a produção, de Fábio Fonseca. Assistentes de produção: Jane Reis e Batatinha. As fotos da capa, contracapa (onde Luiz aparece vestindo túnica e gorro oriental) e encarte são de Dario Zalis. No encarte, palavras definitivas do crítico e pesquisador Zuza Homem de Mello: "Que eu me lembre, nenhum show do Luiz Melodia deixa de acrescentar. Por 'acrescentar' entenda-se aquela virtude tão rara em nossos espetáculos atuais, quando, apesar dos elementos técnicos serem corretíssimos, do roteiro, arranjos e a interpretação estarem cem por cento, você sente – quando o show termina – que tudo continua no mesmo lugar de antes.

É que o espetáculo não acrescentou. O oposto dos shows do Melô". Finalizando o texto de vários parágrafos, Zuza destaca: "Luiz Melodia, que a gente admira com tanto fervor pela sua bravura e talento, joga mais uma vez em todas, com os braços e pernas pra todo lado, e a agilidade de seu corpo, igualzinha à de sua mente musical. Está de novo pintando no Brasil, *Pintando o sete*".

No mesmo encarte, palavras do músico e pesquisador americano Gerald Seligman, que escreveu em inglês: "O que temos agora é mais um destaque da discografia de Luiz Melodia, e, mais uma vez, como ele mesmo diz, 'este é o limite da minha visão artística'". Gerald termina o seu artigo lembrando que, por ser o sétimo disco do cantor, justifica-se o título *Pintando o sete*, expressão que também quer dizer, em inglês, "*painting the town red*", ou seja, pintando a cidade de vermelho, botando pra quebrar.

Entre os músicos destacados para compor a "cozinha" no estúdio estavam alguns velhos conhecidos de Luiz, como o baixista Jamil Joanes, os bateristas Cláudio Infante e Robertinho Silva, o sax de Leo Gandelman e as guitarras de Perinho Santana e Renato Piau. Como novidade, o arranjo de Altamiro Carrilho para "Maura" e o de João Donato para "Poeta do morro", parceria de Melodia com Ruizinho e Luiz Arurau, com o veterano Wilson das Neves na bateria. Estava garantida mais uma temporada de shows pelo Brasil e gravações para a televisão.

O lançamento carioca de *Pintando o sete* aconteceu em noite festiva na quadra da escola de samba do Estácio, aos pés do morro de São Carlos. Na lembrança de Gato Félix, foi mais uma festa bem popular e animada, como o Luiz gostava: "A Jane cuidou de tudo, convidando a ala das baianas e fazendo um grande panelão de galinha de cabidela. O Caetano foi o primeiro a chegar e o último a sair, às oito horas da manhã. O Rio de Janeiro em peso estava lá".

Luiz tinha sido homenageado pelos mais antigos sambistas da escola, campeã do Carnaval daquele mesmo ano, um mês antes. Todos os amigos do São Carlos estavam lá: o primo Edu, Betinho, Quixeramobim, Coelho e outros. No show, ele estava acompanhado por Renato Piau (violão), Humberto Araújo (sax), Lúcio (trombone), Silvério Pontes (trompete), João Bosco (teclado), o potiguar Clauton Salles (bateria), Wagner (baixo) e Alex (percussão). Como se diz hoje, uma sonzeira. Como convidados especiais, para subir no palco e dar canja: Zezé Motta, Frejat, Evandro Mesquita e integrantes da Estácio. Ele estava de volta, encharcado de felicidade, ao seu ninho original, no alto do morro.

A imprensa deu ampla cobertura ao evento. O repórter Miguel de Almeida, chegando de São Paulo, era convidado especial. O jornal carioca *O Povo* abriu espaço para uma reportagem de Marta Simões, com o título em letras garrafais: "Luiz Melodia, enfim *holly* Estácio". Na matéria, Luiz dizia que cantar no Estácio tinha "um clima diferente, um *frisson* a mais, espero contagiar o público com a minha imensa alegria por estar aqui".

O crítico Lauro Lisboa Garcia, do jornal *O Estado de S. Paulo*, em artigo intitulado "A arte do imprevisível sobrevive em Melodia", destacava o novo disco: "Luiz Melodia dá um salto de evidência atípica em sua carreira, com um disco de qualidade em que revela compositores, recria canções ao seu estilo e mostra evolução como cantor".

O jornal *O Globo*, no dia do lançamento realizado na quadra da escola, sexta-feira, 22 de maio de 1992, publicou matéria com o título "Melodia no compasso do Estácio", assinada por Antônio Carlos Miguel no caderno Rio Show, com direito a uma informação inédita: "Luiz Melodia mostra o repertório do novo álbum, alguns de seus sucessos e até canções inéditas, incluindo 'Sensações' e 'Amnésia', que escreveu para o novo disco de Cássia Eller".

À noite, confirmando o prognóstico, ele cantou "Sensações", que seria gravada por Cássia no mesmo ano:

**O SOL! QUE HORAS SÃO?**
**NÃO SEI, OUÇO O SOM DA CATEDRAL**
**SOU LOUCO, SOU MISTÉRIO**

**ME SOME CEMITÉRIO**
**O SOL! QUE HORAS SÃO?**
**NÃO SEI, OUÇO O SOM DA CATEDRAL**
**SOU LOUCO, SOU MISTÉRIO**
**ME SOME CEMITÉRIO**
**EU ME RASGO, EU ME RALO**
**ISSO É VONTADE PURA**
**ESSAS MÃOS QUE ME SEGURAM**
**SÃO DE CARNE ESCURA**
**ESSES LIVROS QUE EU LEIO**
**CAUSAM SENSAÇÕES**
**ESSES LIVROS QUE EU LEIO**

    Nessa época Luiz foi deixando de tocar violão e se aproximando cada vez mais de Renato Piau, no formato "voz e violão". Por outro lado, nas horas vagas, Piau tocava violão em apresentações do grupo caricato Baiano e os Novos Caetanos, com Chico Anysio e Arnaud Rodrigues, seu grande amigo. Quando tocava com Melodia, Piau dividia a guitarra com Perinho Santana, mas aos poucos foi ficando mais presente. Quando o show era ao vivo, os dois guitarristas tocavam juntos. Para alguns amigos, como Jards Macalé, foi algo a lamentar. "Pedi para o Luiz não se afastar do violão, mas ele respondeu com ironia que tinha 'terceirizado' o dele. Eu acho o Piau um grande violonista, tanto quanto o Perinho, mas o Luiz tinha o seu charme e autenticidade. Aos poucos ele encostou mesmo o pinho."
    Alguns músicos e amigos próximos testemunharam que houve um divisor de águas para Luiz optar por uma formação mínima a partir de um certo momento. Foi um show na cidade gaúcha de Pelotas, quando a harmonia da banda no palco atingiu o grau zero. Um desacerto. O saxofonista Humberto estava no grupo naquele dia: "O Luiz me chamou depois do show se dizendo aborrecido e afirmando que não iria mais trabalhar com um grupo grande. Estava tomando a decisão de ficar

apenas comigo e com o Piau. Eu perguntei o motivo e ele disse que a noite foi ruim porque alguns músicos estavam bêbados, chapados. Foi quando ele resolveu encaixar o Piau na frente do palco, com ele, e me chamaria quando precisasse de mais uma flauta ou clarinete".

Curiosamente, o guitarrista da banda de Jards Macalé, o carioca Líber Gadelha, acabou se tornando bastante presente nesses dias, pois vivia intensamente a cena musical carioca. E a boêmia. Além do mais, era primo de Sandra Gadelha, mulher de Gilberto Gil, e de Dedé, ex-mulher de Caetano Veloso. Sua primeira experiência, aos 14 anos, foi ver Gil em casa tocando violão acompanhado do percussionista Naná Vasconcelos. Ali ele decidiu estudar na famosa Faculdade Berklee de Música, nos Estados Unidos, onde assimilou as bases da teoria musical. Era o primeiro passo para tocar com Macalé, que lhe apresentou Luiz Melodia. Com o passar do tempo, Líber acabaria se tornando um *expert* em gravações de estúdio e um ativo produtor de discos. O que significa dizer que ele estava sempre por perto de Melodia, de quem se tornou amigo antes mesmo de trabalharem juntos. "Logo que conheci o Melodia pude perceber o seu enorme talento como cantor e compositor. Como cantor ele se nivelava a Milton Nascimento e como compositor era absolutamente único, autêntico, sem imitação. Como estilo, apresentava uma mistura de tudo: samba, jazz, blues, rock, bossa... Era algo muito rico."

A amizade de Luiz com Roberto Frejat também renderia algumas parcerias. Houve um programa da Globo que reuniu duas das bandas mais em evidência, Barão Vermelho e Titãs, cada uma com direito a um convidado especial. A banda paulista convidou Caetano Veloso, enquanto o Barão Vermelho convidou Melodia, que cantou "Negro gato".

Esse show do Barão foi gravado pelo cineasta Jodele Larcher e sua equipe no Teatro Fênix, e virou especial de fim de ano na programação da Rede Globo. Para o mineiro Jodele, que já conhecia Luiz de outros carnavais (ele era frequentador do Baixo Leblon e tinha realizado um *clip* encomendado pela gravadora, que reuniu Melodia e a banda Cidade Negra, de Toni Garrido), não houve contratempo no trabalho. "O Luiz era um artista com espírito bastante agitado, mas, ao contrário da fama de 'artista problema', comigo foi sempre muito profissional. Pelo menos na minha experiência, tudo funcionou. Além de ser o artista brasileiro que melhor dominou a linguagem do blues, sempre tive o máximo respeito pela pessoa e admiração pelo músico."

No show e no especial para a televisão, ele cantou também – elegante como sempre, de paletó e chapéu claro – o blues "Quem me olha só", parceria de Frejat com Arnaldo Antunes, um dos Titãs:

**JÁ REGUEI QUASE TODAS AS PLANTAS**
**JÁ CHOREI SOBRE TODO O JARDIM**
**ELAS GOSTAM DA CHUVA QUE MOLHA**
**ELAS PENSAM QUE O SOL É RUIM**

**QUANDO O SOL NOS MEUS OLHOS BRILHAVA**
**POR AMAR MINHA FLOR TANTO ASSIM**
**FUI FELIZ SEM SABER QUE SECAVA**
**A ROSA E TRAZIA O SEU FIM [...]**

Na sequência, Luiz e Frejat também trabalharam em uma parceria musical, criando o blues "Na calada da noite", que daria título ao CD do Barão Vermelho lançado em 1990 pela WEA, com produção de Ezequiel Neves. A banda carioca sacudia a poeira de uma fase conturbada, agora sem contar com Cazuza e sem o baixista Dé, que deixava o posto para Dadi, ex--integrante dos Novos Baianos. A letra do blues:

**O MEU CANTAR ESTÁ POLIDO**
**POSSO, VOU ESBRAVEJAR**
**SINTO NÃO CORRO PERIGO**
**ZUMBIDO DE FLECHA NO AR**

O RUMO DA BOLA DE VIDRO
PODE DO CÉU DESPENCAR
QUEIMAR A FÚRIA DOS HOMENS
QUEIMANDO, CINZAS TUDO VIRAR

ENTÃO SAIO ANDANDO
E OUÇO UM PAPO FRACO DE OUTRORA
TODO MUNDO PENSA EM GLÓRIAS
ESTOU VENDO O RIO AGORA
OH! QUE SONHO POPULAR

É TUDO QUESTÃO DE JUSTIÇA
EU NÃO NASCI NA SUÍÇA
TÃO POUCO NO CANADÁ

ENTÃO ME FAZ LEMBRAR
ONDE ESTOU?
ONDE ESTÁS?

 Luiz e Frejat trabalharam, sim, mas também se divertiram algumas vezes. Luiz foi assistir ao show da Midnight Blues Band, formada por músicos do Barão Vermelho e da banda Kid Abelha. Era um modelo adotado por algumas bandas de rock internacional, criado quando o roqueiro Gary Moore saiu em turnê nos Estados Unidos com os veteranos Albert King e Albert Collins, estes com suas bandas. A ideia era misturar músicos e bandas. Frejat falava de como eles fizeram o mesmo com o Kid Abelha. Os dois começaram a tomar uns drinques ali mesmo no Jazzmania, no Arpoador, e o papo seguiu noite adentro. Para facilitar tudo, o baterista do Barão, o experiente Peninha, fora criado no morro de São Carlos.
 O ano de 1991 começou com um show de Luiz Melodia no Circo Voador – no qual ele dançou quase dois minutos apenas ao som do violão de Renato Piau, contorcendo os braços e as pernas com muita elasticidade e maneirismo – e terminou com

as rádios FM tocando "More than words", da banda americana Extreme; com o álbum de lançamento da dupla brasileira Zezé di Camargo e Luciano; com *Nevermind*, da banda americana Nirvana; e com o sucesso de "W Brasil", criação e execução de Jorge Ben Jor com apologia ao amigo consagrado como Síndico:

**ALÔ, ALÔ W BRASIL**
**ALÔ, ALÔ W BRASIL**

**JACAREZINHO! AVIÃO!**
**JACAREZINHO! AVIÃO!**
**CUIDADO COM O DISCO VOADOR**
**TIRA ESSA ESCADA DAÍ**
**ESSA ESCADA É PRA FICAR AQUI FORA**
**EU VOU CHAMAR O SÍNDICO**
**TIM MAIA! TIM MAIA!**
**TIM MAIA! TIM MAIA! [...]**

10

# 14 QUILATES
## O jardim de Manoel de Barros

**Com a retomada da carreira em bom nível**, Luiz Melodia podia se considerar um homem realizado, que vivia com a família os seus anos dourados. Aos 40, estava mais maduro e equilibrado. A boa fase se confirmava com o convite da TV Cultura, de São Paulo, para estrelar o *Ensaio*, um prestigiado programa no qual o convidado falava de sua vida pessoal, sua história, e cantava seus *hits* ou canções emblemáticas da carreira. Criado e dirigido por Fernando Faro em 1990, o programa fazia sucesso entre os músicos e já tinha entrevistado um grande elenco de astros: Elis Regina, Tom Zé, João Nogueira, Dominguinhos, entre outros. Agora, em 1993, a atração do *Ensaio* seria Luiz Melodia, o poeta do Estácio.

Na gravação, que se arrastou por horas no estúdio da TV, no bairro da Água Branca, Luiz se fez acompanhar por Renato Piau ao violão e por Humberto Araújo na flauta e no clarinete. Ele escolheu cantar e comentar onze músicas do seu repertório, entre as quais, "Rosita", de Roberto Carlos, que remetia ao começo da carreira, e "Maura", do pai, Oswaldo. Incluiu também a letra que recebera das mãos de Torquato Neto, agora com melodia, chamada "Começar pelo recomeço". E encerrou a apresentação diante das câmeras com a mais recente criação, "Paixão", música gravada naqueles dias por Sandra de Sá.

No programa, em depoimentos sucintos, intercalados com as músicas, Luiz enalteceu as virtudes de Itamar Assumpção – "acho ele o máximo, meu camarada de pele" – e das cantoras Marina, Angela Ro Ro e Cássia Eller. Cantou "Codinome Beija-Flor", do amigo e parceiro Cazuza, e reclamou da falta de divulgação do último disco, *Pintando o sete*, dizendo que não houve repercussão do trabalho: "A mídia não ajudou a botar o disco pra frente". Ele estivera no Nordeste dias antes e não encontrara o disco nas lojas. E finalizou, rindo: "Não há de ser nada. Hei de vencer".

Então um acontecimento inusitado agitou a turma musical de Luiz Melodia. Durante uma noitada das boas na boate People, no Leblon, o parceiro Renato Piau se encantou por uma moça elegante e brejeira que se divertia ali, deu em cima dela em ritmo de conquista e... a estratégia funcionou. Renato e Martha ficaram juntos naquela noite. E nos dias seguintes também. Ela disse que se chamava Martha de Barros e que o pai era um poeta de bastante prestígio na literatura brasileira. Ele desconhecia Manoel de Barros – que na verdade sempre foi um poeta à margem do *mainstream*, um autor apenas para entendidos, um mimo cuja obra Millôr Fernandes definiu assim: "Rica e inaugural, o apogeu do chão".

Renato e Martha viveram durante dezoito anos uma espécie singular de casamento, com ela morando em sua própria casa no Leblon e ele no Rio Comprido. Não tiveram filhos. Mas formavam um casal, estavam sempre juntos na noite. No início, ela lhe deu um livro do pai, *Gramática expositiva do chão*, que funcionou como uma chave da literatura, ou melhor, da dicção poética de Manoel de Barros. Renato percebeu que a poesia ingênua do sogro se assemelhava à poesia ingênua e espontânea do amigo Luiz. E tratou de aproximá-los, oferecendo de presente ao amigo outro livro do poeta Manoel: *Retrato do artista quando coisa*. Deu liga.

Depois de passar anos estudando e trabalhando no Rio, Manoel de Barros passara a morar em Campo Grande, em Mato Grosso, seu lugar de origem. Quando voltava ao balneário, hospedava-se na casa da filha, no Leblon. Luiz foi encontrá-lo na primeira oportunidade, acompanhado de Renato Piau. Martha lembra a cena: "Posso garantir que deu sintonia entre eles. Quando eu e Renato percebemos, eles tinham sumido da sala. Fomos encontrá-los sentados na cozinha, conversando sobre coisas. Eles tinham afinidades, ambos eram meio caramujo, 'pra dentro'".

No passo seguinte, Manoel foi assistir a um show de Renato Piau no bar Mistura Fina, com a mulher, Stella. Luiz era o convidado especial: cantou e dançou com desenvoltura. Dona Stella comentou que Luiz não era apenas cantor, era um bailarino, "igual ao Michael Jackson". Na plateia, além do amigo Jards Macalé, referência musical e de vida, o impagável sambista Dicró, espécime raro do subúrbio carioca, especialista em decantar a sogra:

**E COM MINHA SOGRA EU NÃO QUERO GRAÇA**
**A ELA TENHO MUITO RESPEITO**
**ELA BEBE CACHAÇA E FUMA CHARUTO**
**TEM BIGODE E CABELO NO PEITO [...]**

Como bem observou o genro Renato Piau, na hora do sufoco: "Ainda bem que a dona Stella já tinha ido embora quando o Dicró deu a canja". Eles terminaram a noite – Manoel, Luiz, Renato e Macalé – no Baixo Leblon, animados, tomando chopes na pizzaria Guanabara.

Manoel de Barros e Luiz Melodia, guardadas as devidas proporções, tinham algo em comum como poetas de versos de fácil construção e belíssimas resoluções. Eis uma amostra da poesia ingênua de ambos, começando por Manoel de Barros, com o poema que Luiz pediu para musicar e gravar em disco:

**BORBOLETAS
JÁ TROCAM AS ÁRVORES POR MIM
INSETOS ME DESEMPENHAM
JÁ POSSO AMAR AS MOSCAS
COMO A MIM MESMO
OS SILÊNCIOS ME PRATICAM [...]**

E agora os versos de Luiz Melodia da música "Estácio, eu e você":

**HOJE O TEMPO ESTÁ MAIS FIRME
ABRE MAIS MEU APETITE
CURA E SECA MINHA BRONQUITE
ALGUMAS FOLHAS DE HORTELÃ [...]**

No desmembramento da história, um dia Manoel de Barros pegou a caneta esferográfica e escreveu, exclusivamente para o genro Renato Piau, uma frase curta e simples, como era do seu estilo:

**COM PEDAÇOS DE MIM,
EU MONTO UM SER ATÔNITO**

Até então, Manoel de Barros contabilizava três poemas que ganharam melodia de músicos conhecidos: Egberto Gismonti, Renato Piau e Tetê Espíndola. Agora Luiz Melodia fazia a quarta adaptação.

A esta altura da história, o leitor mais atento já percebeu que Luiz Melodia não era um leitor frequente. Ele mesmo declarou em entrevista que não era de leitura, mas de música, que tinha lido um ou dois livros de Hermann Hesse, apenas. E ouvido milhares de discos. (Foi Belchior quem falou "das coisas que aprendi nos discos".) Mas, quando Luiz conheceu a poesia de Manoel de Barros, tudo mudou. Eles eram da mesma família, digamos, os espontâneos. Como observou Jards Macalé, também admirador da obra de Manoel: "Dois gênios. Tudo a ver".

Naquela mesma temporada de shows de Piau no Mistura Fina, aconteceu um episódio bizarro. No final de uma noite, Luiz deixou o local e foi buscar o carro no estacionamento ao lado, para ir embora. Na hora de pagar, percebeu que não tinha dinheiro; era uma mixaria, mas ele não tinha dinheiro no bolso – algo recorrente. O funcionário do estacionamento chamou um policial militar, que veio pedir explicações a Luiz e não aceitava nada além do pagamento. Sorte do artista que os amigos ainda estavam deixando a boate ao lado. Ele foi salvo por Piau e ainda posou para uma foto ao lado do PM e do festivo grupo.

Em 1994 houve uma entrevista para o programa *Gente de expressão*, comandado pela atriz e escritora Bruna Lombardi, na TV Manchete, no qual o esquisito se fez presente. Na apresentação, Bruna fala de uma pessoa que alguns amam e outros odeiam: "De Luiz Melodia se fala muito bem e muito mal. Muito bem de sua música e muito mal do seu comportamento". E arremata: "Um músico com fama de maldito". Luiz apareceu no ar com uma jaqueta preta de cetim com um bordado colorido de dragão chinês, um boné igualmente preto com uma folha de *Cannabis*, verde, contrastando com os óculos de aro marrom, de osso de tartaruga, elegante, modelo italiano. A conversa seguiu um pouco truncada, pois falar não era uma das qualidades dele, pior ainda conversar em frente às câmeras. Um certo *nonsense* tomou conta do programa quando Bruna faz uma pergunta sobre a loucura.

**Melodia, a loucura te assusta?**
Eu não acredito que as pessoas fiquem loucas. Eu acho que elas mentem sobre isso.

**Como assim, 'mentem sobre isso'?**
É isso mesmo, eu acho que elas mentem que estão loucas.

**Mas, se elas mentem que estão loucas, elas já estão loucas.**

A conversa seguiu de forma oblíqua durante 37 minutos, provocando as reações mais controversas dos telespectadores, que se manifestaram diretamente para Miss Lombardi. Uns amando e outros odiando.

O ano de 1994 nos tirou Ayrton Senna, mas também nos deu a Copa do Mundo disputada nos Estados Unidos, com a geração de Romário e Dunga. Menos mal. Para Luiz Melodia, o dia 19 de abril, particularmente, foi trágico, por causa da morte do jogador Dener, do Vasco, em acidente de carro na lagoa Rodrigo de Freitas. Amanhecia o dia. Dener estava chegando de viagem, dormindo no banco do carona; o amigo que estava ao volante perdeu a direção e bateu violentamente em uma árvore. Como bom vascaíno, Luiz se tornara fã e amigo do jogador, que durante sua curta carreira em São Januário foi considerado pela imprensa e pelos torcedores um "fenômeno" do futebol. Luiz ficou chocado e, assim que soube da notícia através da televisão, foi direto para o IML. Era demais. Jane estava por perto e testemunhou. "Naquela noite o Luiz não conseguiu fazer o show. Foi a única vez que eu o vi arrasado, sem condições de cantar."

O Vasco também foi o motivo da aproximação de Luiz com o veterano Martinho da Vila, sempre presente nas cadeiras de sócios no São Januário. Eles dividiam essa paixão. Era o mesmo sentimento que os unia a outros notórios vascaínos da música, como Roberto, Erasmo Carlos e Fernanda Abreu, que gostava de se apresentar em shows com a camisa cruz-maltina. Sem falar de Chico Anysio e de seu filho Bruno Mazzeo. Na torcida com Martinho, Luiz ficou amigo também da filha Mart'nália, que estava sempre por perto, inclusive nas peladas do campo de Chico Buarque, na Barra. Na memória dela, a vitrola da casa dos pais tocava nas manhãs de domingo Cartola, Nelson Cavaquinho, Jorge Ben, Glenn Miller e Luiz Melodia. Ficou como um registro inicial para ela. "Eu cresci com o Melodia por perto, desde o tempo do projeto Kizomba, movimento que o meu pai encampou em prol da cultura negra e que resultaria no enredo vitorioso da

Vila Isabel, a nossa escola de samba, em 1988. O Luiz cantou no show que o meu pai realizou no Clube do Samba, na Barrinha, na época do João Nogueira, Clara Nunes, Alcione. Eu cuidava dos artistas, como parte da produção. Mas, na realidade, quem primeiro me falou de Luiz Melodia foi a minha saudosa mãe, Anália, que era fã dele."

Mart'nália se lembra da atmosfera no camarim de um show que reuniu Tim Maia e Luiz Melodia no Circo Voador, pelo projeto Kizomba. O temor geral da produção dizia respeito à pontualidade deles. Ou à falta dela. Todos temiam pelo atraso e até mesmo pelo não comparecimento de ambos, hipótese nada improvável. Havia uma inegável tensão no ar. Mart'nália recorda: "O Tim chegou bem cedo, muito antes, e ficou no camarim curtindo e bebendo algo. Quando o Luiz chegou, também no horário, eu percebi o Tim sacaneando ele, que estava, digamos, 'parando' com as coisas. Ele dizia: 'O Melodia não está com nada'. E Luiz retrucava: 'Martinho, quer pedir para este sujeito parar de me sacanear?' No final, foi um show maravilhoso. Depois, no camarim, houve festa e cervejas, e eu me aproximei mais do Luiz, como fã".

Nessa época, verão de 1995, algo novo tocava nas rádios, fazendo relativo sucesso: "Legalize já", proposta do grupo Planet Hemp, e o reggae "I can see clearly now", do jamaicano Jimmy Cliff[*], então frequentador do Baixo Leblon. Também foi o ano em que surgiu, como um furacão, a anárquica banda Mamonas Assassinas, com o álbum *De cabo a rabo*. A banda acabaria no ano seguinte em um trágico acidente aéreo na serra da Cantareira, em São Paulo, que matou todos os músicos e a tripulação do jatinho fretado em que viajavam.

Luiz Melodia vivia o interregno entre o último disco, *Pintando o sete*, e o seguinte, ainda sem definição de gravadora

---

[*] Conta-se que, quando os músicos baianos receberam Jimmy Cliff em Salvador pela primeira vez, alguém lhe ofereceu um "teco" de cocaína, supondo que o jamaicano fosse muito louco. Ele recusou de forma simplória, argumentando: *"No, thank you, only marijuana. I'm a rastafari"*.

ou mesmo de repertório. Ele apenas compunha canções pensando no que viria. Mais de cinco anos se passaram. As conversas com as gravadoras eram complicadas, angustiantes.

Em São Conrado, no Rio, a boate Ritmo reunia a vanguarda carioca das artes, então sob o embalo de Alice Pink Pank, ex-namorada de Júlio Barroso e uma das Absurdettes. Júlio falecera anos antes e agora Alice cantava sozinha, ou melhor, como vocal de apoio junto com Karla Sabah, cantora e atriz casada com o guitarrista Líber Gadelha. Karla tem uma lembrança vívida do primeiro encontro com Luiz: "Foi durante um show com a Alice, na Ritmo. Ele estava lá, brincou e bebeu bastante. Depois, com os trabalhos dele com o Líber, as famílias ficaram amigas. Quando eu ganhei uma câmera de filmar, passei a fazer registros do Luiz em vídeo, que seriam depois transformados em documentário".

Entre uma coisa e outra, um evento capaz de levantar o moral de qualquer artista: o júri do 9º Prêmio Sharp[*] de Música de 1995, composto por 24 pessoas, escolheu Luiz Melodia como o melhor cantor de pop/rock, prêmio que ele dividiu com Rita Lee, a melhor cantora. Luiz levou o troféu e 10 mil reais. Os Paralamas do Sucesso venceram na categoria grupo musical de pop/rock, e a cantora Daúde ganhou como revelação.

O melhor arranjador na categoria pop/rock do Prêmio Sharp foi Celso Fonseca, com quem Luiz tinha trabalhado no disco *Pintando o sete*. O grande homenageado do ano, o astro central, era uma espécie de unanimidade nacional, Milton Nascimento. A entrega dos troféus, a grande noite de gala, aconteceria apenas no ano seguinte, em maio de 1996, no Theatro Municipal do Rio.

No comando da cerimônia estavam Marieta Severo e Elba Ramalho. A direção foi de Gabriel Villela. Um telão armado em frente ao Theatro Municipal, na Cinelândia, exibiu a

---

[*] O Prêmio Sharp, muito prestigiado entre os músicos, foi criado pelo empresário Maurício Machline em 1987. E premiava também os melhores do teatro.

cerimônia. Luiz estava elegante de terno claro e gravata estilo italiano, com cinto de couro marrom (no mesmo tom da gravata) marcando a cintura. Ele fez festa ao reencontrar Tim Maia – de *smoking* azulão e gravata da mesma cor – e Jorge Ben Jor, vestido normalmente. Caetano Veloso, com o pé machucado, foi de bengala e sandália de praia. Renato Russo e Jerry Adriani conversaram animadamente. Mas vejam quem chegou de repente: o ator Maurício Mattar, casado com Elba Ramalho, em uma limusine branca, provocando exclamações. Foi uma noite de glória, tudo perfeito. Para Luiz Melodia, inclusive.

O encontro com Líber Gadelha, que agora era produtor geral da gravadora EMI, rendeu frutos quando ele foi convocado para gravar um novo disco de Melodia. Líber – que, como sabemos, tinha estudado música na americana Berklee – manteve algumas conversas com Luiz para a escolha do repertório, com catorze canções, algumas inéditas e outras já conhecidas de outros autores. O disco, muito acertadamente, foi batizado de *14 quilates*. Líber convidou os melhores arranjadores da praça, como Márcio Montarroyos, William Magalhães (filho de Oberdan), Edmundo Souto, João Donato e Serginho Trombone. O amigo Leo Gandelman cuidou dos arranjos das faixas "Começar pelo recomeço" e "Morena brasileira", parceria com Ricardo Augusto.

Leo Gandelman lembra que participou de três discos de Luiz, que, por sua vez, esteve em dois trabalhos seus. "Tocamos juntos 'Aos pés da cruz', um clássico do cancioneiro nacional, de Zé da Zilda e Marino Pinto. E, mais uma vez, Melodia como que se apropriou da canção, tal a sua personalidade musical."

A faixa "Dançou, dancei", parceria de Luiz e Papa Kid, teve participação especial do Barão Vermelho – agora sem Cazuza – e arranjos de Frejat, que lembra a deferência: "A primeira vez que eu ouvi o Melodia foi no festival Abertura, quando ele defendeu 'Ébano'. Eu ainda era garoto. Depois me liguei na música 'Questão de posse', pois eu tinha um tio chamado Iran e compramos o disco para tocar na festa de Natal, quando a gente gritava: 'Iran, meu nego, estamos contigo'. Em seguida, fiquei amigo do Luiz no Baixo. E agora eu estava no estúdio tocando com ele. Sempre fui fã, um senhor cantor".

Duas regravações clássicas em *14 quilates* fizeram sucesso: "Ébano", de sua própria autoria, e "Quase fui lhe procurar", de Getúlio Côrtes, antes conhecida na voz de Roberto Carlos. Mas tinha também uma faixa de estima, "Cruel", do superamigo Sérgio Sampaio, falecido dois anos antes. As fotos em preto e branco do encarte, com Luiz de *smoking* preto e camisa branca, sem gravata, elegante como sempre, são de Levindo Carneiro.

Mesmo sem estar programado em telenovela da Globo, o disco foi bem recebido pelo público. Como consequência, mais entrevistas e shows pelo Brasil. Eram as turnês que movimentavam o cotidiano do grupo. A imprensa especializada, de modo geral, elogiou o trabalho. Nesse caso, foi um lançamento interrompido pela Copa do Mundo, na qual o Brasil acabou perdendo o jogo final para a França "de forma surpreendente". Em entrevista ao jornal *Folha de S.Paulo*, logo após o lançamento do disco, Luiz travou o seguinte diálogo com o repórter Paulo Vieira:

**Seis anos sem gravar inéditas. Você continua com sua cadência própria, jamais lançando o disco anual?**
Não vejo motivo nenhum para lançar um disco atrás do outro. Eu acredito em inspiração. Eu estava bem preguiçoso em relação à composição. Aí reencontrei um amigo e parceiro (Ricardo Augusto) num show. Nos juntamos e em dois dias fizemos seis músicas.

**Você tem alguns temas sociais no novo disco, "Pra Que" e também "Sub-anormal". Isso é novo em sua carreira.**
Nunca fui ligado nisso, mas decidi falar. Até pelo que está acontecendo. Todos estão vendo: desemprego, política falsa, bala perdida... Essa coisa acaba tendo um lugar só, a desgraça.

**Ao contrário do que pensa a crítica, os artistas que fizeram coisas importantes nos anos 1970 são unânimes em afirmar que estão melhores agora. Você também vê assim?**
Eu acho que sim, porque o processo tende a cada dia melhorar. Eu acho que dei uma boa interpretação nesse novo disco, procurei com mais atenção participar dele. Esse é o segundo disco com o mesmo produtor. O produtor é um pai para você.

**Mas você não parece ser daqueles que jogam tudo na mão do produtor.**
Não jogo na mão de ninguém. Desde que entrei nessa parafernália, eu procuro deixar claro que sou indomável. Falavam que eu brigava com as gravadoras, isso virou até folclore. Simplesmente não aceito certas imposições. Na Warner, um produtor queria que eu fizesse uma música de refrão para poder "acontecer", fazer puxar um disco. Isso não existe. Quando desci o morro de São Carlos, e me disseram que eu era interessante, procurei fazer aquilo que eu sabia. Se deixar no natural, fica bem legal.

**Eu fui assistir a um show seu com o Eduardo Dusek, em 1987, em São Paulo, e você não conseguia cantar, dar prosseguimento ao negócio. Está tudo bem com as bebidas, porque chegou a te atrapalhar bastante, não?**
Não, não. Eu não me lembro desse show e nunca tive problema com bebidas junto com minha vida artística. Eu continuo bebendo, normal. Eu parei de beber gelado... E depois não é álcool, cachaça, isso que você está falando, não. É cerveja, gosto muito de cerveja. Mas tive que diminuir, porque eu descobri que só tinha um rim. E o rim é o que filtra, e tal.

Ainda na planilha de lançamentos de *14 quilates*, muitos eram os shows agendados pelo Brasil. Em agosto, Melodia e banda tocaram dois dias em Curitiba, no Estação Plaza Show, com boa cobertura da imprensa. O jornal *Folha de Londrina* publicou ampla reportagem, na qual o repórter Marcos Freitas destacou: "O Pérola Negra vem acompanhado de sua banda completa, os nove músicos que ajudaram na confecção do disco estarão presentes em Curitiba. Ele se diz muito feliz com os músicos que o acompanham e tece vários elogios para eles. Tanto no pessoal quanto no profissional. 'Trata-se de pessoas maravilhosas e muito competentes', disse. O músico conta que em casa ouve um pouco de tudo: 'Mas Chet Baker ouço quase todos os dias'".

Depois do show, já na madrugada, Luiz foi visto com dois músicos de sua banda no centro histórico de Curitiba, procurando um bar para tomar umas cervejas. O Bar do Alemão, no Largo da Ordem, estava fechando naquele momento, mas alguns boêmios o reconheceram e fizeram festa, reabrindo o bar para o atendimento de apenas uma mesa. Um dos boêmios era o economista Pita Braga Côrtes: "Já passava das quatro horas da matina, mas ainda deu para tomar uns bons tragos na magnífica companhia do Melodia. Ele estava solto na noite sem estrelas de Curitiba, pois, naquele momento, dava para perceber, a estrela era ele".

Em São Paulo, aconteceu uma temporada de três apresentações no Sesc Vila Mariana, lotado todas as noites. Assim foi em várias capitais brasileiras. Luiz era conhecido entre os empresários de shows como "o rei do Sesc", sempre com casa lotada e, quando possível, shows extras. A *Folha de S.Paulo* fez a seguinte consideração, repercutindo o show no dia seguinte ao da estreia: "No mais, a voz de Melodia continua bela, seus agudos ainda impressionam, seu novo disco tem boas canções e sua *performance* no palco é impagável. Já são alguns bons motivos para ir até o Sesc".

Finalmente, no caderno Ilustrada, da *Folha*, o poeta e professor de literatura Augusto Massi destacou que *14 quilates* tinha sido saudado pela crítica como "um dos melhores discos dos últimos tempos". E concluiu: "O poeta do Estácio é um dos nomes mais significativos da música popular brasileira".

É verdade que Luiz Melodia, na sua volta triunfal, recebia os elogios rasgados com indisfarçável orgulho e vaidade, afinal ele era um artista que lutava como poucos pela carreira. Mantinha uma batalha intermitente contra as naturais adversidades da vida e da profissão. Mas não era um "mascarado", afetado por suas conquistas. Nada disso. Assim, quando tudo se aplainou, depois de *14 quilates,* ele logo estava projetando um novo trabalho, um novo disco.

# 11
# OUTRO CAPÍTULO À PARTE
## Teatro Rival

**As negociações para um novo disco,** que se chamaria simplesmente *Luiz Melodia acústico ao vivo*, acabariam reaproximando Luiz de Líber Gadelha, agora sócio e o principal executivo da gravadora Indie Records (o outro sócio era uma empresa do setor financeiro), que acabava de chegar ao mercado. De início saíram dois discos, um deles gravado ao vivo no Teatro Rival, na Cinelândia. Era a primeira vez que Luiz se apresentava no Rival, um teatro histórico que existia desde 1934 como teatro de revista e que em 1970 passou a ser administrado por Américo Leal, pai da atriz Ângela Leal. A partir de 1990, Ângela assumiu a gerência da casa, que voltou a ter dias de glória com o patrocínio exclusivo da Petrobras (a partir de 2001). O gênero teatro de revista saiu de cena, dando lugar a uma casa de shows musicais no modelo Canecão, que agora recebia o cantor popular Luiz Melodia. Ângela lembra que ele andava meio amargurado, circunstancialmente aborrecido por problemas pessoais: "Lembro que o conheci ainda nos anos 1970, em uma reunião da UNE, na qual havia uma roda muito grande de pessoas discutindo e argumentando. Ele estava sentado na minha frente, do outro lado, todo de branco, e se destacava na multidão".

Enquanto a produção do disco ao vivo transcorria, aconteceu uma última produção de Líber Gadelha para a gravadora

EMI: o disco que se chamaria *Relíquias* e seria o primeiro CD de Luiz Melodia, encerrando a era dos vinis. O disco, que saiu em 1995, foi muito atacado pela crítica por não apresentar, em suas quinze faixas, nenhuma composição inédita, apenas velhos sucessos, como "Vale quanto pesa", "Dores de amores", "Pérola negra", "Juventude transviada", "Estácio, holly Estácio", etc. O mérito indiscutível do projeto é que foram feitos novos arranjos para músicas já conhecidas. Ou seja, não foram reaproveitadas gravações antigas; os músicos entraram no estúdio para fazer um "novo" disco. O saxofonista Humberto Araújo, também arranjador, revela grande estima por esse trabalho: "Foi um disco maravilhoso, totalmente reconstruído com canções já gravadas. O trabalho foi original. Ficou muito interessante".

Eram os sucessos de Luiz Melodia, trabalhados por Líber, que agora era também guitarrista de Caetano, Gil, etc. Líber era casado com Zizi Possi e, em 1984, tinha se tornado pai de Luiza Possi.

Ainda hoje Ângela acredita que foi Jane quem convenceu Luiz a encarar o show que virou disco, pois ele mesmo estava meio desanimado. Chegou atrasado ao teatro e, no palco, deu as costas ao público e se dirigiu somente à banda. "Eu percebi, mas continuei gostando do mesmo jeito. A Jane pedindo mil desculpas. Ela sempre foi uma mulher excepcional, o braço direito, esquerdo, pés, mãos, tudo do Melodia. Ele era um poeta e caminhava os passos dela. Quando a minha filha Leandra estava namorando um poeta, o Lirinha, a Jane disse: 'Coitada dela, pois os poetas não sabem andar sozinhos'."

Líber Gadelha explica como tudo aconteceu do ponto de vista musical: "Eu assisti e gostei do show no teatro, no primeiro dia da temporada, e fiz a proposta ao Luiz, que inicialmente reagiu mal. Afinal, em gravações ao vivo aparecem mais imperfeições sonoras. Eu insisti, dizendo que gravaria de qualquer maneira, e, se não ficasse bom, a gente apagaria tudo. Ele topou e voltou ao palco do Rival. Foi o único disco do Luiz que vendeu mais de 100 mil cópias e conquistou o cobiçado Disco de Ouro".

No palco, a voz de Luiz, acompanhada pelos violões de Renato Piau e Perinho Santana.

Líber revela uma conversa exemplar, quando Luiz lhe perguntou por que ele não ganhava tanto dinheiro como Djavan ou mesmo Gilberto Gil: "Eu disse ao Luiz que ele tinha um repertório menor do que o deles. Até pela quantidade de músicas compostas. O Djavan tinha feito quatrocentas músicas e tinha mais sucessos. Vendeu 4 milhões de CDs. Ele e o Gil não são boêmios, não bebem, arrematei. E eu sempre considerei que o Luiz tinha tanto ou mais talento do que os dois".

Neste ponto vale destacar a opinião de Frejat, para quem Líber Gadelha teria levado a carreira de Luiz a um novo patamar: "O sucesso de 'Codinome Beija-Flor' na novela e a direção firme do Líber ajudaram muito a reerguer a carreira do Luiz".

Luiz Melodia e o Teatro Rival fizeram história. Depois da primeira temporada, ele se apresentou ali, onde se sentia em casa, várias vezes, durante anos. Ficou amigo do porteiro Ângelo, com quem gostava de bater papo sobre qualquer assunto, de preferência futebol e música. Ângelo era do bairro de Padre Miguel, mas, assim como Luiz, no início da vida trabalhou em uma gráfica no Estácio, até que conseguiu a vaga no Rival. "Desde o início eu fui muito bem tratado pela Ângela. Quando o Melodia fez seus primeiros shows no teatro, passei a colecionar todos os seus discos, tenho vários, todos autografados. O teatro participou da retomada da carreira dele. No final de um show, havia muita gente no saguão querendo autógrafos e fotos com o artista. Fui avisá-lo no camarim e ele não acreditou, estava desacostumado ao assédio das fãs. Ele olhou pela fresta da porta, me segurou pelo braço e falou: "Rapaz, eu sou o cara ainda".

Havia no Rival uma camareira chamada tia Clarinha, que, por força da sua atividade, ficou amiga de Luiz. Era ela quem passava as camisas e as calças dele antes de cada show. Ele sempre reservava uma "caixinha" para ela como gratificação, além de distribuir abraços e beijos. Era a família Rival, um nicho de afetividade de Luiz Melodia no Rio de Janeiro. Ele dizia: "As pessoas que eu amo, eu amo muito".

Com a boa fase em curso, a família Melodia decidiu que era hora de dar um basta na agonia de pagar aluguel todos os meses. Eles reagiram e começaram a pensar em uma boa solução. O espírito empreendedor de Jane Reis prevaleceu e ela achou uma bela casa para comprar no charmoso bairro de São Conrado, entre a Zona Sul e a Barra da Tijuca. Simplesmente um casarão enorme, com três pisos, mezanino, piscina e churrasqueira, criação do arquiteto Zanini, conhecido pelo pioneirismo em trabalhar com madeira e vidro. Justamente. Era tudo bonito, mas com um detalhe: iria exigir uma boa reforma para ficar plenamente habitável. Uma reforma que foi comandada pelo arquiteto Hélio Pellegrino e que durou mais de dois anos, período em que eles viveram novamente como ciganos: voltaram para o Barra Palace, foram para o Leblon e alugaram um apartamento de cobertura no Jardim Botânico, em um edifício atrás da TV Globo, na Rua Von Martius. Eram vizinhos do Caxinguelê, onde aconteciam as peladas de futebol e as cervejadas com a turma de músicos e atores. Podia ser no meio da semana.

Anos depois, em entrevista ao repórter Fernando Luna, da revista *Trip*, ele falou da sua paixão pelo futebol e dos caprichos como jogador de pelada:

**Em que posição você joga bola?**
Ponta-direita, um ponta razoável.

**Você bate bola no campo do Chico Buarque?**
Lá é aos sábados. É bacana, muitos amigos, às vezes um jogador dá uma canja. Sem pancadaria, não vão pessoas estranhas. Ronaldinho mesmo um dia estava jogando lá, ele e a mulher, a mulher também jogou. Teve uma época que eu tinha um time, o Estácio Holly

Futebol Clube. Uma rapaziada do Estácio, que escolhi a dedo. Nosso time só ganhava de nove a dois, dez a três, o Chico ficava injuriado. Eu era o juiz.

Depois de algumas visitas, o casal também comprou um terreno em Penedo, na serra fluminense, município com clima excelente e paisagem verde, como uma poesia pastoril. Também aqui houve momentos atribulados, pois antes eles compraram uma casa pré-fabricada. Levaram um calote de falsos empreendedores e a tal casa nunca lhes foi entregue. Finalmente, alugaram uma casa onde ficaram cerca de dez anos, sempre passando curtas temporadas. O amigo Pratinha, agora devidamente reconhecido como ator de teatro e televisão, também aparecia. "A casa deles em Penedo era linda, confortável. A gente passava os dias curtindo muito, a Jane cozinhando com seus temperos baianos e muito vinho para esquentar, pois Penedo no inverno é muito fria."

Para o dia a dia de combate no Rio, o endereço era a Rua Von Martius, atrás da Globo, onde estavam cercados de amigos.

Um dia, ao entrar no elevador do edifício, uma surpresa: Luiz encontrou o amigo David Pinheiro. Viraram parceiros de chopinho na padaria Século XX, onde o pessoal da Globo costumava encostar para bater papo, alguns famosos pelos seus trabalhos em novelas, como Stepan Nercessian, Otávio Augusto e André Gonçalves. A atriz Maria Zilda, no auge da carreira, também batia ponto ali. David, que morava no nono andar, lembra que um dia saiu de casa para trabalhar, tipo onze horas, e encontrou Luiz sentado num canto da padaria, tomando chopinho. "Foi um papo rápido, de dentro do carro, e eu segui. Quando voltei, no final da tarde, ele estava sentado no mesmo lugar, tomando chopinho. Um otário comentou isso em tom de crítica. Ele reagiu na hora: 'Primeira coisa, não tenho nenhuma intimidade contigo. Segunda, o que tu tens com a minha vida? Terceira: é você que está pagando o meu chope? Quarta: Não fode'."

Outro parceiro de chopinho na padaria Século XX, quase sempre com o cotovelo no balcão, era o sonoplasta Nelson Oliveira, o Nelsinho, que trabalhava na Globo nos telejornais da hora do almoço e se tornou amigo também de Jane e Mahal. "O Luiz me chamava de Sonnel. Certa vez fui com eles curtir um verão em Salvador, quando fizemos muitas festas. Eu fiquei no maior luxo, hospedado na casa do guitarrista Ricardo Augusto. Fizemos um churrasco histórico, pois, além de serem pessoas especiais, eles cantavam e tocavam com muito prazer. O Luiz era uma pessoa sensível e, ao mesmo tempo que era fechado, introspectivo, tinha momentos de entrega de alma simplesmente espetaculares. Quando cantava nessas ocasiões, era um show."

Jane conseguira contratar, havia pouco, uma auxiliar para ajudar nas tarefas domésticas: a pernambucana Maricélia Maria da Conceição, a Celinha, que vinha de um período de trabalho na casa de Margot, namorada de Perinho Santana. Foi ela, Celinha, quem passou a cuidar da roupa do artista e, eventualmente, de suas refeições. Ela lembra com carinho da principal exigência do patrão: "Ele pediu para eu nunca vir trabalhar doente. Dizia: 'Não está se sentindo bem, pode ficar em casa'. O seu Luiz me mandou para casa algumas vezes. Nesse ponto ele era muito correto".

Houve um momento em que o trabalho de produção de Luiz Melodia, especificamente em São Paulo, mudou de mãos. Gato Félix e Thomas Nunes seguiram outro rumo, e Toni Thomé, um paulista de Mirassol, assumiu a tarefa de produzir shows de Luiz em vários estados do Brasil. Ele mesmo se diz menos empresário e mais vendedor de shows. Tudo sob a coordenação de Jane Reis, que tinha a seu lado, no Rio, o produtor Guto França, também baiano, que trabalhava com Daniel Rodrigues, ou seja, com Gilberto Gil. No final, sabe-se que Toni Thomé foi o produtor mais longevo da carreira de Luiz. "Ele sempre foi meu ídolo, fez a minha cabeça, desde o lançamento de *Pérola negra*, quando eu ainda era garoto. Depois, quando comecei a trabalhar com produção, passei a agenciar shows do Luiz aos montes. Foi a concretização de um sonho, pois era mais do que um trabalho, virou uma forte amizade."

Toni lembra que Luiz tinha suas preferências definidas em São Paulo: cerveja Brahma e um restaurante japonês no bairro da Liberdade, o Takô. Ele ficou amigo da equipe do restaurante, do proprietário e dos garçons. No camarim, antes dos shows, não podia faltar um pratinho de gengibre ralado, chá de hortelã, água de coco e Gatorade de frutas cítricas. E champanhe Chandon. No trabalho, continuava marrento, detestando o terceiro sinal do teatro, aquele que anuncia que o show tem que começar. Quem acionava o terceiro sinal era sempre Toni Thomé. Luiz se manifestava no camarim: "Qual é? Está botando pressão?" Ao terceiro sinal, Luiz invariavelmente ia colocar a meia, o sapato, se alongar, quando Toni, para quem o horário era cláusula importante do contrato, implorava, batendo palmas seguidamente: "Vamos Luiz, vamos".

Certa vez, Luiz foi conhecer a família de Toni em Mirassol. A mãe estava esperando em casa e os amigos estavam na esquina quando eles chegaram. "Eu desci do carro e o Luiz veio atrás. Meus amigos ficaram chocados. Era mesmo o Luiz Melodia, no auge da fama. Minha mãe fez um almoço árabe, mas infelizmente não tinha cerveja. O Luiz pediu licença para reclamar, dizendo pra minha mãe, respeitosamente, que o almoço estava ótimo, uma delícia, mas faltava uma Brahma. Logo meu irmão fez aparecer uma caixa cheia da sua favorita."

Quando Luiz entrou no avião no Rio para encontrar Toni em São Paulo para mais um show, leu em uma revista que tinha sido inaugurado um bar na Vila Madalena que vendia a cerveja inglesa Guiness, uma de suas preferidas. Luiz pegou o telefone e ligou para Toni para combinar uma ida ao local. Por coincidência, Toni conhecia o advogado Fábio Cesnik, especialista em direitos autorais, seu convidado para o show no Sesc Pompeia. No camarim, uma surpresa. Depois de Toni mencionar o bar da Vila Madalena que vendia a Guiness, Cesnik se apresentou como o dono do lugar. Resultado: "Foi uma boa noitada tomando Guiness. O Luiz foi tratado como príncipe. Eu estava em recesso, maneirando, mas eles beberam bem. O Renato Piau estava nessa".

Para as operações de locomoção da família pela cidade, agora eles tinham a ajuda de um motorista, José Antônio, mais conhecido como Churrasco. Ele sempre aparecia com a Pajero na porta dos fundos dos teatros, depois dos shows. Ou levava Luiz ao aeroporto e depois ia buscá-lo, na volta. Era o motorista oficial, sempre disposto a ir e vir.

Em 1999, Luiz voltaria ao Teatro Rival, com Renato Piau e Perinho Santana, para uma nova temporada, que, segundo Ângela Leal, dona do teatro, serviu para confirmar o talento e a grandeza do artista. "Nos anos idos, quando as músicas de protesto eram comuns, as canções do Luiz me diziam muito, pois era um protesto suave, indireto, delicado como uma poesia: 'Lava roupa todo dia, que agonia'. Era espetacular. A partir daí, ele voltaria todos os anos ao Rival. A autoestima estava recuperada e os shows eram magníficos. A minha grande felicidade foi vê-lo receber o Disco de Ouro por vender mais de 100 mil cópias do disco gravado no Rival. Quando ia começar a cantar, dizia para a plateia: 'E agora, música nos seus ouvidos'. A plateia delirava. Com esse mesmo show, eles foram atração na festa de final de ano nas areias de Copacabana, em grande estilo."

Logo depois, em 2001, foi projetado um novo disco para a Universal Music – um acústico com produção de Jane Reis. Foi uma parceria com a gravadora Indie Records, de Líber Gadelha, que dirigiu os trabalhos de captação, como no disco anterior, que não era acústico (ou seja, tinha guitarras).

O porteiro Ângelo, do Teatro Rival, já amigo, lembra uma noite depois de um show, quando Churrasco entrou na pequena rua do Rival, na Cinelândia, e parou o carro em frente ao teatro. Ele abriu a porta e Jane entrou já apressada, perguntando por Luiz. Ele ainda estava no camarim falando com as pessoas, com uma taça de champanhe na mão. Churrasco deixou a porta do carro aberta, pensando em sair imediatamente. Ângelo acompanhou o desfecho: "O Luiz chegou um pouco depois e estava quase entrando no carro, quando alguém do outro lado da rua, no botequim Carlitos, gritou seu nome erguendo um copo de cerveja, convidando-o para uma saideira. A Jane reagiu na hora, dizendo que no dia seguinte tinha um novo show, mas não adiantou. Ele entrou no botequim e sabe-se que, na real, saiu apenas depois das três da madrugada".

A esta altura, é oportuno lembrar as "meninas do camarim", um buquê de crianças que foram se tornando adolescentes e depois adultas sempre por perto, frequentando o camarim de Luiz Melodia. Algumas eram amigas de Mahal. Entre elas, Maria Isabel, enteada do produtor Guto e filha de Adelaide; Cindy, filha do iluminador Rubinho; o filho de Perinho Santana e, por força da sua presença obrigatória no Teatro Rival, Leandra, filha de Ângela. As sobrinhas de Luiz, do morro de São Carlos, filhas das suas irmãs, incluindo a Pérola, eram sempre convidadas. Para todas, Luiz e Jane tinham atenção redobrada.

Naquele show do Rival que virou disco, Líber gravou exatamente dezesseis faixas, inclusive os sucessos da carreira e mais "Quase fui lhe procurar", clássico de Getúlio Côrtes na voz de Roberto Carlos. O show também foi documentado em vídeo e resultou no DVD *Acústico ao vivo*. No repertório, uma música feita especialmente para Jane, mais uma declaração de amor, chamada "Cuidando de você", que depois ganhou melodia de Renato Piau:

**O SEU AMOR ESTAVA ESCURO**
**EU CLAREEI, DEI OUTRO TOM**
**E ENFEITEI COM ROSAS CLARAS, RARAS**
**RARA RIMA, RARO RUMO**

**GENTE COISA É OUTRA FINA**
**BOAS FRUTAS, PÃES E VINHOS**
**SEU OLHAR VOA DISTANTE**
**SILENCIANDO ESSA VONTADE EM JAZZ, JAZZ, JAZZ**

**DESPRENDA SEU CORPO NA MINHA VIDA**
**DORME AQUI COMIGO**
**OH DOÇURA, OH TERNURA, MEU BIBELÔ**
**COM MEU CORAÇÃO NA MÃO DIVIDINDO EMOÇÃO**

**AGORA SOU O SEU VIGOR**
**EU LAMPARINA, SEU PAVIO**
**TÔ COM GÁS E TANTO FAZ**
**DORME AQUI COMIGO, MEU AMOR, MEU BIBELÔ**

**FICA NUMA BOA**
**MEU PERFIL NESSA LEOA**

Certa vez, durante uma entrevista, Melodia deixou claro diante da pergunta do repórter:

**Só há três anos, com o disco que reúne duas fórmulas muito comerciais, você conseguiu vender mais de 100 mil cópias. Qual é a sensação quando o público não responde a um disco seu?**
Procuro não ficar deprimido, mas que é uma coisa muito negativa, é. Tenho discos que achava bacanas, como *Pintando o sete* e *14 quilates,* que foram lançados e deixados de lado. Como se Luiz Melodia fosse um *hobby* das gravadoras, que depois dispensavam o cara. É engraçado, porque tinha pessoas que não vendiam coisíssima nenhuma, mas continuavam contratadas. Essas coisas eram estranhas, velho. Essa relação comigo.

No dia 15 de março de 1998, mais uma pancada da vida: morreu em Niterói, depois de passar mal durante um show no Theatro Municipal, o amigo e "cumpádi" Tim Maia, o Sebastião. Tim, que sempre foi reconhecidamente desleixado consigo, estava muito acima do peso e não resistiu ao esforço de cantar e encantar a plateia. Suava às bicas quando sofreu duas paradas respiratórias e saiu de ambulância para o hospital. No entendimento de Jane, a reação de Luiz – que havia gravado com Tim o clássico "Você" –, foi de grande sofrimento. "O Luiz ficava arrasado com a morte de amigos. Com o Tim não foi diferente, eles eram próximos, nossos filhos costumavam brincar e passar as tardes na casa dele."

A notícia calou fundo. Renato Piau, que fora guitarrista da banda Vitória Régia, exclusiva de Tim, soube na rua, pelos televisores ligados nas lojas, que faziam uma homenagem ao Síndico. Ainda não havia internet nem celular. Ele foi mais tarde para o velório em Niterói com o pianista Garibaldi Ramos, seu amigo e conterrâneo. Encontraram muitos amigos em meio à consternação, como Erasmo Carlos e Agnaldo Timóteo. Luiz Melodia não apareceu nesse primeiro momento, pois ficou sabendo horas depois. Mas no dia seguinte estava no enterro, no Cemitério do Caju, ao lado de Jorge Ben Jor, devastado com a morte do amigo. E ídolo.

## 12

# GRANDES NAVEGAÇÕES
## A expansão do universo

**A primeira viagem internacional** de Luiz Melodia aconteceu em 1985, ano também da morte do presidente Tancredo Neves, episódio que deu um nó na nossa política e levou o maranhense José Sarney a se tornar o presidente de todos os brasileiros. Um trauma nacional. Para Melodia, foi também o ano de lançamento do álbum *Claro*, que não fez muito sucesso nas rádios. A viagem, portanto, veio compensar o baixo-astral. Luiz e sua turma sentiram um frio adicional na barriga quando receberam as passagens Rio-Paris, pela Varig. Afinal, já eram astros nacionais quando isso aconteceu, faltava apenas um *upgrade* de todas as experiências. Na organização de tudo, Jane Reis. Na França, primeiro porto além-mar, estavam programadas duas apresentações, começando pelo Festival de Antibes, na sofisticada Côte D'Azur. O festival fora criado em 1960 e se chamava oficialmente Festival de Jazz d'Antibes Juan-Les-Pins.

Os astros Louis Armstrong, Ray Charles e Duke Ellington foram alguns dos nomes que passaram por seus palcos. Era um festival de verão – bem ao gosto dos europeus. A revista especializada *Jazz Hot* dedicou a edição de agosto ao evento, estampando na capa uma grande foto do pianista Keith Jarrett, uma das atrações. Nas páginas internas, uma ampla cobertura do *cast*, inclusive com perfis do baterista Jack DeJohnette, do trompetista Clifford Brown e de... Luiz Melodia, apresentado como "autodidata, nascido no morro de São Carlos, famosa favela do Rio de Janeiro". O jornal destacava o aspecto rebelde do músico e o fato de Melodia ser proibido de aparecer na "poderosa TV Globo", referindo-se ao entrevero com o diretor Maurício Sherman, anos antes. A reportagem acentuava que "sempre que alguém quer lhe impor alguma coisa, Luiz Melodia bate o pé e se manifesta". Assuntos apimentados, bem ao gosto da cultura francesa.

Em Antibes, Luiz estava acompanhado de sua banda, com Renato Piau na guitarra, Lúcio no trombone, Carlos Werneck no baixo, Marcos Veríssimo na bateria, Humberto Araújo no sax e Silvério Pontes no trompete. Eles eram amigos e se identificavam musicalmente. Ou, como se dizia na época, "estava tudo em cima". Na lembrança de Humberto, foi uma turnê memorável: "Era um grupo afinado, e o Melodia estava em grande forma. Tudo aconteceu de forma positiva".

De Paris eles seguiram para Bruxelas, frustrados por não terem conhecido nada da Cidade Luz. Na capital belga, tocaram na Praça Cívica, também chamada Grand Place, onde fica a Casa do Rei. Durante a apresentação, uma criança na plateia fez o show com eles, chamando atenção, manifestando-se, dançando, caindo no ritmo. Para coroar a apresentação, uma senhora idosa, bem velhinha, irrompeu da plateia com um buquê de flores silvestres, que entregou a Luiz cerimoniosamente. Foi aplaudida com entusiasmo.

Depois da apresentação, eles foram para o Grande Hotel Presidente, onde Luiz esbanjou simpatia e fez amigos. A noite foi para se esbaldar. Eles não falavam francês nem inglês, mas conseguiam se comunicar. Em seguida, foram assistir a um show do *jazzman* Toots Thielemans, o da harmônica, um notável cidadão belga residente em Bruxelas que era íntimo da música brasileira e do Rio de Janeiro. Depois, seguiram para a boate Copacabana, onde algum músico havia tocado antes e deixado um violão no pequeno palco. Era fim de noite. No salão, apenas um grupo se divertindo. Renato pegou o violão e começou a tocar qualquer coisa, pelo puro prazer de tocar. Ele lembra: "O Lúcio veio fazer uma percussão na mesa, coisa rústica. Uma mulher elegante se aproximou e colocou notas de francos no bolso da minha camisa. Eu disse que não precisava, que eu estava apenas me divertindo. Ela se recusou a pegar o dinheiro de volta. Fomos para a mesa do grupo, quando então o Luiz cantou 'Juventude transviada' de forma comovente, a plenos pulmões".

Eles logo ficaram sabendo que se tratava de um grupo de professores da Universidade de Bruxelas; um deles, o mais excitado, era professor de português e ficou traduzindo na mesa as músicas que Luiz cantava. Ele conhecia todas. Quando o bar fechou, eles aceitaram o convite para tomar uma saideira na casa do professor, às margens do rio Senne. Comeram, beberam, cantaram e saíram de manhã. Luiz subiu correndo para o quarto, com a missão de acalmar Jane, e Piau aproveitou para tomar café no salão.

Eles queriam aproveitar ao máximo, conhecer a cidade. Queriam passear, andar, tomar cerveja nos bares, caminhar sem destino. Decidiram, como estratégia, ir no dia seguinte ao mercado de pulgas gastar os francos belgas que haviam recebido, pois dali eles seguiriam para o aeroporto, de volta ao Rio de Janeiro. Fizeram isso, gastaram todos os francos em brechós, com antiguidades, peças *vintage*. Luiz comprou um sapato verde que Jane qualificou como "maravilhoso". Quando chegaram ao Charles De Gaulle, uma surpresa: o voo tinha sido cancelado. Era um domingo, e o próximo voo da Varig seria na quarta-feira. Ficaram hospedados, por conta da produção, em um hotel próximo ao aeroporto, de onde saíam para passeios eventuais. Quando estavam no quarto, de bobeira, ficavam vendo o Concorde subir, o Concorde descer. Inúmeras vezes.

A segunda viagem internacional, para consolidar o prazer de ampliar os horizontes, aconteceu em 1986, novamente para a França. Luiz era uma das atrações do XVII Festival de Jazz de Salon-de-Provence, cidade do sul do país, acompanhado por um sexteto formado por Renato Piau (violão) Lúcio (trombone), Marquinhos (bateria), Carlos Werneck (baixo), David Gang (sax) e Júlio Villani (piano). Ele dividiu a noite com Gilberto Gil, mas outros músicos brasileiros estavam na programação: Les Etoiles, Beth Carvalho, trio elétrico de Dodô e Osmar, Moraes Moreira, ritmistas da Beija-flor e a exilada Teca Calazans. Renato Piau ficou impressionado ao saber que ali naquela pequena cidade tinha vivido e morrido Nostradamus (1503-1566), onde havia escrito seu famoso livro *Centúrias*. Renato foi conhecer a casa do profeta, agora transformada em atração turística. O mais impressionante é que, à noite, eles tocaram em um castelo medieval de estirpe, para deixar o clima mais gótico.

O festival acontecia em várias cidades, inclusive em Toulon, onde eles foram tocar em seguida, na mesma noite do trio elétrico de Dodô e Osmar. Em Châteauvallon o festival aconteceu durante cinco dias e reuniu outros músicos brasileiros: Oswaldinho do Acordeon e a nortista Nazaré Pereira. A *nuit brésilienne* aconteceu no sábado, 26 de julho, com o *grand ball carnavalesque*, que teve direito a uma *l'eccole du samba* autêntica.

A imprensa francesa tratou a música brasileira com bastante interesse. O jornal *République* destacou a apresentação de Nazaré Pereira e Luiz Melodia. Na opinião do jornal, Luiz apresentou uma performance "vagamente demoníaca, marcada por uma mistura de ritmos e tendências". Ele dançou no palco.

O prestigiado *Libération* publicou uma reportagem intitulada "A melodia do Brasil", encabeçada por uma foto grande de Luiz de calça e casaco claros e sapato bicolor. Tipo malandro. Não por acaso, o jornal usou como referência artística para seus leitores o cantor americano Kid Creole, que fazia sucesso na época tocando música pop latina. Era Kid Creole and the Coconuts. A reportagem também destacava o espírito rebelde do artista Melodia, que "em dez anos de carreira gravou apenas cinco discos". Finalmente, na avaliação do jornal, as duas grandes revelações do Festival de Châteauvallon, versão 1987, foram Oswaldinho, com seu endiabrado acordeom, e Luiz Melodia.

O artigo assinado pelo conhecido jornalista francês Remy Kolpa Kopoul, um entusiasta da música brasileira, abordava com especial destaque o perfil de Luiz Melodia, que, ao completar 35 anos, tornara-se um artista desobediente a qualquer etiqueta. Kopoul finalizava: "Luiz Melodia foi a grande revelação do festival". O próprio jornal informava que a TV do grupo iria apresentar naquela noite um especial gravado no palco com músicos brasileiros que participaram do evento: *Special Brésil*, pela TV Libération.

Em julho de 1987, uma nova temporada na Europa, agora para o tradicional Festival de Paléo, em Nyon, na Suíça. Tudo aconteceu a 25 quilômetros de Genebra, a cidade mais importante do país. A pequena cidade de Paléo ficou repleta de gente festiva, afeita a confraternizações explícitas, beijos e abraços. Eles têm o hábito de celebrar o verão, principalmente depois de um inverno rigoroso. Luiz viajou com a mesma banda: Piau, Lúcio, etc., mas dessa vez Jane e Mahal estavam na comitiva. O jornal *Informations Suisses* publicou uma chamada para o show da segunda noite, destacando a "doce poesia" do carioca Luiz Melodia, "certamente uma das melhores coisas do festival". Ele dividia a preferência do público, segundo o jornal, com o cantor Cheb Kader, da Argélia. Ilustrando a reportagem, cujo título era "Festa de verdade", uma foto de Luiz sentado no chão do palco, cantando com um microfone na mão. Ele fazia sucesso.

Uma experiência marcante para Luiz e seu grupo aconteceu quando foram se apresentar no Festival de Forcalquier, na França, em 1992. Luiz era o único representante da música brasileira. Ele estava acompanhado apenas de Renato Piau ao violão, no palco, e de Jane, Hiran e Mahal nos passeios. Junto com eles viajava o jornalista Miguel de Almeida, que na verdade foi quem viabilizou o contrato. Miguel era amigo de Dominique Besse, adida cultural da França no Brasil e enturmada com a estrutura de festivais. Era influente em Forcalquier. Miguel contextualiza o encontro: "Eu conhecia o Melodia das noitadas do Baixo Leblon, pois era amigo do Waly Salomão. Nessa época, o Melodia só havia lançado dois discos, mas já era um 'monstro'. Depois publiquei uma entrevista com ele na *Folha de S.Paulo*. A escolha do nome de Luiz para o festival na França, entre outros artistas listados, foi exclusivamente da Dominique. Eu apenas a acompanhei em vários shows no Rio e em São Paulo, lembrei de Alceu Valença e Nana Caymmi e ela escolheu o Melodia. Havia a expectativa de levar três cantores, mas, no final, Dominique só pôde levar um".

Durante a viagem, houve um acordo, uma combinação tácita entre eles, para Luiz não beber. A Jane não dava dinheiro e ninguém o convidava para "tomar uma" na esquina. Observação feita a todos, principalmente a Piau.

A revista *Le Nouvel Observateur*, considerada a mais importante da França, publicou artigo assinado por Marjorie Alessandrini com o título "Melodia tropical", no qual traçou um perfil rápido do artista brasileiro, "um poeta das canções de uma grande cidade violenta. [...] Luiz Melodia desfila com elegância o seu blues tropical, mesclado com rock, samba, reggae e bossa nova". A revista destacou que o artista se identificava com Bob Marley e "a luta dos rastafáris". Para ilustrar, uma foto de Luiz de braços e pernas abertas, tênis, calça *jeans* e camisa estampada com mangas curtas e dobradas.

Miguel de Almeida, presente às apresentações, registrou um certo desconforto provocado pela *performance* de Luiz, a quem se recomendou não dançar no templo de Cristo (Catedral Notre-Dame du Bourget), pois era a primeira vez que um espetáculo de música popular acontecia na nave. Antes, apenas músicas sacras, eruditas, clássicas ou conjuntos de câmara haviam tocado ali. Na primeira noite, Luiz ensaiou seus passos tradicionais, "levemente diabólicos", e houve reação depois do show. Alguns membros da comunidade consideraram aquilo um gesto profano.

Aconteceu um episódio curioso, que começou com uma cena de ciúmes de Luiz, para quem um dos franceses presentes estava de olho grande na Jane. Ele ficou cismado. Miguel atenuou, Jane desdenhou e Luiz saiu para a rua resmungando, de mau humor. Saiu para a noite e demorou a voltar, deixando a todos preocupados. No dia seguinte, no café da manhã, Miguel soube que Luiz tinha quebrado a promessa e enchido a cara, mesmo sem um tostão no bolso. E que voltara de madrugada para o hotel. Miguel saiu e investigou nos bares da redondeza se alguém tinha visto um negão alto, brasileiro, etc. Todos tinham visto. Pelo menos três gerentes de bares falaram dele. Miguel quis saber se ele pagara alguma coisa, se tinha "pendurado" alguma despesa. "Todos disseram que sim, que ele tinha bebido sem dinheiro, mas que nada lhe fora cobrado, pois ele cantava muito bem."

Houve em seguida uma apresentação na casa New Morning, em Paris. Com um detalhe surpreendente: Renato foi procurado no hotel pelo pianista Garibaldi Ramos, seu amigo e conterrâneo (que estava no velório de Tim Maia), e agora terminava em Paris uma turnê com o irmão Ramsés, poeta e compositor que morava em Praga. Foi no dia do jogo França *versus* Brasil, em 1992, no estádio Parc des Princes, um amistoso que terminou com a vitória do Brasil por dois a zero.

Enquanto os músicos assistiam ao jogo pela televisão, em um hotel próximo ao teatro, Garibaldi sentiu que surgira uma oportunidade. Subiu ao palco para ajudar a instalar o equipamento para a passagem de som e acabou dedilhando algo no piano. Com ênfase. Como era bom pianista, chamou a atenção de um gerente do evento, que, depois de alguns acertos de última hora, acabou convidando Garibaldi para abrir o show de Melodia. "Foi importante abrir aquele show. Afinal, o Melodia e a banda estavam vendo o jogo, e o público era uma espécie de refém daquela espera. Fui lá e toquei até acabar a partida. Ficou bom pra todo mundo."

Após o festival, Piau propôs continuarem alguns dias em Paris, para curtir um pouco a cidade, sem pressa. Era uma boa oportunidade. Por manobra dos amigos ligados ao evento, eles foram convidados a ocupar alguns cômodos da casa do embaixador brasileiro na França, em pleno Boulevard Saint-Michel, à margem esquerda do Sena. Quando todos chegaram diante do edifício, Piau convidou Luiz para um chopinho, enquanto as malas eram levadas para cima. Ele lembra: "Pensei em pagar uma rodada para o Luiz, que afinal estava me proporcionando viagens maravilhosas. E o convidei para um botequim na esquina. Chegando lá, enquanto tomávamos umas cervejas, um casal de *gays* brasileiros nos reconheceu e, depois de alguma conversa, pagou a nossa despesa. Dessa forma prazerosa, fui definitivamente apresentado ao primeiro mundo e continuei com cinquenta dólares no bolso".

A hospedagem na casa do embaixador foi um luxo que eles souberam aproveitar, lembra Piau. "O Luiz ficava tomando sol na beira do Sena. Da janela do meu quarto eu avistava a Catedral de Notre-Dame. Ficamos ali alguns dias, eu, Luiz, Jane, Mahal e Hiran.

Renato lembra um episódio curioso, quando encontrou um brasileiro chamado Giba, percussionista do grupo Kaoma, que conhecia bem Paris. Renato convidou o rapaz para tomar uma cerveja e chamou Melodia para a mesa. "Quando apresentei os dois, Luiz perguntou ao Giba se ele era baiano. Diante da resposta afirmativa, foi categórico: 'Eu pergunto porque estou até aqui com baiano', e passou a mão espalmada acima da sobrancelha. Foi um choque que eu tive que administrar."

Na memória de Jane, Paris foi uma festa, apesar de um contratempo criado por Piau e Hiran, que foram detidos e levados para uma delegacia de polícia. Jane foi intervir e descobriu que eles tinham pulado a roleta do metrô. Flagrados pelas câmeras, foram detidos pela segurança, apesar de terem uma cartela de tíquetes do metrô no bolso. Um "crime" de fácil solução. Pagaram duzentos euros de fiança e tudo ficou resolvido. A explicação de Piau: "Eu e o Hiran vimos uns moleques pulando a catraca, na boa. Eu falei: 'Vamos pular também'. O resultado foi esse".

Em 1994, uma viagem turística, sem envolver trabalho. Melodia, Jane e Mahal foram para Nova York, pois haviam decidido passar o Natal e o *Réveillon* em temperatura abaixo de zero. Alugaram um apartamento na Rua 52, perto do Central Park, ideal para Mahal, então com 13 anos, patinar no gelo – coisa que ele fez quase todos os dias. No final, Luiz não gostou da cidade e reclamou muito. No entanto, o contrário aconteceu com Jane e Mahal, que adoraram tudo, inclusive um jogo de basquete que foram assistir no Madison Square Garden. Um jogo do Knicks, claro. "Eu amei a cidade, amei o jogo de basquete. O Luiz não gostou, mas comprava de tudo, estava na capital do consumo. No Natal foi tudo bem, passamos na casa de amigos, mas no *Réveillon* o Luiz não quis nem conversa. Virou a cara para a parede e dormiu. Ele tinha andado pelo lado errado da cidade, uma zona barra-pesada, e ficou apavorado, dizendo sem parar 'que lugar horroroso'. Na rua, um sujeito tinha aberto a capa para ele, oferecendo de tudo, armas, drogas, coisa que ele nunca tinha visto, nem no morro de São Carlos."

É bom que se diga que a essa altura Luiz Melodia oferecia bons motivos para ser identificado como um homem elegante. Ele fora escolhido pela consultora de moda Glorinha Kalil, a pedido da revista *Caras*, como um dos cinco homens mais elegantes do Brasil: encomendava ternos e camisas de seda sob medida à Casa Alberto, usava sofisticados óculos de osso de tartaruga, sapatos bicolores, e tinha uma coleção de chapéus de vários estilos, sem contar os bonés, estes mais vulgares mas ainda assim no melhor estilo pop. Quando viajava a Paris e Nova York, sempre comprava algo "especial" para as suas coleções. Na gaveta da escrivaninha, tinha quatro passaportes. Viajava muitas vezes na primeira classe das grandes companhias aéreas para qualquer parte do mundo. Ou, o que era mais comum, na classe executiva. Quando Luiz viu a reportagem da revista *Caras*, falando de sua elegância, mandou de presente para Gloria Kalil um corte de tecido africano, estampado, algo – como bem definiu ela – "muito elegante, que uso até hoje no meu retiro espiritual". Como contrapartida, ela mandou de presente mais um par de óculos de bom gosto para a coleção dele. E ficaram amigos.

Em entrevista para a revista *Trip* em 2002, Luiz voltou a falar do assunto "elegância" quando o repórter lhe perguntou:

**Desde o comecinho da sua carreira, você sempre se vestiu bem. Foi influência da sua mãe, que é costureira?**
Minha mãe, sem sacanagem, foi uma costureira de mão cheia. Trabalhava bonito mesmo. Sempre curti desenhar as minhas roupas e dar para ela fazer minhas calças boca de sino, minhas blusas cheias de guéri-guéri.

Em 1995, a revista americana *The Beat* publicou uma edição especial dedicada à música brasileira, focando em Marisa Monte, Marina Lima, Margareth Menezes e Luiz Melodia, que foi apresentado como "*king of melody*" em entrevista de três páginas assinada pela jornalista Mara Weiss. Ele estava lançando o CD *Relíquias*. Diante da pergunta sobre ligações entre a cultura da Jamaica e a do Brasil, Luiz considerou que: "Sim, claro, existem ligações fortes. Somos da mesma tribo, *black people*. Você pode imaginar – e eu digo isso com humildade – o mundo sem *black people*?" A jornalista quis saber também sobre o Rio. Luiz foi direto: "É uma bela cidade. Apesar da situação aparentemente caótica, continua sendo fantástica. E violenta. Muitas pessoas, moradores, continuam tendo acesso apenas ao básico para sobreviver". Finalmente, diante da pergunta "Algo mais que você queira dizer?", Luiz aproveitou para explicar seu ato criativo ao compor, quase sempre sozinho, raramente com um parceiro ao lado. Criações separadas, letra e melodia. "Agora", disse ele, "por sugestão do Frejat, fui escrever uma letra para ele, e foi muito difícil não pensar na melodia. Acabei escrevendo 'Na calada da noite'."

Na passagem do século, *Réveillon* de 1999 para 2000, um evento grandioso de expressão internacional: o *Show da Virada* da TV Globo, com contagem regressiva na praia de Copacabana. Galvão Bueno era o locutor de plantão e o diretor, Roberto Talma. No palco, Beth Carvalho, Luiz Melodia, Pedro Luís e a Parede, Emilinha Borba e um grande elenco no espetáculo comandado pessoalmente pelo *big boss* Bonifácio de Oliveira Sobrinho, o Boni. As imagens eram enviadas para outras emissoras ao redor do mundo, no *pool* da festividade.

Em 2001, antes de Luiz dar sequência às viagens internacionais, ficou pronto seu novo disco, *Retrato do artista quando coisa*, referência ao poema de Manoel de Barros que serviu de inspiração para a concepção do disco. Mais uma parceria com Líber Gadelha e as gravadoras Indie e Universal Music, encarregada da distribuição. Eram treze faixas, incluindo a parceria que dá título ao disco, e outras tantas inéditas, como "Feeling da música", parceria com Hyldon, e "Esse filme eu já vi", parceria com Piau. Hyldon recorda da incerta parceria e seus caminhos tortuosos. "Um dia encontrei o Melodia no prédio da editora da Warner. Eu disse que tinha visto um show dele, maravilhoso, e que tinha feito uma música para ele. Melodia ficou surpreso. Eu confirmei, peguei um violão e cantei a música para ele. O técnico Delano falou: 'Repete que eu vou gravar'. Gravou em um cassete pequeno, antigo. E deu a fita para o Luiz. Essa música, então, se deve ao Delano."

A verdade é que Luiz viajou para a Bahia em seguida e levou a fita com ele para mostrar ao parceiro Ricardo Augusto. Os dois desenvolveram uma melodia juntos e depois ligaram para Hyldon comunicando que havia uma parceria em andamento. Nome da canção: "Feeling da música". A letra:

EU VOU TOCAR MEU VIOLÃO
A MÚSICA NÃO PODE PARAR
EU VOU TOCAR MEU VIOLÃO
A MÚSICA NÃO PODE PARAR

DE QUE ADIANTA O CARNAVAL?
SEM MÚSICA
PASSAR A NOITE DE NATAL
SEM MÚSICA

DE QUE ADIANTA TANTO AMOR?
SEM MÚSICA
TAMBÉM DANÇAR NO XILINDRÓ
SEM MÚSICA
FAZER A COREOGRAFIA
SEM MÚSICA
DANÇAR AXÉ LÁ NA BAHIA
SEM MÚSICA

SÓ TEM QUE TER AFINAÇÃO PRA MÚSICA SOAR
SUBIR NO TOM DESSA CANÇÃO
NÃO PODE VACILAR

UM TOQUE NO SEU CORAÇÃO
QUE TUDO VAI VIBRAR
A MINHA BANDA TEM SEU FEELING
É SÓ ORGANIZAR

TEM SOLO NA HARMONIA
TEM BLACK NA BATERIA
TEM ARRANJO DE METAIS

EU VOU TOCAR MEU VIOLÃO
A MÚSICA NÃO PODE PARAR
EU VOU TOCAR MEU VIOLÃO
A MÚSICA NÃO PODE PARAR [...]

Por todos esses atributos, não era um disco de fácil assimilação pelo público. Era intencional. Tinha mais significante do que significado. Esse é Luiz Melodia. Produção de Perinho Santana. A produção executiva do disco foi de Jane Reis e Beto Coutinho. Assistente de produção: Guto. Fotos da capa e do encarte, onde Luiz aparece com pintura facial, sugerindo motivos tribais e rituais africanos: Levindo Carneiro.

De repente, sem que ninguém pudesse prever, mais uma péssima notícia abalou o círculo de amizade de Luiz: morreu no Rio a esfuziante Cássia Eller, amiga e parceira na categoria visceral. Eles já tinham cantado juntos. Aconteceu no dia 29 de dezembro de 2001, ano celebrado pelo filme de Stanley Kubrick como nosso futuro remoto, como uma odisseia no espaço.

Como parte do lançamento de *Retrato do artista quando coisa*, a entrevista à revista *Trip*, que tinha o sugestivo título "Pérolas negras": "Nascido no morro, Luiz Melodia conquistou o asfalto, ganhou fama de maldito e se tornou o artista mais subestimado da música brasileira. O sucesso de Luiz Melodia sempre foi menor do que sua obra".

Luiz era o principal assunto da edição de maio da revista, quando respondeu a perguntas às vezes incômodas. Percebe-se, pelo teor da conversa, que os tempos de censura e ditadura estavam longe, no passado:

**Depois de trinta anos de carreira e onze discos, você se considera devidamente reconhecido?**
Não tive esse privilégio. Continuo não tendo esse privilégio e acho que minha obra merecia. Durante um tempo, pode ser até que esteja enganado, fui boicotado: não recebi muita atenção das gravadoras por onde passei. Tenho uma obra que não é muito extensa, mas acho que merecia muito mais atenção. Tem que ter *merchandising* em cima do artista, tem que investir grana. Isso nunca aconteceu, a não ser quando comecei minha carreira. [...]

**Que tipo de pai você é?**
Rapaz, faço o possível para ser legal, para dar oportunidades ao meu filho. Sempre procuro conversar, logicamente. Até porque com os nossos pais era difícil ter um contato assim direto, sentar. Pelo menos eu não tive essa oportunidade de o pai sentar para falar de coisas que eram também básicas para a vida. Sempre que posso, converso com meus filhos. Se eles me deram acesso também, né? Não vou ficar forçando a barra.

**Você conversa sobre drogas com eles?**
Falo do que vivi, do que sei.

**Você fuma em casa?**
Fumo, mas não com o Mahal. O Mahal é ele e a turma dele. Se tiver de fumar, fuma, não quero envolvimento.

**Você se lembra da primeira vez que usou alguma droga?**
No São Carlos fumava pra caramba. Era muito divertido, ríamos muito, muito. Uma coisa até sadia, de uma certa forma. A gente usava uma maconha boa, de melhor qualidade, chamada Manga Rosa. Subia uma barreirinha para fumar escondido, uns amigos vigiando. [...]

**Você ainda se sente parte do morro?**
Com certeza, nasci lá, minhas raízes estão lá. Tanto que, no Carnaval, fizeram um bloco em minha homenagem, o Muvu.

**Os meninos do tráfico reconhecem você?**
Reconhecem. Um dia desses estive lá e conversei com eles, tudo cheio de revólver e eu no meio. Nunca ouso

dar sermão, até porque não funcionaria mesmo. Às vezes os caras estão drogados pra caramba, não se sabe qual vai ser a reação.

Em 2001 Luiz Melodia foi o homenageado especial do Prêmio Qualidade Brasil, oferecido pela empresa Quality Service em parceria com o governo italiano. A premiação aconteceu em cerimônia de gala no Sheraton Hotel, no Rio. Elegante como sempre, Luiz recebeu o troféu das mãos dos apresentadores Glória Maria e Fernando Vanucci, ambos da equipe de jornalismo da TV Globo. No mesmo ano participou também, como convidado especial, de uma apresentação de Mart'nália no Bar do Tom, no Leblon, para o lançamento do disco *Pé do meu samba*, produzido por Caetano Veloso. Diz ela: "Eu era iniciante e precisava de alguma ajuda de músicos consagrados para atrair o público. O Melodia aceitou me ajudar dando uma canja no meu show. Lembro que ele não estava passando muito bem, mas fez a parte dele e foi embora, sem festejar. Acho que estava de ressaca".

Jane tem duas lembranças vivas da amizade de Luiz com Mart'nália. "Sempre que a Mart'nália chegava, o Luiz dizia: 'Essa é de primeira qualidade'; e o Martinho, quando ela já era uma moça, considerava que o xodó deles era tão grande que parecia que eles estavam se 'pegando'."

Em 2002 foram lançados o CD e o DVD *Luiz Melodia convida*, gravado no Polo Rio Cine & Vídeo com a participação de Zeca Pagodinho, Zezé Motta e Luciana Mello, entre outros. O CD foi editado com uma faixa bônus, "Presente cotidiano", dueto com Gal Costa gravado em estúdio.

Em janeiro de 2003, exatamente no dia do seu aniversário, a revista *Piauí*, prestigiada no meio intelectual, chegou às bancas com uma ampla reportagem intitulada "Luiz Melodia, pérola negra", assinada pela cantora Eliete Negreiros. Foi como um presente de aniversário, pois sua vida e obra dominavam várias páginas da publicação, com abordagens deste tipo:

"Sobre as letras de suas músicas, Melodia explica que elas não visam explicar nada, mas sugerem muitas coisas: 'As pessoas têm que estar abertas para entender os toques. Não é assim, eu pisei numa pedra e aí nasceu esta frase. É um toque ingênuo, uma coisa poética, das vivências que eu observei'. Daí as frases cortantes, que se unem numa sintaxe própria pelo fio da emoção e do choque; as metáforas carregadas de sentimento – 'farrapo humano' – e ambiguidade – 'peregrino sábio dos enganos' – e uma sintaxe sensível que indica a presença do blues na alma e nas canções de Melodia".

Para concluir: "Não bastasse a beleza inconfundível de suas canções, a voz de Luiz Melodia é uma das mais belas da música popular brasileira, timbre único, aveludado, com aquele vibrato metálico que o coloca na linha direta de grandes cantores como Jamelão. Luiz Melodia está aí, cantando, gravando, lotando os teatros do Brasil com suas músicas, que agora são clássicos. Seu timbre e seu jeito original de compor coloriram e seguem colorindo nossa música com outros tons, como o de sua bela pérola que é negra".

Em outubro, uma temporada de alta estima no palco do Canecão com o show *Perfil*, no qual Luiz se apresentava com a banda completa. Ele aproveitou o cancelamento de um show de Gal Costa, dias antes, e resolveu preencher a data disponível encerrando a turnê nacional de lançamento do disco homônimo, que integraria uma série produzida pela Som Livre com a participação de vários artistas. Foram dois shows cujo ápice era o momento em que Luiz chamava ao palco irmãs e sobrinhas para entoarem, juntos, cânticos religiosos, como nos tempos do São Carlos. Participaram as irmãs Marize, Raquel, Vânia e Jaciara, e as sobrinhas Pérola, Kelly, Tamires e Andressa. Eles tinham ensaiado e tudo aconteceu como fora programado.[*] No

---

[*] Foi durante os ensaios para este show que conheci Luiz Melodia, apresentado por Renato Piau, que comandava a banda. Foi um encontro rápido, no palco do Canecão, uma entrevista para outro trabalho, coisa de vinte minutos. O suficiente para perceber a gentileza e a boa vontade do artista.

*set list*, uma novidade, "Valsa brasileira" (composição de Edu Lobo e Chico Buarque), que viria a fazer parte da trilha sonora da telenovela *Chocolate com Pimenta*, da TV Globo, baseada na opereta *A viúva alegre*, de Franz Lehár. Eis a letra:

**VIVIA A TE BUSCAR**
**PORQUE PENSANDO EM TI**
**CORRIA CONTRA O TEMPO**
**EU DESCARTAVA OS DIAS**
**EM QUE NÃO TE VI**
**COMO DE UM FILME**
**A AÇÃO QUE NÃO VALEU**
**RODAVA AS HORAS PRA TRÁS**
**ROUBAVA UM POUQUINHO**
**E AJEITAVA O MEU CAMINHO**
**PRA ENCOSTAR NO TEU**

**SUBIA NA MONTANHA**
**NÃO COMO ANDA UM CORPO**
**MAS UM SENTIMENTO**
**EU SURPREENDIA O SOL**
**ANTES DO SOL RAIAR**
**SALTAVA AS NOITES**
**SEM ME REFAZER**
**E PELA PORTA DE TRÁS**
**DA CASA VAZIA**
**EU INGRESSARIA**
**E TE VERIA**
**CONFUSA POR ME VER**
**CHEGANDO ASSIM**
**MIL DIAS ANTES DE TE CONHECER**

Vida que segue. Ao longo de uma década, Luiz Melodia fez várias viagens a Portugal, sempre para apresentações de gala, começando por um inesquecível show em Lisboa em 2004.

O concerto foi no Culturgest, o suntuoso edifício onde ainda hoje funciona a Federação da Caixa Geral de Depósito, com shows, exposições, recitais, bibliotecas, em tudo semelhante à nossa Casa França-Brasil, embora um pouco mais suntuoso. Mas a viagem foi especial também pela presença estimada da comadre Regina Barreto e, particularmente, da afilhada Maria, que estudava em Paris e foi se unir ao grupo. O pai dela, o Dro, não estava nessa. Na lembrança de Regina, foi um show empolgante. "O Luiz estava em estado de graça. Apenas ele e Renato Piau no palco. Ele dançou e, como elemento surpresa, cantou o clássico 'Coimbra', que emocionou a plateia. O auditório estava lotado. Foi um sucesso."

Eles decidiram incluir "Coimbra" em cima da hora, uma ideia que surgiu de repente. Ensaiaram no hotel a toque de caixa e não se arrependeram. No camarim, após o show, receberam amigos brasileiros e ilustres portugueses, como o ator Luís Lucas, famoso por participações em filmes e seriados de televisão. Brindaram com champanhe. A comadre Regina fez as fotos.

Em 2005 aconteceu a primeira das três viagens deles a Luanda, capital de Angola. Além de Luiz, Jane e Piau, Zezé Motta integrava o grupo. No Brasil era comemorado o 7 de setembro. Eles estavam na programação de uma campanha de combate à aids. Haviam sido contratados pela Associação de Empresas Brasileiras em Angola, então administrada pelo baiano Raimundo Lima, o Raimundão, que acabou se tornando amigo. Neste caso, os cachês pelas apresentações foram doados à campanha; nem Luiz nem Zezé receberam para cantar. Todas as despesas foram pagas.

Nesse ano, Luiz integrou o projeto *Vivo na lagoa*, com um show no Parque dos Patins, na lagoa Rodrigo de Freitas, no Rio. Também em 2005 participou do CD *Um pouco de mim – Sérgio Natureza e amigos*, no qual canta "Vela no breu", de Paulinho da Viola e Sérgio Natureza. Na mesma temporada, foi capa da revista *Carioquice*, editada pelo Instituto Cultural

Cravo Albin. Era uma produção em massa. Em seu artigo, Albin destacou: "O fator mais importante na aparição de Luiz Melodia foi rediscutir as vozes da ancestralidade negra. Foi um fator de afirmação que sempre me lembrou uma música clássica de Aracy de Almeida, 'A flor do lodo', aquela que driblou as adversidades".

Em 2006, a gravadora EMI acertou com Luiz Melodia o lançamento de um disco de compilações de clássicos chamado *Negro gato – O melhor de Luiz Melodia*. Eram catorze faixas, começando com "Negro gato" e terminando com "Diz que fui por aí", de Zé Kéti, gravada ao vivo.

Em dezembro, antes de fechar o ano, um show com Mahal no Sesc Pinheiros, misturando o próprio repertório com alguns raps do filho. Era um projeto que reunia pais e filhos: Caetano e o filho Moreno, Moraes Moreira e Davi, etc. O caderno Ilustrada, da *Folha de S.Paulo*, abordou o assunto em sua edição de 7 de dezembro de 2006: "No show, o pai de Luiz e avô de Mahal, Oswaldo, já falecido, aparece na voz de Luiz, em composições antigas. Luiz canta suas músicas, Mahal insere seu discurso sobre elas. Mahal declama suas letras, Luiz canta sobre elas. O projeto toma ares históricos para a família. 'Pela primeira vez, vamos juntar as três gerações em um palco', diz Melodia. 'É emocionante. Eu tive muita influência do meu pai, ainda que indiretamente, e vejo a influência da minha música nas coisas que o Mahal faz'".

No início era apenas uma ideia: fazer um disco de samba. Foi um processo em cadeia, que começou quando Luiz foi convidado a fazer, em 2006, um show de comemoração dos 70 anos do Teatro Rival. Ele optou por um repertório apenas de sambas de várias épocas, os clássicos. Para romper com o trauma. O espetáculo acabaria se chamando *Estação Melodia*, embrião da banda que também teria esse nome, só com instrumentos acústicos, um "regional", como eles diziam. Ângela Leal, dividindo-se entre a administração do teatro e um lugar na plateia como fã e espectadora, registrou o momento. "Esse show do Luiz foi espetacular. Ele estava em plena forma, dançando como ninguém, acompanhado de uma banda de craques. O público delirava."

Estes foram os craques do espetáculo: Renato Piau (violão de cordas de aço e náilon), Alessandro Cardozo (cavaquinho), Charles da Costa (violão de náilon), Rodrigo de Jesus e Netinho (percussão), Humberto Araújo (sax) e Silvério Pontes (trompete). Humberto se lembra da chegada de Silvério ao grupo, e de que eles se tornariam amigos e compadres, cada um batizando o filho do outro. Ele ainda se orgulha do grupo: "Foi um momento importante para todos nós. O Luiz estava maduro, no auge. Viajamos muito, fizemos um show antológico em Garanhuns, Pernambuco. E as viagens internacionais? Eu me amarrei em Lisboa e criei laços em Portugal".

O caçula dessa turma era Alessandro Cardozo, que tinha tocado com Luiz, anos antes, em um show em Niterói onde estavam também Silvério Pontes e Zé da Velha – eventualmente com o baterista Netinho. Alessandro tinha estudado cavaquinho com Mauro Diniz, filho de Monarco da Portela, e lembra um dia especial, quando ele, Silvério e Zé foram à casa de Luiz e Jane, ainda nos tempos do Jardim Botânico, conhecer e ensaiar o novo repertório. "Lembro que fomos muito bem recebidos pelo casal. Era o início de uma forte amizade, que se prolongaria por anos. Nesse primeiro ensaio musical, o Luiz demonstrou interesse em fazer um show e gravar um disco com a formação acústica que estava sendo criada. Ele e o Silvério desenvolveram a ideia."

O porteiro do Rival, Ângelo, lembra que Luiz tinha um tio chamado Oswaldino Melodia, que era seu vizinho em Padre Miguel, uma figura rara, irmão do pai, Oswaldo, que estava sempre vestido de terno e gravata. Um dia Luiz convidou o tio para assistir ao seu show no Rival. "Seu Oswaldino trouxe várias filhas e sobrinhas junto com ele, a turma do São Carlos. Alugou uma Kombi para fazer o transporte. Chegaram com tudo, o Luiz reservou uma mesa grande e todos se acomodaram. Foi uma festa, eles cantaram e se divertiram. No final, Luiz pagou toda a despesa deles. Seu Oswaldino está na capa do disco *Maravilhas contemporâneas*."

Um dia, Luiz e Jane se atrasaram e saíram de casa, em São Conrado, quase na hora de começar o show no Rival. Segundo Ângelo, foi uma surpresa. "Naquele momento tinha um engarrafamento enorme no caminho, entre São Conrado e o centro da cidade. Sabe o que ele fez? Pegaram um mototáxi e vieram assim, na garupa do motoqueiro, ele e a Jane, até a Cinelândia." Ângelo lembra uma conversa séria com Luiz, que naquele dia estava abalado por causa de um confronto entre traficantes do São Carlos e da favela do Fallet, no Rio Comprido. "O Luiz estava muito triste, pois alguns amigos dele morreram no tiroteio. No show dessa noite ele falou das mortes e cantou uma música extra: 'Gente humilde', de Vinicius de Moraes, Garoto e Chico Buarque."

Era um show de samba. Depois dessa experiência, Luiz desejou mais samba e música acústica. E assim foi nascendo o projeto Estação Melodia, com a adesão de novos músicos, até que foi formado um sexteto. Dessa experiência surgiram um CD, um DVD (ambos produzidos pelo saxofonista Humberto) e, em 2008, um programa especial da MTV, com o mesmo nome, *Estação Melodia,* que a revista *Rolling Stone* tratou com as seguintes palavras: "Devido ao ótimo resultado da experiência da Estação Melodia, surge este Especial MTV, gravado ao vivo. Incluindo dez músicas daquele CD e outras oito escolhidas especialmente para o novo projeto, o disco também apresenta quatro composições do artista carioca: a inédita 'Sem hora para voltar', 'Fadas' (antes gravada por Elza Soares) e seus *standards* 'Estácio, eu e você' e 'Estácio, holly Estácio'. Clima informal de roda de chorinho e samba, com a deliciosa voz de Melodia encaminhando tudo com categoria. E pensar que esse cara já foi rotulado como maldito. A maldição, se é que existiu, foi para bem longe". O artigo era assinado por Fabian Chacur.

O CD desse projeto, que saiu pela gravadora Biscoito Fino, tinha catorze faixas, com clássicos de Cartola, Geraldo Pereira, Ismael Silva, Jamelão e algumas faixas de autores de estima, como o pai, Oswaldo ("Não me lembro à toa"), e o parceiro Renato Piau ("Choro de passarinho"). Como dizia Leo Gandelman, "a assinatura que Melodia imprime às canções é tão particular que passa ao ouvinte a nítida impressão de coautoria".

Para Alessandro Cardozo, não poderia existir escola melhor para a formação de um músico. "Foi algo muito rico. Eu comecei ainda menino a tocar com essas feras. Foram mais de dez anos. O Luiz e a Jane diziam que eu era o filho branco deles. E eu me sentia parte daquilo. Foram muitas viagens internacionais, shows com casas cheias."

Alguns amigos fizeram comentários no ouvido dele, outros foram mais enfáticos, e Luiz Melodia resolveu prestar atenção na cantora Heloísa Helena, a Helô, uma loura tijucana de voz grave que teve a ideia de gravar um CD exclusivamente com músicas dele. Ela era fã e sempre quis conhecê-lo. Então decidiu, como estratégia, gravar uma demo com algumas canções e enviar para ele, que respondeu afirmativamente: "Ela pode gravar o disco, tem um timbre de voz que combina com a minha música". Ela vibrou com a deferência e partiu para a produção; escolheu dez músicas e contratou o Estúdio Hanoi, do baixista Arnaldo Brandão, em Botafogo. Nas gravações, contou com o auxílio luxuoso de Cachorrão e Nelsinho Laranjeiras (arranjos), Roberto Menescal, Renato Piau e o baixista Novelli, este ligado ao Clube da Esquina. Heloísa lembra como tudo aconteceu. "Eu estava no estúdio esperando para conhecer o Melodia. Ele chegou, passou por mim na varanda, disse um oi e entrou. Alguém ao meu lado falou: 'Helô, este é o Melodia'. 'Eu sei, eu sei', respondi, e também entrei no estúdio. A reação dele foi exemplar. Me olhou surpreso e exclamou: 'Caramba, pensei que você fosse como eu, com essa voz grave. Você é branca de voz negra'."

Houve um certo constrangimento nessa hora, por causa do reencontro de Luiz com Roberto Menescal, seu desafeto desde a gravação do primeiro disco. Heloísa percebeu e tratou de, digamos, aparar as arestas. O disco *Acreditar – Heloísa Helena canta Luiz Melodia* saiu pelo selo Guitarra Brasileira, de Renato Piau. Heloísa era apresentada como afilhada musical de Luiz Melodia, que participou cantando na faixa "Pérola negra". Depois disso, ele sempre fez questão de aparecer nos shows dela, disposto a dar uma canja, como aconteceu uma noite no Bar do Tom e outra na gafieira Elite.

Em 2007 aconteceu em São Paulo o show de lançamento do disco *Estação Melodia,* exatamente no dia da Independência, 7 de setembro, mais uma vez no Sesc Pinheiros, seu palco frequente. O show foi chamado de "saudosista" pelo caderno de cultura do jornal *O Estado de S. Paulo*. No repertório, apenas uma música de sua autoria: "Nós dois", parceria com Renato Piau. No mais, tinha samba de Cartola, Noel Rosa, Jamelão e Geraldo Pereira. O jornal disse também: "Foi o resgate desse passado que Melodia buscou no disco, todo dedicado ao pai. Compositor de 'Maura', gravada por Luiz em 1991, quando ele já havia falecido, Oswaldo aparece na voz do filho em duas canções: 'Não me quebre à toa' e 'Linda Tereza'. 'Dedico esse disco todo a meu pai, com dois sambas dele. Ele era louco pra gravar alguma coisa comigo, o que acabou não acontecendo porque ele faleceu. É aquela coisa, você idealiza que os pais vão viver para sempre, mas não é assim', diz, emocionado".

Nesse clima saudosista, Luiz Melodia relata ainda a decepção pelo fato de o morro carioca onde foi criado ter sido dominado pelo tráfico, em um clima bem diferente do de sua infância. "Hoje lá não está flor que se cheire."

Em 2008, um projeto fora da curva, um espetáculo gravado na Cidade do Samba, no Rio, no qual Luiz cantou em dupla com Seu Jorge. Os dois interpretaram "Diz que fui por aí", samba clássico de Zé Kéti e Hortêncio Rocha. O resultado foi o lançamento do show em CD e DVD, sob o título *Cidade do samba*, com apresentação de Ricardo Cravo Albin, pesquisador e estudioso da MPB.

No mesmo ano, uma participação no Festival de Montreux, onde Luiz se fez acompanhar por uma banda de nove músicos, agora incluindo Rodrigo Braga (piano), Elcio Cáfaro (bateria) e Aloísio Vera (contrabaixo). Além dos músicos, a equipe sempre incluía um *rodie* e/ou um técnico de som, no caso Roney Pires. Era o grupo Estação Melodia, cujo show homônimo ficou anos em cartaz. Luiz se apresentou no palco principal, o Auditório Stravinski. Mais uma produção de Daniel Rodrigues, que viajou com o grupo.

De Montreux eles seguiram de ônibus para a Alemanha, mais precisamente para o Festival de Tübingen, no qual Luiz se apresentou apenas com um trio: Piau, Charles da Costa e Alessandro Cardozo. Os outros músicos voltaram para o Brasil. Eles ficaram hospedados no hotel Fortuna, na bucólica cidade, famoso centro universitário que já tinha recebido músicos brasileiros no mesmo festival: Maria Rita, Alceu Valença, Elba Ramalho, Gal Costa e Djavan, entre outros.

Foi quando Luiz se amarrou no que chamava de "interior da Alemanha". Ele, Jane e Mahal ficaram quase vinte dias curtindo a região, sem fazer nada.

Na mesma excursão, mais três shows na Alemanha, em Colônia, Hamburgo e Berlim, onde ficaram hospedados no Premier Hotel. Ali Renato registrou uma cena curiosa: encontrou Melodia em um bar próximo ao hotel, tentando se entender com a *bartender*, sem sucesso. "O Luiz estava querendo um 'choro' do chope, mas a mulher não entendia a lógica. O Luiz falava repetidamente, 'um chorinho, um chorinho'."

Era um contrato de *superstar*, mas, no caso dele, sem muito exagero. A produção aceitou a lista de exigências do artista principal para o camarim, considerada bastante modesta: flores do campo; água quente e sachê de chá de hortelã; açúcar e adoçante; cerveja Brahma; refrigerantes; água mineral; cesta de frutas; tábua de queijos e frios; salgados; pratos, talheres e guardanapos; geladeira; espelho de corpo inteiro; duas toalhas de rosto e uma toalha de banho (todas brancas). No contrato detalhado, a produtora do contratante, a empresa Cinema Negro, informava à empresa contratada, a Melodia Produções e Edições Musicais, que estava providenciando passagens aéreas para três pessoas do Rio a Berlim, sendo duas na classe executiva e uma na econômica. Disponibilizaria também um carro de luxo de quatro portas com motorista – e uma pessoa com ferro e tábua para passar as roupas no camarim.

Houve também um show em Paris, de uma só noite, no qual também se apresentaram Ed Motta, Delia Fischer, Geraldo Azevedo e Wagner Dias, o Wagão. Para tocar com Luiz estava originalmente escalado o guitarrista Perinho Santana, que acabou desistindo em cima da hora. Para substituí-lo, foi chamado Renato Piau, que se incorporou ao grupo. Na produção executiva, em vez de Jane, estava o superativo Guto França. Eles tocaram na Cidade da Música, em uma grande noite brasileira, com todos no palco.

Em outubro de 2008, mais uma morte para abalar o ânimo de Luiz: vítima de câncer, morreu no Rio o sambista Luiz Carlos da Vila, amigo e parceiro. Era da ala de compositores da escola de samba de Vila Isabel, um dos autores do samba-enredo "Kizomba, a festa da raça", que ajudou a escola a ganhar o título do Carnaval de 1988. Curiosamente, o xará Luiz Carlos era casado com uma moça chamada Jane. Era dele uma frase criativa que Luiz apreciava particularmente: "Luiz Melodia, o gato que late, o cachorro que mia".

Em novembro de 2009, aproveitando um show em São Paulo, onde se sentia em casa, Luiz convidou a irmã Marize para acompanhá-lo. Ele gostava de estreitar periodicamente os laços de amizade com as irmãs. Procurava estar sempre junto delas nas datas significativas, Dia das Mães, Páscoa, Natal. Dessa vez era um show apropriadamente chamado de "Estácio, eu e você", que foi apresentado em várias cidades brasileiras. Os irmãos passeavam pela cidade quando Marize sentiu-se mal na rua e Luiz resolveu encaminhá-la a um hospital, onde ficou constatada a gravidade do incidente: era um AVC, de fortes consequências. Marize permaneceu internada por duas semanas, com todo o atendimento médico, mas veio a falecer no dia 4 de dezembro. Luiz sentiu o golpe mais uma vez na sua fileira de adversidades.

Em seguida – porque o show tem que continuar –, mesmo abalado emocionalmente, Luiz fez curta temporada no SESI de São Paulo, ao lado do amigo Naná Vasconcelos, o mago da percussão.

Em julho de 2010 aconteceu uma apresentação no Brazilian Summer Sessions 2010, em Amsterdã, na Holanda, cidade por eles considerada "libertária" por causa das drogas e dos costumes. O grupo se hospedou no hotel Mövenpick, num prédio moderno no centro histórico da cidade. Da janela do seu quarto, no décimo quinto andar, Luiz tinha uma visão panorâmica de um lugar relativamente pequeno para a sua importância histórica.

Para eles, foi um desconforto ver no saguão do hotel, lotado, o Brasil de Dunga ser desclassificado pela Holanda na Copa da África do Sul: 2 x 1. Alessandro Cardozo, o cavaquinista, estava de olhos fixos na televisão. "Tivemos que assistir à festa holandesa com caneca de cerveja na mão e ficar calados, pois todos no ambiente sabiam que éramos brasileiros. Estávamos com a camisa amarela da seleção, menos o Renato Piau, que apareceu vestindo uma camiseta laranja, da Holanda. Foi zoado por todos."

À noite, não se falava mais nisso. E o show aconteceu no Bimhuis, um conceituado espaço de jazz da capital holandesa, com casa cheia e muita vibração. Eles adoraram Amsterdã.

Em seguida, um novo show em Lisboa, que o jornal *Diário de Notícias* chamou de "visita relâmpago do carioca Luiz Melodia". Mais um sucesso, dessa vez no Teatro Villaret.

No mesmo ano aconteceu um show em Buenos Aires com Renato Piau (violão), Alessandro Cardozo (cavaquinho) e Charles da Costa (violão). Foi uma noite de casa cheia e muita animação.

Na volta ao Rio, Luiz participou do programa *Altas Horas*, de Serginho Groisman, na TV Globo, em homenagem ao aniversariante Erasmo Carlos, que completava 69 anos. A produção do programa conseguiu manter em sigilo, longe do ouvido do homenageado, a festa que estava para acontecer nos estúdios do Projac. Anunciou menos da metade do que realmente aconteceu. O primeiro convidado da noite era Luiz Melodia, que cantou "Minha fama de mau", um clássico da jovem guarda. Ele estava realizando um sonho antigo, pois Erasmo era seu ídolo desde o início. Depois, Adriana Calcanhoto cantou "Gatinha manhosa". E ainda: Frejat, Paula Toller, Sandra de Sá e outros. A grande surpresa da noite foi Maria Bethânia, que chegou realmente de surpresa e cantou duas músicas com Erasmo, inclusive "Sentado à beira do caminho", outro clássico. Foi uma festa de arromba.

Eles voltariam ao Festival de Montreux em 2012, tocando na mesma noite com Adriana Calcanhoto e Cidade Negra. Mais uma vez, contrato fechado pelo empresário Daniel Rodrigues, que estava sempre por perto. Daniel criou um evento para comemorar os 40 anos de carreira de Luiz. Em se tratando de *marketing*, funcionou. "Eu já tinha feito algo parecido com o Gil. Depois, foi uma série de shows pela Europa com o Luiz encantando as plateias. Foi um grande acontecimento na carreira dele, que continuava fazendo sucesso – agora em palcos internacionais."

Em julho, ele estava no Festival de Jazz de Copenhague, com Milton Nascimento e a cantora e pianista Eliane Elias, que apresentou dois shows, um com o seu quarteto e outro chamado *Eliane canta Jobim*. No sofisticado catálogo do festival (um pequeno livro com 150 páginas muito bem ilustradas), os músicos brasileiros eram apresentados com pompa e circunstância. Eliane Elias foi lembrada por seu disco de 2007, *Eliane sings and plays Bill Evans*. Milton foi identificado como "o mais expressivo músico brasileiro da atualidade" e Luiz como um novo talento, "um herdeiro de Jorge Ben". Eles estavam ao lado de astros de primeira grandeza, como Miles Davis, Wayne Shorter e Caroline Henderson.

Na apresentação em Copenhague, Renato Piau teve um momento de glória, quando, no final do seu solo, foi aplaudido de pé por prolongados minutos, o suficiente para sentenciar: "Foi a maior reação que tive de uma plateia na minha carreira de músico".

Eles voltavam de Copenhague e seguiam para Lisboa, mas tinham uma escala prolongada em Barcelona, onde teriam que ficar (muitas) horas aguardando o voo da noite. Luiz, Jane, Piau, Tony, Alessandro e o técnico de som, Roney, passaram o dia no mercado da cidade, onde foram com a intenção de comer uma autêntica *paella valenciana*, sugestão de Piau, que lembra do imprevisto do dia: "Depois de passarmos horas comendo presunto pata negra e bebendo vinho, pedimos duas *paellas* apenas. Como éramos quatro pessoas, e os quatro comeram, o restaurante cobrou quatro *paellas*. Eu fiquei foi furioso".

De volta ao Brasil, um show marcado para o Teatro Raul Cortez, em Duque de Caxias, na Baixada Fluminense. O evento foi motivo para uma entrevista dupla, de Luiz (LM) e Renato Piau (RP) ao blogueiro Jefferson Santos, no dia 20 de junho de 2011. A mesma pergunta valia para os dois. Um trecho da brincadeira:

**O que mais lhe dá prazer em fazer?**
RP: Tocar, compor, é muito prazeroso pra minha alma.
LM: Depois da música, cinema, se eu não cantasse iria atuar, fazer um curso, sei lá, ou senão seria jogador de futebol, ou até estilista, gosto muito de moda.

**Qual sua maior inspiração?**
RP: As mulheres e a natureza são minhas maiores fontes de inspiração.
LM: O cotidiano, sabe, sou de família humilde.

**Cantor?**
RP: Luiz Melodia
LM: Emílio Santiago.

**Sai à noite?**
RP: Já saí muito, hoje não mais, sou noveleiro.
LM: Agora não, por causa do assédio, na mocidade saía muito.

**Um desejo.**
RP: Continuar trabalhando na música.
LM: Conhecer o Marrocos. Já fui à Europa, mas ir ao Marrocos é um dos meus desejos.

Depois, aconteceu uma segunda apresentação deles em Luanda, com Geraldo Azevedo e banda, também a convite de Raimundão. Desse evento foi extraído um CD com apresentações ao vivo e sem fins comerciais. Na opinião de Piau, foi uma viagem às origens. "O Luiz circulava com vivacidade em Luanda, interessado em tudo. Nesses dias deu pra perceber que o Raimundão era uma figura importante na cidade. Ele tinha uma casa magnífica, onde ficamos hospedados."

Antes do fim do ano, exatamente no dia 1º de dezembro, mais uma notícia capaz de abalar o clã dos músicos: morreu no Rio o guitarrista Perinho Santana, que muitas vezes trabalhou com Caetano e Gil, mas que acompanhou Melodia por muito tempo. Eram amigos fraternos. Perinho estava internado no Hospital da Lagoa para tratamento de leucemia quando teve uma parada cardíaca. Luiz tinha um show marcado para aquela noite, mas passou com Jane no velório no Cemitério São João Batista, onde deixou flores para o amigo.

Houve uma terceira viagem a Luanda, também em 2013. Foi um evento de cinema, no qual o homenageado era o ator Lázaro Ramos. Luiz estava acompanhado da banda Estação

Melodia, mais o técnico de som Roney e o produtor Guto França. Do mesmo evento participaram as atrizes Maria Ceiça e Neusa Borges, do elenco das novelas da Globo. Para Luiz Melodia, foi uma decepção nunca compreendida, pois a suntuosa sala de espetáculos onde eles foram tocar estava praticamente vazia. No dia seguinte, foram almoçar na casa da embaixatriz, onde passaram horas agradáveis, para compensar.

Nesse mesmo ano, no dia 5 de dezembro, morreu Nelson Mandela, líder sul-africano, símbolo da luta contra o *apartheid*, ou seja, contra o preconceito racial. Nesse caso, comoção internacional.

Em maio de 2014 aconteceu um show em Bogotá, na Colômbia, naquela que seria a última viagem internacional de Luiz Melodia. Foi no Teatro Jorge Eliécer Gaitán. A publicidade do show, em formato de folheto colorido e de boa qualidade gráfica, informava em espanhol que "conceitualmente, *Estação Melodia* é uma imersão estética e temática no samba dos anos 1930, 1940 e 1950. O que não exclui canções de décadas posteriores, que aqui ganham o tom sonoro 'daquele tempo'". Em letras destacadas: "Los mejores artistas de Brasil em Bogotá".

Um episódio curioso e emblemático aconteceu quando um empresário quis saber se Luiz poderia viajar sozinho para a Europa, sem Jane (com o indisfarçável propósito de baratear a viagem). Ele respondeu: "Você precisa entender que eu sou convidado dela, que é a minha empresária".

A essa altura, Luiz Melodia era um nome consagrado na música brasileira, apesar de muitas vezes ele próprio duvidar disso. Na verdade, sentia-se desconfortável nesse *ranking*, pois comungava da opinião quase generalizada de que era um injustiçado. Para equilibrar esse quadro, uma conquista indiscutível: foi escolhido para figurar no *Dicionário Cravo Albin da música popular brasileira*, um prestigiado compêndio do que existe de melhor no setor, com direito a ficha técnica completa. Os critérios eram de Ricardo Cravo Albin, o apresentador do show na Cidade do Samba, que sempre foi levado a sério pelos músicos como pesquisador da MPB. Figurar no seu dicionário era sinônimo de prestígio.

No verbete dedicado a Luiz Melodia, Albin desfila as credenciais que alçaram o artista ao patamar de clássico da MPB: "foi um exemplo não apenas de talento, mas de resistência, ao sair da miséria absoluta do morro de São Carlos para ganhar os holofotes do mundo. Comovedor..."

Para o pesquisador Euclides Amaral, assistente de Ricardo no Instituto Cravo Albin, o poeta do São Carlos tinha uma característica marcante: "O Melodia tinha muita poesia, que é a minha praia. Além disso, era um músico competente e original. Não é para qualquer um. Sempre fui seu admirador".

A seguir: Luiz Melodia diante das câmeras. Ação!

## 13

# CINEMA FALADO
## Na frente das câmeras

**Ainda não foi dito,** mas a verdade é que o artista Luiz Melodia era também um talentoso mímico e um versátil imitador. Suas imitações do compadre Dro e de Caetano Veloso (cantando "Magrelinha") eram hilariantes. O mesmo acontecia com o apresentador de televisão Marcelo Rezende, popular naqueles dias, cujo bordão ("Corta pra mim") Luiz usava sempre que queria falar alguma coisa. Sua dança-imitação de James Brown também era de arrepiar, com movimentação frenética dos pés, ao som dos refrões:

**GET UP, (GET ON UP)**
**GET UP, (GET ON UP)**
**STAY ON THE SCENE, (GET ON UP),**
**LIKE A SEX MACHINE**

Notável também era a sua imitação do cantor Jerry Adriani, cantando:

**DOCE DOCE AMOR**
**ONDE TENS ANDADO**
**DIGA POR FAVOR [...]**

Jane lembra uma brincadeira recorrente, em âmbito doméstico, na qual Luiz tentava imitar João Donato ou Tom Jobim cantando "Fim de sonho", de Donato, em tom grave:

**VOCÊ CHEGA TÃO FELIZ E SEMPRE**
**COMO QUEM NÃO VÊ**
**QUE O DIA NÃO É MAIS TÃO CLARO**
**COMO A GENTE QUER**
**EU DESLIGO E PENSO EM OUTRA HISTÓRIA**
**UMA HISTÓRIA QUE JÁ NEM SE VÊ**
**MAS O DIA JÁ NÃO É TÃO CLARO**
**COMO A GENTE QUER**
**ACONTECE QUE A NOITE AGORA**
**JOGA O VÉU**
**JOGA O VÉU**
**E EU SINTO COMO SE ESSA NOITE**
**FOSSE UM CLARO DIA ABERTO CÉU**
**NOVAMENTE EU CHEGO NA JANELA**
**VOCÊ VEM E DIZ QUE JÁ NÃO QUER**
**OUTRO DIA TÃO ESCURO AGORA COMO A GENTE VÊ**

"Ele amava essa música. Queria cantar como Jobim ou Donato, naquela entonação de quem toca piano. Era muito engraçado ouvir ele tentando, nunca dava certo."

Trabalhar como ator nunca foi assunto remoto na cabeça de Luiz Melodia. Afinal, ele se sentia estimulado a seguir os passos de Jards Macalé, que no filme *Tenda dos milagres*, de Nelson Pereira dos Santos, viveu o poeta negro Pedro Arcanjo, um intelectual do morro nascido da imaginação de Jorge Amado. Viveu e convenceu. O amigo Torquato Neto tinha sido ator em filmes amadores de Ivan Cardoso, na bitola super-8, participando de *Nosferato no Brasil*, ao lado de Scarlet Moon e do jornalista Daniel Más. Além disso, seu guru dos tempos idos, Waly Salomão, interpretou o poeta barroco Gregório de Matos, baiano como ele, em um filme homônimo de Ana Carolina. O filme foi realizado em 2003, mesmo ano da morte prematura de Waly por causa de um tumor no intestino.

Foi tudo muito rápido. De repente, Waly virou estrela. A saída de cena do seu principal incentivador foi muito sentida por Luiz, que mais uma vez acusou o golpe. "Perdi uma pessoa importante, um aliado de primeira hora. O Waly era um poeta de cabeça aberta e muito criativo, uma espécie de dínamo."

É bom que se diga que, no caso de Luiz, os convites de cineastas eram para fazer pontas em filmes, com participações apenas periféricas no enredo. Nada muito pretensioso, mas bastante construtivo e um bom exercício para a criatividade.

Luiz, é claro, gostava de ver filmes em casa, na TV, ou até mesmo no cinema, mas com menor frequência, pois o assédio era grande e ele mal conseguia transitar em lugar público sem ser abordado. Um filme de sua preferência dos tempos modernos: *Golpe de mestre*, com Robert Redford e Paul Newman. Seus atores favoritos: Juliette Binoche e Morgan Freeman. Mas ele dedicava especial atenção ao cinema brasileiro, particularmente a Grande Otelo, Ruth de Souza, Zezé Motta e Fernanda Montenegro. O nome de Matheus Nachtergaele pode ser incluído nessa lista.

No caso de Luiz, suas três grandes produções como ator aconteceram muito próximas uma da outra, começando em 2004 com o convite para viver o pescador Massu quando velho (Seu Jorge era Massu quando moço) no roteiro de Elena Soares para o filme *Casa de areia*, dirigido por Andrucha Waddington e estrelado por Fernanda Montenegro e Fernanda Torres. Andrucha diz: "A primeira ideia do roteiro foi de Luiz Carlos Barreto, o Barretão, que viu no Ceará a foto de uma casa coberta pelas dunas. O dono do bar contou a história para Barreto, que depois, na saída de uma festa, falou que eu devia fazer um filme com esse argumento. Não dei muita importância, mas cheguei em casa e sonhei com a história. Eu tinha assistido recentemente ao filme *A mulher da areia*, de Hiroshi

Teshigahara, que adorei. Resultado: meu sonho misturou as duas histórias. Chamamos a roteirista Elena Soares e ficamos quase um ano trabalhando no roteiro. É um filme não convencional, no sentido de que usamos as imagens como diálogos".

Além deles, estão no elenco Stênio Garcia, Henrique Diaz e os músicos Jorge Mautner e Nelson Jacobina, que interpretam dois cantadores do sertão, um tocando violino e o outro, violão. Nos letreiros iniciais, os créditos trazem o nome de Luiz Melodia logo depois das Fernandas. Depois, Ruy Guerra (o marido Vasco), Emiliano Queiroz e Haroldo Costa. A trilha sonora é de João Barone, músico do grupo Paralamas do Sucesso.

O filme abre com a profusão de dunas do cenário natural dos Lençóis Maranhenses. Algumas cenas foram filmadas em Santo Amaro, no Maranhão. Ambientada em 1910, a história conta a saga de mãe e filha, levadas pelo visionário marido da primeira para uma aventura. A primeira aparição de Luiz na tela acontece na segunda metade do filme, cujo enredo é contado em *flashback*. No total, foram oito semanas de filmagens, com o sol a pino. Andrucha lembra as preliminares: "O Luiz era uma figura doce, foi muito bom trabalhar com ele. Na leitura do texto, ele foi tranquilo, mas ficou tenso no início das filmagens, ao chegar na locação, à beira do parque dos Lençóis. Ele se perguntava: 'Será que vou conseguir?' Mas, depois da primeira cena, ele relaxou. Afinal, o cantor também é um intérprete, uma espécie de ator muito especial".

A crítica se manifestou elogiando e condenando o filme, sem unanimidade, como a revista *Época*, que fez o seguinte comentário, assinado por Mariane Morisawa: "Tecnicamente bem-feito, o filme de Andrucha Waddington desperdiça Fernanda Torres e Fernanda Montenegro com aridez nas emoções". Elogios, porém, para a fotografia "notável" de Ricardo Della Rosa.

O americano *The New York Times* elogiou o filme, exibido em Los Angeles e Nova York. O jornal classificou-o como "adorável". O artigo, assinado pelo jornalista A. O. Scott, dizia que, assim como as mulheres do filme, você vai se acostumando com a paisagem e começa a apreciar a beleza: "A terra tem tanta presença no filme que quase adquire o *status* de personagem da trama". O jornal *Folha de S.Paulo* ocupou-se em levantar as agruras enfrentadas pela produção. "Com orçamento de 8,6 milhões de reais, o filme teve como principais dificuldades o isolamento e o clima da região maranhense. Santo Amaro, com cerca de 2 mil habitantes, contava com apenas duas pousadas prontas. Outras duas em construção tiveram que ser concluídas pela equipe do filme, o pessoal da maquinaria. Foram alugadas trinta casas para abrigar o projeto, que tinha um contingente de cerca de duzentas pessoas." Andrucha explica melhor: "A gente tinha a possibilidade de ir para Barreirinhas, um polo mais desenvolvido, mas o senador José Sarney e sua filha Roseana, que tinham gostado do roteiro, nos aconselharam a ir para Santo Amaro. Parecia uma má ideia inicialmente, mas lá as dunas eram um estúdio para nós, sem a interferência do turismo".

O filme *Casa de areia* fez carreira em festivais e nas salas de cinema durante o ano de 2005, quando Luiz foi convidado a participar de uma nova produção. O convite partiu da diretora Lúcia Murat, cujo cinema político seguia a linha de sucesso iniciada com *Que bom te ver viva* (1989), com Irene Ravache. Lúcia voltava então a abordar temas atuais em *Quase dois irmãos*, a história de amigos de infância que se encontram na prisão, um ativista político e o outro traficante de drogas. Eles se unem para elaborar um projeto social em uma favela carioca. *Quase dois irmãos* mostra como essa relação se desenvolveu e o conflito estabelecido entre eles. Entre o conflito e o aprendizado, nasceu o Comando Vermelho, que mais tarde passou a dominar o tráfico de drogas no Rio de Janeiro. No elenco, os atores Brunno Abrahão, Werner Schunneman, Caco Ciocler, Flávio Bauraqui, Antonio Pompeo e Maria Flor. Participações especiais: Luiz Melodia e Marieta Severo. Trilha sonora de Naná Vasconcelos, com um detalhe: o cantor original da fita enviada para a produção teve de ser substituído em cima da hora. Sua interpretação – até por questões técnicas – não fora convincente, segundo a diretora. As gravações já tinham terminado e o filme estava em fase final de montagem quando resolveram pedir para Melodia interpretar a canção. Lúcia recorda: "Localizamos o Luiz em Salvador, onde ele gravou apenas a trilha da voz e nos mandou para a mixagem, sem nenhum instrumento. Ficou muito bom. Aliás, a convivência com ele durante as filmagens foi muito legal, desprendida, ele correspondeu ao trabalho".

O filme começa com Luiz em uma roda de samba no morro, no terreiro da comunidade, cantando uma canção de Cartola, acompanhado ao violão por Renato Piau:

**QUE ME VÊ SORRINDO PENSA QUE ESTOU ALEGRE
O MEU SORRISO É POR CONSOLAÇÃO
PORQUE SEI CONTER PARA NINGUÉM VER
O PRANTO DO MEU CORAÇÃO [...]**

A terceira experiência de Luiz como ator aconteceu em uma telenovela da TV Globo, também no ano de 2005. Infelizmente, não foi um projeto bem-sucedido enquanto folhetim popular. Houve um problema com a equipe original de criação, quando o roteirista Mário Prata teve que se afastar com problemas de saúde e a trama de *Bang Bang* ficou prejudicada. Sua equipe foi substituída às pressas, pois em televisão não se pode perdoar a baixa audiência. Carlos Lombardi foi chamado para comandar uma pequena equipe de quatro ou cinco roteiristas, encarregada do trabalho final. A direção-geral ficou a cargo de José Luiz Villamarim.

O folhetim permaneceu no ar por 173 capítulos (*Roque Santeiro*, por exemplo, teve 209 capítulos), no horário das sete, inaugurando o que a crítica chamava de "*western* feijoada", em contraponto ao "*western spaghetti*" do cinema italiano. Luiz Melodia interpretou Sam Smith, um pianista do cabaré onde se passava a trama. O ator Kadu Moliterno era Jesse

James e Evandro Mesquita, Billy the Kid. O titã Paulo Miklos também estava no elenco.

A trilha sonora de *Bang Bang*, lançada em CD, trazia músicas criadas e interpretadas pelos atores participantes da trama. Assim, Luiz Melodia compôs e interpretou "Nós dois", parceria com Renato Piau; Paulo Miklos, "Os dois no ar"; Evandro Mesquita, "Tempo de cowboy", tema do seu personagem Henaide. A letra criada por Luiz para a novela:

**NOSSO CARINHO VEM DE UM TODO**
**VEM DE UM NINHO AMARRADINHO**
**ERVAS VÊM SOLTAS, DANINHAS**
**AMOR, SOLIDIFICAR**
**FOI CRISTALINO DE DEUS**
**A SELEÇÃO DE NÓS DOIS**
**EU SENDO SEU FEIJÃO**
**E VOCÊ O MEU ARROZ** [...]

*Bang Bang* saiu do ar em abril de 2006 e foi substituída por *Cobras e Lagartos*, telenovela escrita por João Manuel Carneiro.

Nesse mesmo ano de 2006, Luiz teve uma participação no evento Bienal Favela Festa, no Circo Voador, que reuniu manifestações culturais de sessenta comunidades cariocas. Ele se apresentou ao lado de Elza Soares, cantando "Fadas" em ritmo de tango, com Renato Piau ao violão. Mr. Catra e MC Sapão eram as outras atrações. Foi uma festa das origens.

O ano marcou também a reeleição do presidente Luiz Inácio Lula da Silva, do Partido dos Trabalhadores, com mais de 58 milhões de votos. Foi também o ano em que um avião da Gol com 155 pessoas a bordo caiu em Mato Grosso depois de ser tocado na asa por um jatinho particular que seguia na direção oposta. Na música, a inglesa Amy Winehouse, queridinha e coitadinha de todos, lançava o seu segundo e último álbum, *Back to black*, um sucesso com mais de 12 milhões de discos vendidos. No dia 7 de julho morreu o guitarrista e produtor inglês Syd Barrett, um dos fundadores da banda Pink Floyd, da qual se afastara logo no início (1968).

Em 2009, além das viagens internacionais, aconteceu uma participação especial de Luiz no disco *Vagarosa*, da cantora Céu, integrante de uma nova geração de artistas. Ele cantou "Vira-lata", da própria Céu. O trabalho não dava trégua. Muitos shows relâmpagos pelo Brasil, que agora mobilizavam basicamente a ele e a Renato Piau. Quando fazia apresentações mais encorpadas, ao ar livre, em palcos grandes, a banda era requisitada.

No ano seguinte, "Magrelinha", gravada por ele em 1973, foi escolhida para integrar a trilha sonora da telenovela *Tempos Modernos*, da TV Globo. A novela ficou no ar durante quase todo o ano de 2010. Nesse caso, Luiz não precisou entrar em estúdio, pois a gravação original foi aproveitada. Outras músicas de outros autores participavam da trilha, cantadas por Caetano Veloso, Cássia Eller, Maria Rita, Wanderléa e Ney Matogrosso, entre outros. A direção-geral também era de José Luiz Villamarim. No elenco, Antônio Fagundes, Rejane Alves, Viviane Pasmanter e Felipe Camargo.

Em janeiro de 2011, uma saliência no cotidiano. Luiz resolveu comemorar em grande estilo seu aniversário de 60 anos. Com o apoio irrestrito de Jane na organização e no astral, ele passou dias fazendo uma lista de amigos que deveriam ser convidados. Anotou os nomes de próprio punho com caneta esferográfica em um caderno escolar: Regina Casé, Juliana Alves, Lázaro Ramos, Tony Tornado, Fernando Gabeira, Caetano Veloso, Emilio Santiago, Roberto Dinamite, Romário, Afonsinho, Dedé do Vasco, Deley do Fluminense, Edmundo, Liège Monteiro, Maria da Glória (Glorinha), Lenine, Sérgio Natureza, João Donato, Altay Veloso, Maria Gladys, Rubens Maia, Ângela e Leandra Leal, Ricardo Augusto, Ronaldo Bastos, Dro e Regina...

A festa foi na casa de São Conrado, em noite luminosa e musical. Ninguém tocou e ninguém cantou, apenas se divertiram e dançaram a noite inteira. O amigo Nelsinho, o sonoplasta, lembra que se divertiu bastante batendo papo com Frejat e Abel Silva. Na opinião de Jane, tudo saiu perfeito, foi a festa que ele desejava, todos os amigos da lista apareceram.

No mesmo ano, mais uma música escolhida para trilha da Globo: "Ela foi pro mar", de Ronaldo Bastos e Celso Fonseca, interpretada por Luiz Melodia. A música foi tema da telenovela *Insensato Coração*, dirigida por Dennis Carvalho, tendo no elenco Paolla Oliveira, Gabriel Braga Nunes, Deborah Secco e Lázaro Ramos. Ronaldo revela que a presença de Melodia no estúdio e na música foi marcante para consolidar a sua competência de músico. "Foi impressionante a dedicação dele. Pediu para ensaiar e se dedicou inteiramente, durante muito tempo, aos ensaios. Quando sentiu que estava pronto, pediu para marcar a gravação. Um profissional exemplar, ao contrário das lendas que existem sobre ele."

No dia 15 de julho, um show gratuito no Parque Municipal de Belo Horizonte. Era uma apresentação matinal, ao ar livre, às 11 horas, e ele estava ao lado da cantora mineira Dóris.

Na virada da década, a vida na casa de São Conrado estava definida e tudo funcionava bem. Eles subiam e desciam a colina e circulavam pela cidade com o novo Pajero, o carro favorito de Luiz. Do seu posto de observação, Jane cuidava da agenda e das viagens – e muitas vezes fazia o almoço. Celinha era o seu braço direito, capaz de cozinhar, lavar e passar. Ela ficou responsável por uma das principais "manias" do patrão: as camisas. Ela recorda: "Ele gostava de camisas muito bem passadas – e tinha várias. O mesmo cuidado com os *blazers*, tinham que estar muito bem passados. Eu fazia como ele queria, mas mesmo assim ele me zoava. Um dia, me mostrou duas árvores no quintal, uma florida, muito colorida, e a outra um bambuzal seco e caído. Ele me disse: 'Celinha, às vezes você chega aqui em casa como aquela árvore ali, florida e sorridente, e em outras como um bambu seco e desajeitado', apontando para o bambuzal. Ele era terrível".

Em janeiro de 2012, Luiz participou do programa *Sr. Brasil*, apresentado por Rolando Boldrin na TV Cultura de São Paulo.

Cantou "Pérola negra" e "Estácio, holly Estácio" acompanhado ao violão por Renato Piau e mais três músicos do grupo Estação Melodia: Alessandro Cardozo (cavaquinho), Charles da Costa (violão) e Humberto Araújo (sax). Estava discretamente vestido de branco, cabelos com *dreads* longos amarrados atrás na altura dos ombros. O estilo sertanejo de boa cepa exigia uma formação acústica, sem guitarras, para o novo regional de Luiz Melodia. Com um destaque apontado por Humberto Araújo, também arranjador: "Depois de tudo, vale destacar o papel de Renato Piau no trabalho amplo do Melodia. O Renato vinha há anos compartilhando do suingue de Tim Maia, do balanço. A escola do Renato é o que há de melhor no Brasil. O destino juntou os dois na fórmula consagrada de voz e violão. Quando a gente estava junto, virava um regional".

No mês seguinte, fevereiro, Luiz estava gravando o programa *Samba na Gamboa*, comandado por Diogo Nogueira, filho do seu grande amigo e ídolo João Nogueira. No cenário de um botequim carioca, Luiz estava acompanhado por Renato Piau e ritmistas da casa. Apresentou-se de cabelos curtos embaixo do chapéu de malandro e com um cavanhaque pincelado de fios brancos. Cantou com alma "Estácio, holly Estácio".

No simbólico dia 13 de maio, Luiz e Renato Piau foram recebidos no programa da amiga Angela Ro Ro no Canal Brasil. Naquele dia, a anfitriã abriu o programa *Escândalos* cantando um clássico de Maysa Matarazzo, "Eu sei que vou te amar", com Ricardo McCord ao piano. Em seguida, conversou com Luiz e Renato, sentados em banquetas próximas à cauda do piano. A conversa girou em torno das influências do pai e do morro de São Carlos. Luiz cantou a primeira música de sua autoria (em parceria com Sérgio Natureza), que foi gravada pela cantora Lena Rios no começo de tudo: "Garanto". Luiz estava vestido de forma casual, com camisa listrada de mangas curtas, óculos escuros, *dreads* longos e relógio no pulso. Essa apresentação foi editada, mais tarde, como um DVD de Angela, chamado também de *Escândalos*.

No mesmo ano, 2012, no Rio, mais um show no Teatro Rival, para o lançamento da caixa *Três tons de Luiz Melodia*, da Universal Music, com três álbuns gravados em três décadas diferentes: *Pérola negra* (1973), *Felino* (1983) e *Pintando o sete* (1991). Tudo em formato CD. No mesmo projeto já tinham sido lançados *Três tons de Erasmo Carlos*, *Três tons de Belchior* e *Três tons de Alceu Valença*. Para Ângela Leal, que recebeu Luiz em nome do Rival, a parceria estava consolidada.

Na vida pessoal, tudo fluía. Mahal já era um cantor de rap e Jane uma empresária em franca atividade. Ela continuava marcando shows, cuidando das viagens e da burocracia da empresa, a LM Produções. Celinha ajudava em tudo e já fazia parte da família. Crise, apenas quando ele se metia de galo e fazia Jane Reis rodar a baiana. Nada sério, pois, na essência, eles ainda continuavam apaixonados. Luiz circulava pela casa com uma camiseta branca onde se lia, em letras pretas bordadas:

**I BELIEVE IN GOOD PEOPLE**

Em seguida, mais precisamente em maio de 2013, Luiz participou como convidado do quarto disco solo do titã Sérgio Britto, lançado em setembro, chamado *Purabossanova*. Luiz e Sérgio foram ao estúdio do tecladista Bruno Cardoso, em São Paulo, gravar "Como iguais", música do titã que já tinha sido gravada anteriormente por Negra Li. Como era de se esperar, sempre mantendo a batida característica da bossa nova. Sérgio lembra o histórico de admiração por Melodia, que ele sempre considerou um dos maiores cantores brasileiros: "No início eu era fã, mas conheci o Melodia quando os Titãs estavam lançando o disco *Jesus não tem dentes no país dos banguelas*, ainda nos anos 1980. Ele era um dos muitos convidados para a noite de lançamento, na qual estavam Renato Russo, Jorge Ben Jor, Caetano, o Rio de Janeiro em peso. Nessa noite eu pude conversar um pouco com o Melodia. Depois teve um show nosso no Othon Hotel, em Salvador, onde ele estava hospedado. Ele foi nos ver e depois veio conversar comigo sobre "Go back", a música do Torquato Neto que nós gravamos por minha iniciativa. Quando comecei a produzir o meu disco, lembrei dele. E foi ótimo, pois ele era um superprofissional".

O produtor de Sérgio, o carioca Guilherme Gê, cuidou de tudo, marcou o encontro e ajudou Sérgio a receber os convidados, pois Luiz chegou acompanhado de Jane. Era o dia do trabalhador, 1º de maio. Para Gê, uma boa lembrança. "Jane, uma pessoa muito querida, nos recebeu muito bem. O Luiz, logo de cara, falou: 'Podem me produzir, estou aqui para fazer o que vocês acharem melhor'. Esta frase, para um produtor, soa como uma mágica, caminho seguro para uma gravação com cem por cento de êxito. Foi o que aconteceu. Foi tudo rápido, três *takes* diferentes, um melhor do que o outro, foi difícil escolher a melhor versão."

Houve um momento, ainda no estúdio, em que Sérgio pediu para Luiz gravar um *scat sing* – aquele tipo de vocalização sem palavras, muito usado por cantores de jazz como solo de voz. Diz Guilherme: "Foi incrível esse momento. Ficamos todos de queixo caído com a fluência dos improvisos do Melodia, fazendo um trabalho de verdadeiro improvisador de jazz". Ele e o Sérgio cantaram:

**EU PROCURO UM LUGAR**
**UM LUGAR ONDE FOR**
**EU PROCURO UM LUGAR**
**NO LUGAR ONDE ESTOU**

**EU PROCURO UM LUGAR**
**UM LUGAR POR AÍ**
**UM LUGAR ONDE ENTRAR**
**SEM PRECISAR PEDIR**

**UM LUGAR ONDE TODOS ESTÃO ONDE ESTÃO**
**PORQUE TODOS ESTÃO QUANDO ESTÃO PRESENTES**
**UM LUGAR ONDE TODOS SÃO SÓ O QUE SÃO**
**PORQUE SENDO O QUE SÃO, TODOS SÃO SIMPLESMENTE [...]**

Em julho, um trabalho interessante do ponto de vista profissional, pessoal e cultural. O Sesc Vila Mariana, dentro do projeto *Com a palavra*, reuniu no mesmo palco o talento de Luiz Melodia e do ex-Titãs e agora Tribalista Arnaldo Antunes. O espetáculo foi gravado pela SescTV para ir ao ar meses depois. Para a TV, eles também gravaram depoimentos lado a lado, falando da amizade e admiração mútuas. No repertório do show, clássicos de ambos e de Getúlio Côrtes, Roberto e Erasmo Carlos. A direção-geral foi de Daniela Lombardi, que optou por abrir a noite com ambos cantando "Congênito":

**SE A GENTE FALASSE MENOS**
**TALVEZ COMPREENDESSE MAIS**
**TEATRO, BOATE, CINEMA**
**QUALQUER PRAZER NÃO SATISFAZ […]**

A revista *Época* registrou o evento: "O mais interessante do encontro é exatamente o fato de que os artistas vêm de correntes muito diferentes da música brasileira. A mistura de rock e poesia concreta de Arnaldo Antunes deve ganhar nova ressonância diante da musicalidade das composições de Luiz Melodia, que lançou este ano uma caixa com três álbuns, incluindo o clássico *Pérola negra* (1973)".

O ano de 2013 foi marcado pela tragédia da boate Kiss, que vitimou mais de duzentos jovens na cidade gaúcha de Santa Maria, e pelas primeiras prisões de políticos acusados de corrupção no caso Mensalão, como os dirigentes petistas José Dirceu e José Genoino. Para Luiz, o ano terminava com a perspectiva de um novo disco, que estava sendo bolado (hoje se diria criado, pois bolado é outra coisa) por Jane Reis e Líber Gadelha. Como Luiz mesmo dizia: "Já é tempo de apresentar um novo trabalho".

## 14

# O RECOMEÇO
## Eterno como o universo

**Zerima, o último disco gravado** e lançado por Luiz Melodia, retomava a brincadeira de inverter as sílabas do nome das pessoas. Um anagrama. Nesse caso, a irmã Marize era a inspiração. Algumas vezes, quando perguntado sobre o significado da palavra, ele dizia, brincando, que "zerima é uma flor que existe no deserto da África".

Seu décimo terceiro álbum de estúdio, agora novamente com o selo Som Livre, foi gravado em 2013 e lançado no ano seguinte. Fazia treze anos que ele não lançava um disco de inéditas. Com catorze faixas, este trazia algumas parcerias estimadas pelo autor, como "Caindo de bêbado", com Rubia Matos, a amiga do Estácio, e "Leros e leros e boleros", de Sérgio Sampaio, além de duas parcerias com Ricardo Augusto. Luiz gravou também "Maracangalha", de Dorival Caymmi, "Nova era", de Dona Ivone Lara e Délcio Carvalho, e "Sonho real", parceria com Renato Piau. Devolvendo a honra de ter participado do disco *Vagarosa*, da cantora Céu, no qual cantou "Vira-lata", ele a convidou para registrar em dueto "Dor de Carnaval", a segunda faixa do CD.

Luiz estava no estúdio Casa do Mato, no Rio, cercado de músicos de grande competência, compondo várias formações de acordo com cada faixa e estilo musical: Jurim Moreira (bateria), Luiz Maia (baixo), Luiz Meira (violão e guitarra), Marcos Suzano (percussão), Julinho Teixeira (piano e clarinete) Marlon Sette (trombone), Diogo Gomes (trompete) e Humberto Araújo (sax). As fotos de Melodia na capa e no encarte do CD são de Daryan Dornelles.

O catarinense Luiz Meira, que também fazia parte da banda que acompanhava o trio Sá, Rodrix e Guarabyra (que considera Meira o "George Benson da guitarra brasileira"), destaca uma notória qualidade do músico Melodia: "A capacidade dele de circular por todos os estilos musicais, a complexidade do seu horizonte musical". Meira, que atualmente trabalha com Gal Costa e mora em Florianópolis, destaca que, "nos detalhes, Luiz era um músico impressionante".

A coordenação de produção de *Zerima* foi de Jane Reis, com arranjos musicais de Líber Gadelha e Humberto Araújo. Na verdade, Humberto Araújo substituiu Líber, que no meio do projeto foi submetido a um transplante de coração, em cirurgia de altíssimo risco. O procedimento foi bem-sucedido. Anos depois, em 2018, Líber estava firme em um café do Leblon dando depoimento para esta biografia.

Para Luiz, a demora em lançar o disco aconteceu porque, em mais de uma década, ele ainda não tinha reunido canções que pudessem virar um álbum. "Eu não tinha uma seleção que fosse legal, que me fizesse entrar em estúdio. Não abro mão do rigor. Mas agora chegou o momento de fazer o disco, conversamos bastante e entramos em estúdio."

Alessandro Cardozo, o filho branco, participa tocando banjo e cavaquinho na faixa "Vou com você", música de Luiz Melodia que serve como declaração de amor e de ilustração daquela tirada verbal que ele proferia sempre que Jane, no meio de uma briga, ameaçava ir embora. Aqui, o arranjo estava para um samba típico do Estácio:

SE EU PUDESSE EU PARAVA O TRÂNSITO
E DE BRINCADEIRA ESCONDIA AS MALAS
E FARIA TUDO PRA VOCÊ NÃO IR
É SOFRIMENTO, DESSE SEU APARTAMENTO VOCÊ NÃO VAI SAIR
É MEU LAMENTO, OS MEUS OLHOS RASOS D'ÁGUA PEDEM
FIQUE AQUI, AQUI

EU RECONHEÇO NOS SEUS PASSOS TRÔPEGOS
QUE ADIANTE O MUNDO TE ESPERA
DOU MINHA VIDA PRA VOCÊ FICAR
NÃO SOU DE PALHA, QUANDO O MEU CORAÇÃO RALHA SEI PRA
    ONDE IR
TÔ SENDO CLARO, DESSE NOSSO SENTIMENTO NÃO VOU DESISTIR
NÃO VOU DESISTIR

SEI QUE VOCÊ TEM QUE IR, EU VOU ATRÁS
SEI QUE É NECESSÁRIO IR, EU VOU ATRÁS
VOCÊ VAI EU VOU TAMBÉM E NADA MAIS
VOCÊ INDO EU VOU TAMBÉM, EU QUERO É PAZ

    A crítica (ou o que restava de crítica na imprensa) saudou a volta do boêmio do Estácio com entusiasmo. Tiago Ferreira, do *blog* especializado Na Mira do Groove, foi direto ao ponto, com palavras que se revestem de especial importância quando sabemos, hoje, que foram as últimas críticas dedicadas ao trabalho de Luiz Melodia, o fechamento do ciclo: "Se houve alguma mudança nos rumos artísticos de Luiz Melodia, pode-se argumentar que ele se aproximou ainda mais de suas raízes do morro". O crítico argumenta que Melodia, nas mudanças e, sobretudo, nas andanças, afastou-se finalmente das influências "da jovem guarda e do neotropicalismo". Elogios para as versões de "Maracangalha" (com o filho Mahal) e "Nova Era", "onde a beleza se desmancha em um otimismo tão convincente quanto acalentador". E conclui: "Mesmo com as mudanças, Luiz Melodia permanece único. E esse carisma musical também surge em *Zerima*, empreitada ainda mais afluente que os discos mais recentes. Em *Zerima*, Melodia se mostra bem renovado".

A turnê de lançamento de *Zerima* percorreu várias capitais do país, mas o lançamento oficial aconteceu no Teatro Rival, no Rio, em 2014. O disco rendeu o Prêmio Música Popular Brasileira, tradicional evento realizado pelo empresário Maurício Machline, na categoria melhor cantor de MPB.

Em novembro de 2014 entrou no ar, na TV Globo, a telenovela *Alto Astral*, adaptação do original de Daniel Ortiz realizada por Silvio de Abreu. Luiz participou da trilha sonora cantando "Muito romântico", de Caetano Veloso. A novela ficou no ar até maio de 2015, totalizando 161 capítulos.

Em março de 2015, uma participação como convidado do programa matinal *Encontro com Fátima Bernardes,* da TV Globo, onde cantou três músicas: "Pérola negra", que abriu o programa, "Cheia de graça" e "Juventude transviada". Luiz respondeu a perguntas sobre a sua vida e conversou com os outros convidados. Estava vestido de forma casual, com calça escura, camiseta branca sob um agasalho azul xadrez e chapéu claro do tipo Panamá. Com *dreads* longos e o cavanhaque grisalho, quase branco. Foi simpático.

No meio do ano, uma apresentação em Porto Alegre no projeto Unimúsica, da Universidade Federal do Rio Grande do Sul (UFRGS). Foi um espetáculo único, precedido, no dia anterior, de uma entrevista aberta com dois entrevistadores diante de uma plateia que participou da conversa de quase uma hora. O lançamento de *Zerima* foi o tema central da entrevista, na qual Luiz se apresentou com jaqueta xadrez e echarpe cinza no mesmo tom. A oratória não era um dos seus dons, mas mesmo assim ele demonstrou simpatia ao falar de músicos que lhe despertavam algum interesse. "Eu ouço e gosto de Emicida, Maria Gadú e Black Alien." Ali ele comentou a participação da cantora Céu no disco e renovou as esperanças de dias melhores para a música brasileira. Quando a entrevista acabou, a plateia pôde fazer perguntas, que ele respondeu com simpatia. No final, deixou claro o seu propósito com a música: "Eu não tenho o objetivo de comprar uma Ferrari ou de ter uma mansão. Eu quero fazer arte".

O boletim *on-line* da UFRGS registrou o sucesso do show, na quinta-feira, 3 de setembro: "O show de Melodia lotou o Salão de Atos, com os ingressos esgotados. Havia público de todas as idades, inclusive quem não conhecia o trabalho do cantor aproveitou a oportunidade. Melodia agitou a plateia com sua indiscutível presença no palco. Impossível também não comentar a qualidade dos músicos da banda".

Ainda em setembro, uma apresentação em Inhotim, o museu de arte a céu aberto em Minas Gerais, próximo ao município de Brumadinho (que anos depois seria arrasado pelo rompimento de uma barragem de mineração que vitimou dezenas de pessoas). O evento no museu coincidiu com a abertura da Galeria Claudia Andujar, dedicada à fotógrafa e ativista suíça naturalizada brasileira. A essa altura, o museu, inaugurado em 2006, já tinha atingido a marca de 2 milhões de visitantes. Antes do show, Luiz circulava elegante entre as obras e convidados, como a afilhada Maria, que, então casada com o francês Greg, carregava o pequeno Antoine, seu filho, a tiracolo. "Quando eu soube que o Luiz se apresentaria em Inhotim, logo me animei, pois adoro aquela região de Minas. E foi mesmo especial, ele se apresentaria com a luz do dia, estava frio e chuvoso, o show quase foi cancelado, mas no final tudo deu certo."

Ele subiu ao palco com calça e casaco brancos, cachecol cinza, grandes óculos escuros de aros cor-de-rosa e sorriso permanente no rosto. Mostrava-se feliz. Estava hospedado numa pousada que anos depois seria destruída pelo rompimento da barragem de Brumadinho.

Na mesma programação estava o cantor baiano Lucas Santtana, que abriu o show. Os dois dominaram a programação de fim de semana se apresentando no palco chamado de Magic Square. Luiz estava cercado de vegetação exuberante e acompanhado de Renato Piau e seu violão. Muito aconchego, chá e algumas folhas de hortelã. O repertório de *Zerima* dominou o *set list*, mas teve também os clássicos "Negro gato", "Pérola negra" e "Magrelinha".

Quando chegou a Inhotim, Luiz declarou a um jornal local ser grande admirador da música mineira e sentir-se honrado em cantar para um público que o consagrou ao longo da carreira: "É uma parceria preciosa, eu e os mineiros, que pretendo cultivar para sempre".

A iniciativa de levar Luiz a Inhotim partiu do empresário Daniel Rodrigues, parceiro das antigas, que ainda hoje guarda boas recordações daqueles dias. "Foi muito mágica a apresentação de Luiz em meio às artes e à natureza de Inhotim, o maior e mais espetacular museu ao ar livre do mundo. Ele ficou encantado e incorporou aquela sensibilidade artística dos gênios e fez muito sucesso no palco." Em seguida, Daniel agendou dois shows de Melodia em Belo Horizonte, nos dias 8 e 10 de dezembro de 2015, ainda como parte do lançamento do CD *Zerima*, que dominava o repertório dos shows. Foi no Palácio das Artes, com a Orquestra Sinfônica de Minas Gerais, dentro do projeto Sinfônica Pop, do governo do estado.

A última viagem, para Teresina, cidade berço do inseparável Renato Piau, foi em abril de 2016. A apresentação estava marcada para o histórico Theatro 4 de Setembro pelo projeto Seis e Meia, bancado pelo governo do estado do Piauí. O piauiense Gomes Brasil abriria a noite, preparando a entrada de Luiz. Na hora de finalizar o contrato, Luiz não aceitou fazer dois shows no mesmo dia, como era a intenção dos organizadores, que imaginavam uma boa presença do público. Depois de muita conversa, foi descartada uma sessão extra.

Para a imprensa de Teresina, Luiz era uma atração de primeira. Foi quando ele concedeu sua última entrevista: "Eu nunca pensei em fazer sucesso, eu sempre pensei em fazer o que eu gosto, na minha arte, não quero ganhar grana, nunca quis ganhar grana, senão podia estar bastante acomodado e ganhando uma nota. Mas o lado artístico tem que estar sempre à frente, e a gente não vive na América, lá eles sempre estão gravando uma coisa atrás da outra, você abre os aplicativos, você vê nego lançando disco toda hora, é uma loucura". O repórter conseguiu uma revelação sobre o começo de tudo, nos anos 1970:

**Antes do Caetano, que virou seu amigo, você conheceu a Gal. Como era seu relacionamento com ela, já muito conhecida, quando você mal estava começando?**
Era bacana. Nesse tempo eu estava quase saindo do exército. Ligava do quartel para falar com a Gal, mas nunca falava! Quando ela atendia, eu ficava mudo, pagava o maior mico, morrendo de vontade de falar. A gente não se conhecia muito assim, me dava uma vergonha...

**Ela era uma menina bonita, não?**
Acho ela linda, fantástica. Depois ficamos muito amigos, ia direto na casa dela. Fazia carinho nas pernas, aquelas pernas bonitas... Era tudo novidade para mim, aquela zona sul e tal, aquela liberdade das pessoas, as mulheres sentadas com a calcinha aparecendo... Desbunde total! Eu era tímido, mas elas não eram! [Risos]

A presença dele na cidade resultou também em uma entrevista para o programa *Inside*, comandado pelo colunista social e *promoter* Rivanildo Feitosa, para a Rede TV Meio Norte, do Piauí. A entrevista foi gravada no *american bar* do hotel Blue Tree Rio Poty, e durante oito minutos ele respondeu às curiosidades do apresentador sobre o momento da carreira e o último disco.

À noite, um show realmente espetacular. Na plateia, além de muitos amigos, estava Paulo Ferreira, irmão de Piau, que teve seu momento de glória solando o clássico "Besame mucho" e cantando "Blues do Piauí", de sua autoria. Plateia lotada, muita gente do lado de fora, como era de se esperar. Foi engraçado, pois, no final, Luiz tentou atender aos pedidos de bis e acabou cantando oito músicas, praticamente fazendo outro show em termos de tempo e repertório. O tecladista Garibaldi Ramos, que estava na coxia tocando sua escaleta, testemunhou o sucesso: "O Luiz arrasou. O show parecia interminável e quase não acaba de tantos pedidos de bis. Ele gostava muito de Teresina e Teresina gostava dele. Todos caíram na dança".

Depois do show, eles seguiram para a casa da amiga e produtora Soraya, que organizara a apresentação, para comer um carneiro na brasa e tomar cervejas. Houve um pequeno desentendimento no salão, depois que o tecladista tentou tirar o chapéu de Luiz para ver melhor os *dreads* do cabelo. Tudo contornado rapidamente para não comprometer a noite. E assim foi.

Na volta ao Rio, eles tinham alguns compromissos importantes agendados: participação na Virada Cultural 2016, no Sesc Itaquera, em São Paulo; um show em Niterói para a gravação do DVD *Zerima ao vivo*, com direção de Jodele Larcher; e uma participação no evento Prêmio da Música Popular, no Theatro Municipal do Rio de Janeiro.

O outro compromisso, marcado para junho, era uma produção de responsa: com a intenção de perpetuar o disco *Zerima* ao vivo em formato DVD, foi idealizado um show para servir de base ao diretor Jodele Larcher, que cuidou da captação de imagem e som, enquanto Jane e Guto França se encarregavam da produção do show propriamente dito, realizado na Universidade Federal Fluminense (UFF), em Niterói. No final, o DVD saiu com um repertório levemente modificado em relação ao disco, que tinha catorze faixas – o DVD ficou com quinze. Foram incluídas no show as músicas "Congênito" e

"Magrelinha" –, e retirada a última faixa instrumental, que no disco fora executada pelo neto Nicholas, filho de Mahal.

Finalmente, ainda em junho, uma noite de gala no Theatro Municipal do Rio, na premiação promovida por Maurício Machline para os melhores da MPB, versão 2016. O homenageado dessa edição era Gonzaguinha, o outro menino do Estácio, pelo conjunto da obra. Para Luiz, um momento especial, quando cantou, como convidado, a pungente "Grito de alerta", de Gonzaguinha (falecido em 1991), em dueto com a amiga Angela Ro Ro:

**PRIMEIRO VOCÊ ME AZUCRINA**
**ME ENTORTA A CABEÇA**
**ME BOTA NA BOCA UM GOSTO AMARGO DE FEL**

**DEPOIS VEM CHORANDO DESCULPAS**
**ASSIM, MEIO PEDINDO**
**QUERENDO GANHAR UM BOCADO DE MEL**

**NÃO VÊ QUE ENTÃO EU ME RASGO**
**ENGASGO, ENGULO, REFLITO E ESTENDO A MÃO**
**E ASSIM NOVA VIDA É UM RIO SECANDO [...]**

De repente, uma convocação quase cívica: Luiz e Renato foram chamados para gravar o tema de abertura da Olimpíada do Rio, que aconteceria em agosto de 2016 no Maracanã. Gravaram "Aquele abraço", de Gilberto Gil, para ser executada na cerimônia oficial de abertura. Essa foi, como sabemos hoje, uma cerimônia realizada com a maior competência pelo Comitê Olímpico Brasileiro, um show dos realizadores, cuja condução artística ficou a cargo da carnavalesca Rosa Magalhães, acostumada a grandes espetáculos. As consequências políticas e até policiais advindas desse grande e magnífico evento teriam desfecho num futuro próximo, com acusações e investigações de dirigentes e políticos envolvidos. Para Luiz e Piau, nenhum arranhão.

A última apresentação de Luiz Melodia em um palco aconteceu no dia 10 de junho de 2016, no Teatro Municipal de Jaú, no interior de São Paulo, onde cantou acompanhado apenas por Piau. Na produção, Guto França. Por esses dias ele vinha apresentando pressão alta; reclamara algumas vezes que tinha picos de pressão. E acusava o desconforto nessas horas. Luiz viajou separado da equipe. Renato, Guto e o *roadie* estavam em outro avião. Na chegada à cidade, houve um pequeno desencontro, pois o avião de Luiz teve um atraso. Quando ele chegou, foi direto do aeroporto para o teatro, sem passar no hotel. Renato lembra que, apesar do sufoco, tudo terminou bem: "Foi um show legal, tudo saiu direito. Mas me chamou a atenção que, depois, o Luiz não queria fazer nada, apenas ir para o hotel e tomar uma sopa. Disse que ia dormir. Coisa rara".

No dia seguinte eles viajaram em voos diferentes. Luiz seguiu com Guto para o aeroporto de Viracopos, em Campinas, enquanto Renato e o *roadie* foram em outro carro. Quando Renato chegou ao balcão da companhia aérea, ficou sabendo que Luiz e Guto estavam em um voo que decolava naquele momento. Depois, já em casa, no Rio, Renato ligou para Jane e ficou sabendo que Luiz tinha passado mal no voo, com o nariz sangrando e muito abatido. Ele foi para casa, mas não melhorou. No início, recusou-se a procurar ajuda médica e ficou dois dias sem atendimento.

A primeira suspeita foi de que ele estivesse tendo um AVC. Não houve melhora, e um show que estava marcado para Porto Alegre no fim de semana deveria ser cancelado. Para efeito de rescisão de contrato, seria necessário anexar um laudo médico que justificasse o impedimento. Ele estava fraco e sem energia. Um quadro de astenia, no vocabulário médico. Luiz e Jane decidiram procurar atendimento no Barra D'Or, um hospital da Barra da Tijuca, onde foram encaminhados ao setor de clínica geral. Como o resultado dos exames indicava complicações, o paciente foi encaminhado para a doutora Jussara Medeiros, oncologista, que requisitou exames complementares. O primeiro atendimento foi no dia 20 de julho de 2016. Luiz permaneceu no hospital até sair o resultado de uma biópsia realizada pela equipe médica, que confirmou as piores suspeitas: mieloma múltiplo, ou câncer na medula. Desde o início Jane optou pela discrição máxima – nenhuma revelação foi feita à imprensa, como é comum em casos de personalidades públicas. Apenas parentes e amigos muito próximos ficaram sabendo.

O tratamento prescrito era pesado e exigiria disciplina de todos. Na opinião da doutora Jussara, que estava grávida, Jane se mostrou incansável e prestativa: "Ela tratava tudo com doçura, mas o quadro clínico do Luiz revelava, paralelamente, uma lesão hepática grave, consequência de consumo de álcool. Ele foi internado bastante abalado, trocando o dia pela noite. Quando parou de beber, houve uma melhora no quadro, mas o mieloma era muito agressivo, um tumor com uma biologia molecular muito ruim. Ele foi para casa, mas iniciamos o tratamento imediatamente".

Luiz teve um momento de otimismo e escreveu na sua página oficial do Facebook: "Viva a minha equipe médica, viva a amizade, viva o amor. Gente, estou de alta, agradeço de coração a todos aqueles que oraram, torceram, desejaram melhoras. Prometo pagar com muita música!"

Ele começou a fazer tratamento quimioterápico no final de julho, mas, no primeiro momento, seu organismo mostrou-se intolerante. Como é comum nesses casos, foram programados quatro ciclos de quimioterapia durante alguns meses. Como consequência do tratamento, sua pele ficou ainda mais escura e ele perdeu os cabelos. Ainda assim, no meio do caminho, houve uma sensível melhora no quadro geral, com a volta da função hepática. Durante todo esse tempo, ele permaneceu em casa, na cama, com fraqueza e depressão, somadas ainda a uma rápida crise de abstinência.

Fez algumas transfusões de sangue e em setembro foi internado no Barra D'Or pela segunda vez. A frequência dos exames laboratoriais era torturante, seus braços viviam furados por agulhas. Tudo era sofrido. Desde o início ele manifestou preocupação com o sustento da família, pois estava sem voz e não podia cantar. O filho Hiran tinha chegado de Vitória e acompanhou tudo ao lado de Mahal. O amigo Betinho, do São Carlos, fez duas visitas, levando água de coco e suco de frutas. Ele lembra que Luiz estava muito fraco para conversar e que o melhor era deixá-lo sozinho com a família.

 Houve um momento em que a doutora Jussara se afastou para ter o bebê – uma menina –, e o tratamento foi assumido pela equipe que faria o transplante de medula, os doutores Elias Hemato e Leonardo Leite, oncologistas do Quinta D'Or, um hospital da mesma rede, na Quinta da Boa Vista. Em fevereiro de 2017 tiveram início os procedimentos para o transplante. Foi quando os médicos fizeram uma constatação dramática: durante o tempo entre a quimioterapia e a data marcada para o transplante, a doença havia progredido. Para fazer o transplante, é necessário que a doença esteja controlada, estabilizada. Foi complicado, mas o transplante aconteceu em 9 de maio e Luiz teve alta no dia 23 de junho – ficou internado mais de um mês. O transplante foi feito com sua própria medula, procedimento comum nesses casos. Nessa época Luiz recebia a visita de poucos amigos e parentes. As irmãs Raquel e Vânia se revezavam com Jane. O amigo Renato Piau, o produtor Guto França e a amiga Bete Bettarello foram alguns que assistiram de perto o drama que se desenrolava. Pratinha também foi visitá-lo no hospital. Todos encontravam um Luiz abatido, magro e fraco. O doutor Bettarello fez contato com a equipe do Quinta D'or e foi se informando do tratamento à distância, acompanhando as várias etapas. Ele recebia os resultados dos exames laboratoriais pela internet e conversava muito com Jane, tentando manter a esperança. Em seguida, Luiz voltou para casa, mas sem muitas melhoras. Para Jane, houve um divisor de águas. "O Luiz chegou a melhorar, mas piorou depois do transplante. Eu achava que ele iria ficar bom, sempre tive esperança. Foi quando percebi que ele mesmo não tinha mais esperança. Um dia ele me falou: 'Eu estou muito doente'. Quinze dias antes da internação final, eu sonhei que estávamos encostados na nossa cama quando ele me falou duas vezes: 'Eu vou deixar você'. Eu estava tão otimista que quando acordei pensei que ele iria ficar bom e se separar de mim."

Em junho, mais uma consulta com o doutor Leonardo, que tentou debelar novas baixas no quadro geral, afetado por diversas complicações. Luiz agora estava na UTI, e seu estado era muito grave. O mês de julho foi marcado por uma luta intensa da equipe médica contra as lesões advindas do próprio tratamento. Ele estava com 66 anos, completados no último 7 de janeiro.

Um pouco antes da hora final, aproveitando um momento solitário ao lado dele, naquela atmosfera rarefeita da UTI, Jane fez o seu ritual de despedida: leu um poema de Manoel de Barros, o "Salmo 23", e colocou para tocar no celular a música favorita de Luiz, "My funny valentine", com Chet Baker cantando suave:

**MY FUNNY VALENTINE**
**SWEET COMIC VALENTINE**
**YOU MAKE ME SMILE WITH MY HEART**
**YOUR LOOKS ARE LAUGHABLE [...]**

Finalmente, na madrugada do dia 4 de agosto, o coração não resistiu. Era o fim de uma batalha que durou um ano – ou, para ser exato, treze meses. Jane ligou para a afilhada Maria pedindo ajuda, pois ela precisava se encontrar com Mahal em casa antes que ele recebesse a notícia pelo Facebook. Assim foi feito. Jane só deixou o marido quando Maria chegou para vestir o padrinho e cuidar dos trâmites burocráticos com o hospital e a funerária. Ainda pela manhã, Jane, Mahal e Maria estavam no carro funerário que transportou o corpo até a quadra da escola de samba Estácio de Sá, onde aconteceria o velório.

Quando a quadra da escola se encheu de gente, teve início o gurufim, a cerimônia de despedida de um músico de raiz.

Os relógios marcavam 18 horas, e a madrugada seria longa. Jane e Mahal ficaram o tempo inteiro ao lado do caixão, coberto pelas bandeiras vermelhas e brancas da escola de samba e do Vasco. Zezé Motta e Regina Casé estavam juntas. O veterano Zeca da Cuíca, da velha guarda, estava ao lado. Roberto Dinamite e o ator Antonio Pitanga também. O deputado Miro Teixeira. A cantora Ithamara Koorax se mostrava triste. O cantor Macau também. Ao lado do caixão, uma coroa de flores com uma faixa: "Homenagem de Zeca Pagodinho e família". Alguém apareceu com um quadro pintado com o retrato dele e o ofereceu a Jane. Gato Félix veio de carona com Bete Bettarello pela via Dutra. O doutor Bettarello também chegou de São Paulo. Houve muita música, com amigos e desconhecidos tocando o repertório de Luiz, as irmãs e sobrinhas cantando salmos. Houve também um gato preto que entrou mansamente na quadra, passou ao lado do caixão e se posicionou diante das coroas de flores, olhando tudo pausadamente. Luiz Melodia foi homenageado por todos.

A escola de samba Estácio de Sá divulgou uma nota, em tom excessivamente protocolar, externando seu pesar pelo falecimento de um dos seus "mais ilustres torcedores": "Luiz Melodia elevou nosso pavilhão e nossa comunidade aos mais altos patamares através de sua música e hoje nosso surdo chora e o Berço do Samba se cala em solidariedade a todos os fãs e à querida amiga e esposa Jane neste momento de dor, que também é nosso. Uma perda irreparável para a Música Popular Brasileira, para o samba e para a Estácio de Sá, no ano em que completamos nove décadas de história. Decretamos luto oficial de dois dias, suspendendo nossas atividades de quadra nesta sexta e sábado".

No final da cerimônia, na hora do enterro, o carro funerário (branco) percorreu lentamente o trajeto da quadra da escola até o cemitério do Catumbi. Alguém tocava um trompete e outro batia solitariamente o surdo. Dentro do carro estava apenas Jane. Em outro carro, que seguia atrás, estavam Mahal e a afilhada Maria. Caminhando a pé ao lado do carro, o amigo Betinho, que recorda o desfecho: "Quando o caixão chegou ao Cemitério do Catumbi havia uma pequena multidão na porta. Todos aplaudiram e alguns gritaram: 'Viva Luiz Melodia', 'Adeus, Pérola Negra'".

A concentração máxima dos amigos do peito estava no botequim em frente ao cemitério, no pé-sujo das lamentações. Lá estavam Macalé, Renato Piau, Silvério Pontes, o cineasta Jodele Larcher e outros atingidos pela trágica notícia. O enterro aconteceu sob aplausos da multidão. Renato Piau, de camisa preta e óculos escuros, cantou uma música de Luiz ao violão, à beira do túmulo. No momento em que a sepultura estava sendo fechada, Jane Reis disse, muito emocionada: "Vai em paz, meu amor". Logo depois, uma mulher gritou: "Viva a resistência negra deste país. Viva a cultura da favela!"

Foi muito aplaudida.

O corpo foi enterrado às 10 horas e 40 minutos no túmulo 30 da quadra 3. Como último gesto, Mahal colocou uma rosa branca sobre o caixão. Era um sábado, 5 de agosto de 2017. Em sua lápide está escrito em placa de bronze: Luiz Carlos dos Santos, 7 de janeiro de 1951 – 4 de agosto de 2017 – Luiz Melodia. Com uma foto de Luiz, sorridente, de paletó e camisa branca. E uma única palavra em tamanho maior: "AMADO".

## 15
# NINGUÉM MORREU

**No dia seguinte ao enterro,** a imprensa expressava sua perplexidade com a morte prematura do artista. O portal de jornalismo G1, do grupo Globo, estampou:

> **CANTOR E COMPOSITOR LUIZ MELODIA MORRE, AOS 66 ANOS, NO RIO DE JANEIRO**
> *Músico lutava contra um câncer na medula. Melodia chegou a fazer um transplante de medula óssea e resistiu ao procedimento, mas não vinha respondendo bem à quimioterapia. A informação foi confirmada ao colunista Mauro Ferreira, do G1, por Renato Piau, guitarrista que tocou com Melodia, após ligação para a família do artista.*

O jornal *O Globo* noticiou no dia 4 de agosto:

> **LUIZ MELODIA MORRE NO RIO, AOS 66 ANOS**
> *Cantor faleceu na madrugada desta sexta em decorrência de complicações de um câncer que atacou a medula óssea.*

Em entrevista a *O Globo*, no dia seguinte, o poeta e compositor Bernardo Vilhena declarou, sobre Luiz Melodia: "Nas letras, ele consegue, de uma maneira muitíssimo rara, romper com o discurso corrente sem perder o sentido. Então, ele traz imagens absolutamente pessoais, uma coisa muito própria dele. A construção dos versos é muito própria. Essa quebra do discurso é perseguida por muitos poetas, nem sempre com êxito, mas no caso dele é impressionante porque traz elementos de um novo vocabulário para uma poesia de altíssima voltagem".

A morte de Luiz Melodia também foi manchete na revista *Veja* e no jornal *Folha de S.Paulo*. Convidado pela *Folha*, o ator e comediante Marcius Melhem escreveu uma crônica de memória, em forma de depoimento:

> *Eu estava numa padaria na Gávea tomando café com um amigo. Este amigo viu Luiz Melodia entrando ali, sabia o quanto eu era fã e quis me avisar cantando baixinho versos de "Estácio, holly Estácio".*
>
> *Eu, empolgado, cantei alto a continuação e quando olhei pro lado Melodia estava olhando pra mim meio assustado. Eu, envergonhado, e surpreso, tive a reação de ir lá abraçá-lo e dizer: "Pô, cara, eu amo você". Ele sorriu.*
>
> *Pro segundo encontro eu estava mais preparado. Era um show no Canecão, Melodia estava especialmente iluminado aquela noite. Uma amiga da produção me levou ao camarim. Esperei minha vez treinando o que ia dizer. Tava nessa quando ele grita na minha direção: "Ei, vem cá". Gelei. Ele me abraçou e começou a circular comigo pelo camarim me exibindo aos amigos: "Vê se ele não é a cara do Paulinho da Outra, do morro de São Carlos". E as pessoas iam confirmando. Ele me abraçou, rimos, eu disse que era fã, agradeci e fui embora. Voltei a ver Melodia em outros shows, mas nunca fiquei sabendo quem era Paulinho da Outra e o porquê deste apelido.*

Paulinho da Outra era uma figura popular no morro de São Carlos. Peladeiro, jogava no time de Luiz e gostava de imitar os dribles de Garrincha, seu ídolo. Era conhecido como 171, mas não era traficante.

O tradicional jornal *Diário de Pernambuco*, editado em Recife, manchetou:

> **MORRE LUIZ MELODIA, AOS 66 ANOS**
> *Luiz chegou a receber alta no último dia 23 de junho, mas precisou dar entrada na casa de saúde novamente nesta semana.*

O *Jornal da Band*, na televisão, deu a notícia com destaque em horário nobre, com direito a perfil histórico e comentário rápido de Ricardo Cravo Albin, que destacou a originalidade do artista: "Seguindo a linha dos originais da música americana, Melodia foi original no Brasil, inclusive como porta-voz da negritude explícita". Na reportagem, ele foi chamado de "pérola negra" da MPB. No velório, a TV apresentou depoimentos do sambista Monarco, da Portela, e de Jane Reis, falando de amor. A edição contemplou também alguns sucessos de Luiz, como "Pérola negra", "Juventude transviada", "Estácio, holly Estácio" e "Aquele abraço", de Gilberto Gil, que ele cantou na abertura da Olimpíada.

O *Jornal Nacional*, da Rede Globo, deu a notícia na voz da apresentadora Renata Vasconcelos, em horário nobre. A notícia se espalhou por todo o país. Fez-se silêncio no Estácio.

Gilberto Gil postou na sua conta no Twitter uma foto dos dois com a legenda: "Notícia triste nesta sexta. Descanse em paz". A amiga Zezé Motta escreveu: "O mundo fica sem Melodia. Coração estarrecido. Descanse em paz, meu irmão, meu amigo, meu parceiro, te amo. Para sempre no coração do Brasil". A amiga Gal Costa escreveu no Instagram: "Morreu o cara que amava muito. Além de ser um grande compositor e cantor era uma pessoa muito especial. Meu coração está muito triste. Sentirei muita saudade! Tive a honra de ser a primeira cantora a cantar uma de suas composições. Pérola negra, te amo te amo!" A cantora Mart'nália preferiu postar várias fotos com o amigo. Sem palavras. O ator e comediante Mauro Mendonça Filho, da *Escolinha do Professor Raimundo*, escreveu no Instagram: "O mundo desafina quando perde uma joia do seu quilate. Eu perco um ídolo, uma inspiração. Sorte é permaneceres eterno, graças às suas melodias, suas palavras, seu suingado". O cantor Jair Oliveira, filho de Jair Rodrigues, o favorito do seu Oswaldo, escreveu: "Obrigado por seu gigantesco legado musical, Melodia. Descanse em paz". A amiga Alcione lamentou: "Foi um golpe muito grande para a gente".

Seis dias depois, na sexta-feira, 10 de agosto, em sua coluna na Rádio USP, o professor Guilherme Wisnik homenageou Luiz Melodia. Além de comentar tanto sobre o lado cantor quanto sobre o lado compositor do artista, Wisnik indicou a música "Salve linda canção sem esperança" como "uma declaração de amor maravilhosa" ao músico. Ainda no dia 10, Ronaldo Cooper, jornalista de Porto Alegre, narrou em seu *blog* uma história curiosa: "Por esses dias, passei por um boteco perto da minha casa que, sob o meu ponto de vista, invariavelmente toca músicas de gosto meio duvidoso. Para minha surpresa, dele saíam os acordes iniciais de 'Estácio, holly Estácio', de Luiz Melodia. Sempre irresistíveis quando a questão é cantarolar. [...] Pensei entre risos: Ainda há esperança na humanidade. Mas, poucos passos depois, sabendo que o artista enfrentava um câncer agressivo, me dei conta de que o fato inédito acontecia porque o havíamos perdido".

Ainda em agosto de 2017 aconteceu na Sala Municipal Baden Powell, no Rio, o primeiro tributo a Luiz Melodia depois da sua morte, chamado "Baby te amo". No *casting* da noite, Renato Piau, também diretor musical, João Donato, Ithamara Koorax, Simone Mazzer e Silvia Machete. Casa lotada com a melhor bilheteria da sala em 2017.

Nos dias 22 e 24 de março de 2018 aconteceu em Los Angeles um tributo a Luiz Melodia, com dois shows. O primeiro, no Blue Whale, e o segundo no Zebulon Café. Um seleto time de músicos americanos foi destacado para acompanhar Renato Piau: John Leftwich (baixo), Artyom Manukyan (violoncelo) e Mike Shapiro (percussão). No segundo concerto, o tributo ganhou a adesão da atriz e cantora brasileira Thalma de Freitas e de outros músicos americanos.

Em agosto, Luiz Melodia foi homenageado na entrega do 29º Prêmio da Música Brasileira, evento tradicional promovido pelo empresário Maurício Machline. A homenagem aconteceu no palco do Theatro Municipal do Rio de Janeiro. Foi uma festa gloriosa, iluminada, que teve Leandra Leal no palco antes mesmo das apresentadoras oficiais da noite, Camila Pitanga e Débora Bloch. Leandra, uma das meninas do camarim de Luiz, leu um texto-homenagem escrito por Zélia Duncan, assim que as cortinas se abriram: "Boa noite! Parece que o primeiro prêmio da noite foi meu! Mas eu confesso que pedi para estar aqui e foi por amor! Tive o privilégio de assistir a Luiz Melodia, desde muito pequena, no Teatro Rival. Portanto, eu cresci me perguntando, sem encontrar uma resposta até hoje: de onde vem essa voz?"

O elenco de convidados que homenagearam Melodia era estelar: Caetano Veloso e filhos, Lenine com o filho João Cavalcanti, Baby do Brasil e filhas, Chico César, Alcione (acompanhada ao violão por Renato Piau), Novos Baianos (com Moraes, Paulinho Boca, Baby e Galvão), Pedro Luís, Mart'nália, João Donato, Fabiana Cozza (cantando "Ébano"), Céu e, em dupla, Áurea Martins e Xênia França. Cada atração era seguida de uma premiação paralela em diversas categorias: melhor cantor, melhor cantora, melhor grupo musical, grupo de samba, etc. Entre uma coisa e outra, uma homenagem a Melodia. A ausência mais sentida da noite foi da madrinha Gal Costa, que tinha um compromisso inadiável fora da cidade.

Quase um ano depois de sua morte foi lançado o DVD *Zerima ao vivo*, que tinha sido gravado em 2016 no teatro da

Universidade Federal Fluminense, em Niterói, pelo diretor Jodele Larcher. A banda desse show – e, por consequência, do DVD – tinha novos integrantes, mas manteve Humberto Araújo, que fez a direção musical e os arranjos, além de tocar flauta, e o guitarrista Renato Piau. No contrabaixo, Rômulo Oliveira; no piano e nos teclados, Fernando Merlino; na bateria, Vitor Vieira; no trompete e no *flugelhorn*, Jeferson Cruz; no trompete, Altair Martins; e no trombone, Marlon Sette. Mahal fez uma participação especial em "Maracangalha". No total, quinze canções e muitos clássicos, inclusive "Parei... olhei", de Roberto Carlos:

**PAREI... OLHEI**
**E VI TERNURA EM SEU OLHAR**
**E NUM PISCAR DE OLHOS**
**FUGIU DE MIM**
**EU ACHO QUE ME APAIXONEI [...]**

No dia 11 de novembro de 2018, o cantor Lazzo Matumbi, baiano amigo de Luiz, apresentou em Salvador um show em sua homenagem, no Teatro Castro Alves. Ele abriu o espetáculo *Lazzo canta Melodia* declarando: "O Melodia tinha o poder admirável de virar o jogo da vida apenas com doçura". No mês seguinte, o cantor e compositor Pedro Luís lançou o disco *Vale quanto pesa – Pérolas de Luiz Melodia*, com um show no Theatro Net Rio. Na banda estavam Elcio Cáfaro (bateria), que durante anos tocou com Luiz, Pedro Fonseca (teclado) e Miguel Dias (contrabaixo). Mahal foi o convidado especial. O mesmo show seria apresentado nos dias 4 e 5 de abril de 2019, no Teatro Sesc, em Belém do Pará.

Também em dezembro, no dia 8, Lazzo Matumbi apresentou, na Casa Natura Musical, em São Paulo, o show *Música Romance – Uma homenagem à jovem guarda*, com repertório selecionado por Luiz Melodia. Como convidados especiais, a cantora Priscila Tossan, revelada pelo programa *The Voice Brasil*, e Chico César.

No dia 10 de janeiro de 2019, Jane Reis produziu e dirigiu no Teatro Rival o show *Entre nós – Tributo a Luiz Melodia*, com Renato Piau, Mahal e Priscila Marchon, da nova geração de cantoras amigas de Luiz. Também em janeiro, Renato Piau e a cantora Ithamara Koorax apresentaram, no teatro da Universidade Federal Fluminense, o show *Tributo a Luiz Melodia*. A niteroiense Ithamara era amiga recente de Luiz, que planejava gravar com ela um disco "assim que a minha saúde melhorar".

No dia 29, a cantora e escritora Elaine Guedes apresentou no Teatro João Caetano, em São Paulo, *Tributo a Luiz Melodia*, com Lulu Martin ao piano, no Projeto 15 pras 7. Ela já tinha feito anos antes um tributo a Chico Buarque. Agora, no material de divulgação, a cantora, que era da banda Rastaquera, do humorista Hubert, dizia estar convencida de que Luiz Melodia era um artista expressionista: "Isso explica um pouco o cenário das letras difícílimas de decorar".

Em 6 de fevereiro de 2019, o cantor e compositor paraense Roguesi apresentou um show acústico em homenagem a Melodia. Foi na Confraria do Fraga, e o cantor estava acompanhado pelos violonistas David Amorim e Nonato Mendes. No repertório, todos os clássicos de Luiz.

O show *Entre nós – Tributo a Luiz Melodia* voltaria ao Teatro Rival no dia 27 de fevereiro, agora com Priscila Tossan como convidada especial, compondo o elenco com Mahal Reis, Priscila Marchon, Renato Piau e Nicholas Malhardes, o neto de Luiz Melodia. A banda tinha ainda Fernando Merlino (teclado), Berval Moraes (bateria) e José Arimatéia (trompete). Dois meses depois, os cantores e compositores Paulo Dionísio e Gilberto Oliveira interpretaram vinte canções de Luiz Melodia no Bar Ocidente, em Porto Alegre. Foi um espetáculo dedicado exclusivamente à sua obra.

No dia 5 de maio de 2019, o *site* de notícias *Diário do Rio* publicou um curioso artigo assinado por Filipi Gradim, com o título: "Lírica urbana: o Rio de Luiz Melodia". Nele, Gradim desenvolve um raciocínio definido assim na premissa da abertura, com pitadas de poesia e filosofia: "É propriedade do ser humano dotar-se de ritmo. Pulsar um movimento internamente como, por exemplo, a respiração e o bombardeamento cardíaco – ou, externamente, que faça o corpo tomar alguma direção, que o retire do seu lugar e que dê funcionamento a alguns dispositivos ou faculdade comum a todo ser humano em posse de sua saúde física e espiritual. É como se, em cada humano saudável, houvesse uma música interna que pusesse as forças em movimentos sob certa mecânica e acústica. Somos música – vibramos som e intensidade. [...] Na engenharia da música, a melodia representa o composto por meio do qual a canção se realiza". Tudo isso para dizer que Luiz Carlos dos Santos, "o preto franzino de olhos sobressaltados, nascido no morro de São Carlos", é a corporificação dessa fluidez musical da qual a melodia é a expressão.

# 16 QUILATES
# DE LUIZ MELODIA

**1**

Quando jovem, no meu Piauí existia uma marca de cigarro chamada LM. Posso ter fumado algumas vezes, quando o tabaco parecia não ser nocivo à raça humana. O tempo foi passando e acabei vindo morar no Rio de Janeiro. Sempre ao lado da música. No Rio, conheci um cara bem magrinho, tocando pinho, sem ter pinta, mas fazendo a lenha queimar. E tudo que cantava virava melodia imortal. Desde ontem até sempre.

Ao sofrimento do poeta juntava-se a dança de um bailarino formado pela escola da vida e pela ancestralidade dos mestres-salas do Estácio, berço da primeira escola de samba do Rio de Janeiro. Ah! O magrinho tocando pinho, agora era boa pinta, famoso, cantando e dançando mundo afora. Ah! Deixe o menino brincar.

Hoje não o tenho comigo. Ao seu lado tínhamos compromisso no palco e muita alegria quando produzíamos músicas para encantar quem nos ouvia, quando sua voz, interpretação e coreografia autêntica (o coreógrafo era ele) enlouqueciam a galera. Todos voltavam para casa alegres e contentes com o que foram assistir. Não só no Brasil, como pelos quatro continentes onde passamos em constantes turnês. Hoje eu sei o que representa uma marca de alcance mundial. Ela é formada por parceria, carinho, respeito e tudo que se pode manter quando se gosta e admira alguém. Essa minha marca, que sempre esteve comigo, desde o Piauí, que eu já admirava em maço de cigarro, será um nome mundialmente conhecido, o meu amigo de ontem, de agora e de sempre, Luiz Melodia, o LM.

**RENATO PIAU, MÚSICO**

2

Falar do Melodia é falar de um tempo alegre, criativo, vital. Nós nos conhecemos no Baixo Leblon, quando Melodia estava gravando *Maravilhas contemporâneas*, um de seus discos de que eu mais gosto, e fiquei absolutamente encantada. Ele tinha uma inteligência diferenciada, aguçada, poética – e me enfeitiçou. Eu estudava Letras e fazia tradução, mas acabei largando tudo para cair no mundo com ele. Falar do Melodia é falar de música, poesia, delicadeza, afeto, amor e muitas festas. Melodia tinha um tempo próprio. Chris Montez, João Gilberto e Pitanga (clarinetista pernambucano) chorando na vitrola eram constantes no nosso amanhecer.

Fazíamos um lindo par. Ele, negro, magro, alto, muito elegante, vaidoso, com suas roupas de seda, cetim, sempre muito colorido. Eu, jovem, branca, mas, com minha juba encaracolada e as roupas largadas, não pertencia ao meu entorno. Me sentia inadequada. Era meio fora da caixinha. Então o encontro. Melodia me soltou. Dizendo que me imitava, me ensinou a dançar. Me ensinou a me amar. Melodia me ensinou a amar. E seu espírito libertário me libertou.

Eram os anos 1970. Foi para nós um tempo de muitos shows, viagens, lançamentos de discos, muita rua e muita festa. Muita experimentação, bebida e drogas. E com isso, claro, muitas brigas também. O babado era fortíssimo. Depois, cada um seguiu seu rumo, mas foi um passado que deixou saudades. Falar dele me lembra um trecho de sua música: "as pessoas que eu amo, eu amo bastante".

Mas fomos sempre, a vida toda, muito amigos e muito próximos. Continuo amiga até hoje da Jane e das irmãs Vânia e Raquel. Nunca deixamos de nos falar e nunca nos afastamos.

**MARIA DA GLORIA LAMPREIA, EX-NAMORADA**

**3**
Melodia foi um daqueles artistas sofisticados, um nobre com uma criatividade e um senso de humor refinados. Um malandro e dedicado homem de família, muito sério no seu casamento com Jane, pai zeloso e fiel aos amigos – creio que Piau e Gato Félix eram os principais. Nos encontramos várias vezes no sítio dos Novos Baianos, em São Paulo e até em Juazeiro, minha cidade. Era bom de bola e gostava da Bahia. Me sinto muito honrado por ele ter gravado "Mistério do planeta", criação minha com os Novos Baianos.

**GALVÃO, POETA E LETRISTA**

**4**
Em janeiro de 1974, todos os caminhos levavam ao Festival de Verão de Salvador, uma criação do empresário Guilherme Araújo. Eu estava lá, ensaiando no Teatro Vila Velha. À noite, depois dos ensaios e trabalhos, a turma ia pra bares e restaurantes na orla, e numa dessas topei com o Melodia, que já trombava comigo em corredores de gravadoras, participava de reuniões e festas do Guilherme e tal. Animamo-nos num papo, aquilo de músicos se aproximando, e fiquei sabendo que ele não estava incluído na programação do festival.

Dia seguinte, eu trabalhava na sonorização do teatro com os músicos da Gal e me aparece o Melodia. Vendo que havia noites vagas no teatro, programei logo com ele uma apresentação numa terça. Reuni o Oberdan (sax), o Luís Carlos Santos (bateria) e o Milton Botelho (contrabaixo). Com três ensaios metidos em brechas, botei o Melodia no palco naquela empreitada.

Foi um estouro. Fiz os arranjos dentro do espírito do repertório dele, mas acrescentei um fato novo: puxei o som dele pro rock. Fazia uníssono de saxofone e guitarra distorcida com o Oberdan, uma onda desconhecida. Batíamos duro em introduções, *bridges* e *riffs*. Começamos com um rock puxado, "Mary", arranjo que fiz no ensaio mesmo, eu e Oberdan atacando uma introdução furiosa, do tipo *big band*. A turma simplesmente pirou. E fizemos o show não programado que acabou deixando uma bela marca naquele verão soteropolitano em que a trindade baiana ungida pelo poder da MPB parecia aparição de deuses para mortais.

Ficamos amicíssimos, Melô e eu, mas tínhamos vidas muito diversas, e depois disso apenas gravei uma faixa no disco dele no ano seguinte e, depois de trombadas aqui e ali... nunca mais! Do Melô ficou minha impressão crítica: um afrodescendente oriundo de um morro que foi consagrado por Noel Rosa como reduto de samba autêntico e de forte presença entre outras escolas, o morro do Estácio. Mas Melodia não viveu samba, não integrou esse olimpo jamais. Foi querido por ser um cara estiloso, em paz consigo e, curiosíssimo constatar: era tão naturalmente elegante que chegou a figurar entre os nomes que se destacaram no mundo *fashion* apenas sabendo jogar os panos sobre si, com uma inexplicável ciência e incrível bom gosto com roupas simples.

Apareceu no cenário musical integrando uma onda de conteúdo frágil, mas que depois foi imposta como ritmo para neutralizar o samba. Me parece que reencarnou no Estácio depois de viver nos Estados Unidos fazendo *standards* – mas não aconteceu nessa vida anterior. Retornou aqui e fez uma música "americana" com cara de brasileira e vice-versa. Era dado a bons achados musicais, pegativos, e emplacou faixas que viraram clássicos: "Estácio, holly Estácio", "Juventude transviada" e "Pérola negra" confirmam seu valor como um nome real no plano de canção da era MPB.

Não estourou, não alcançou o que Tom Wolfe classificou como "consumação". Mas deixou sua marca indelével. E, seguramente, terá deixado em muitos corações a semente de seu sentimento musical autêntico, simples e fascinante.

**FREDERA, MÚSICO**

## 5

Compositor e cantor com origem no morro, o que lhe confere raiz e tradição, mas com a mente e o coração nos conflitos urbanos do asfalto, Luís Melodia foi o inventor do samba-blues carioca. Entre o global e o local de sua existência, quem "acalma o sentido dos erros" (psicanálise, pensamento agostiniano) é o Estácio, o *holly* Estácio, seu bairro, seu chão. "Holiday é um dia de paz" mas se tiver que morrer por amor (tema do blues!) que seja "bem junto ao passo da passista da escola de samba do Largo do Estácio".

A aparição de Melodia no ambiente intelectualizado da Zona Sul carioca pode ser comparada à presença do *blues man* John Lee Hooker nos bares do Greenwich Village, no início da década de 1960, misturado a Bob Dylan e outros menestréis brancos da vanguarda folk-comunista que tinham ali a sua base. Assim como Hooker, que chega do Mississípi, Luiz Melodia chega para impactar e torna-se imediatamente um *cult,* um cultuado.

Na poesia shakespeariana que desce o morro de São Carlos, a "pérola negra" pode ser uma "morena maldita" que inspira ódio e amor no "baby te amo nem sei se te amo", no "ser ou não ser" do pirata do samba com pegada modernista.

O clima da juventude transviada se incorporou no auxílio luxuoso de um pandeiro e o resultado foi um negro gato genial, e sem precedentes, na música popular brasileira.

**JOEL MACEDO, JORNALISTA**

## 6

Luiz Melodia é um dos formatadores da moderna MPB e pertence à geração citada no livro *1973, o ano que reinventou a MPB*, que por sinal é a data em que foi lançado o seu primeiro disco, o emblemático *Pérola negra*, no qual foram registradas algumas de suas composições mais conhecidas, como "Estácio, eu e você", "Magrelinha", "Estácio, holly Estácio", "Vale quanto pesa" e "Farrapo humano", além da faixa-título. Com a sua polivalência, perpetuou-se no cancioneiro popular através de suas composições e também de suas interpretações singulares para clássicos como "Diz que fui por aí" (de Zé Kéti e Hortêncio Rocha), "Negro gato" (de Getúlio Côrtes) e "Codinome Beija-Flor" (de Cazuza, Ezequiel Neves e Reinaldo Arias), transformando-os em quase seus, em uma apropriação pertinente a seu desempenho de cantor.

Outra característica, pouco comentada em sua obra, é o seu trato com a letra e a poesia nas composições. Ainda que o texto poético tenha, na maioria das vezes, cadência e ritmo próprios, com a música colocada (harmonia, melodia e ritmo), é gerado um terceiro produto – a composição em si –, privilegiando e ressaltando os dois principais códigos da MPB: letra e melodia. Depois, é incorporado o arranjo e, por fim, a interpretação, que leva o produto para outro lado, dependendo do timbre e afinação.

Ele era profícuo em versos para as próprias melodias e nos que produzia para violonistas como Renato Piau, Perinho Santana e Ricardo Augusto, assim como quando musicava letras e poesias, como nos casos de "Começar pelo recomeço" e "Que tal", endereçadas a ele pelo poeta Torquato Neto, e ainda, "Retrato do artista quando coisa", poema do amigo Manoel de Barros. O Luiz Melodia foi mestre em gerar esse terceiro produto, quando compunha (como letrista ou melodista) e quando interpretava outros autores, sendo este o seu legado à MPB.

**EUCLIDES AMARAL, PESQUISADOR DA MPB**

## 7

Final de 1971, canto de cisne da contracultura no Brasil, 13 anos de idade, morando na Sá Ferreira, Copacabana, e aproveitando o máximo possível de uma fase culturalmente maravilhosa! Música, cinema, artes plásticas, literatura, tudo efervescendo e com uma originalidade e criatividade enormes. Minha tia Nelly, argentina, recém-chegada ao Rio, não perdia nada! Sabendo que eu já estudava violão e guitarra, falou sobre o show *Gal fatal*. Eu, que não perdia uma edição do *Bondinho* (sensacional revista da época), já tinha lido sobre o guitarrista Lanny Gordin (diretor musical do show) e sua incrível versatilidade e virtuosismo. Convidado para assistir pela minha tia, houve, por parte da minha mãe, um certo pânico pelas condições do Teatro Tereza Rachel, na época todo de madeira, sugerindo um possível incêndio. O fato é que fomos escondidos.

Em determinado momento do deslumbrante espetáculo, Gal, a "deusa-umbigo da Navilouca", encarou o público com beleza e carisma indescritíveis e cantou "tente passar pelo que estou passando" ("Pérola negra"), de um novo compositor, originalíssimo, que fusionava de maneira mais do que cativante MPB, blues, jazz, samba e rock. A partir daí passei a seguir avidamente toda a carreira desse maravilhoso músico-poeta recomendado para a Gal pelo saudosíssimo Waly, nosso "marinheiro da lua".

Em 1972, através da obra-prima *Drama*, de Maria Bethânia, me deparei com "Estácio, holly Estácio", um samba-bolero dos mais bonitos e românticos que eu já havia escutado. O fato é que eu nunca imaginaria, na época, que cinco anos depois estaria no estúdio com o Melodia, gravando, graças a um convite de Márcio Montarroyos, o seminal disco *Mico de circo*. Eu tinha 19 anos, e Montarroyos me disse que o Melodia encomendara um arranjo pra ele. Tive a oportunidade de ver como um diamante bruto se transforma numa joia burilada (Melodia sempre soube escolher muito bem seus arranjadores). Para minha surpresa, o Montarra me convidou para participar da gravação junto a uma incrível formação da banda Black Rio. A música era "Bata com a cabeça", bem motownmente rockeada. A partir daí gravei também no disco *Nós*, na sensacionalmente raggeada "Surra de chicote", e em *Felino*, tocando a música-título, entre outras maravilhas.

Tenho certeza de que o Melodia não alcançou mais sucesso mundial com sua voz personalíssima e com suas composições brilhantes e originais devido à língua portuguesa, pois só se fala português na América do Sul (Brasil), Europa (Portugal) e em alguns países africanos que estão constantemente em conflito. Considero a obra do Negro Gato superior em todos os sentidos à de um Bob Marley, por exemplo (com todo o respeito), mas que conseguiu uma abrangência mundial em função do inglês, que domina o mundo (não a mim). Tenho muito orgulho de ter vivido e de ainda viver toda essa riqueza da música brasileira e de ter sido tão bem acolhido neste país que atualmente esconde sua história e o que tem de melhor, em busca de não sei o quê.

**VICTOR BIGLIONE, MÚSICO**

**8**
Certo dia, aparece na redação da sucursal de *O Globo* em Salvador, onde eu trabalhava, a fotógrafa Lucia Correia Lima, *freelancer* da casa, com um pedido no mínimo surpreendente: "Você pode hospedar Luiz Melodia por uns dias em sua casa? Ele vem a passeio e pensei que você e Cris podiam recebê-lo". Um átimo de surpresa, um pouco de estupefação e um minuto depois eu acedia a tão inusitado pedido, considerando a grande admiração (deixa eu dizer), pois já éramos fãs mesmo do Negro Gato, da sua criatividade, da sua voz, do seu suingue, da mescla do samba do morro de São Carlos com blues e outros gêneros românticos, sempre engajado na cultura e na política de seu tempo. Ele podia vir, sim, pra nossa casa. Alguma coisa me dizia que passaríamos logo a admirar, também, seu jeito no convívio diário e seu brilho faiscante de ébano.

Todos que o conheceram hão de convir comigo: nosso irmão era um ser inquieto como todo gênio da arte. Melodia frequentava várias casas da vizinhança da Boca do Rio, e todos o acolhiam com extremo carinho. Uma dessas casas era do casal Glória e Renan – ela, uma ativista militante de esquerda e ele, estudante de engenharia. Foi quando Melodia conheceu outra frequentadora da casa, Jane Reis. Melodia passou a frequentar um boteco da esquina, especialista em infusões de folhas de ervas e cobras dentro de garrafas de pinga da boa, na Rua do Sodré.

Foi quando acabou o período de Luiz Melodia na nossa casa. Ele pegou suas coisas, agradeceu educadamente, se desculpou por "qualquer coisa" e entrou num carro que o esperava na porta. Só os revimos – ele e Jane – anos depois, no camarim do Teatro Guaíra, em Curitiba, quando lá vivíamos e corremos para assistir a seu show. Nós, seus amigos baianos, guardamos as melhores lembranças do furacão de luz que Melodia representou naqueles idos anos de chumbo em que frequentou a terra de Logun Edé.

**RAIMUNDO MAZZEI, JORNALISTA**

**9**

Tive a honra e a sorte de ser apresentado a Luiz Melodia pelo artista Jards Macalé. Desde aquele momento, soube que se tratava de um homem do bem, superartista, o maior intérprete de música no Brasil. Ficamos amigos, além de termos uma afinidade musical muito grande; começamos a trabalhar juntos, produzi alguns álbuns pela EMI: *Retrato do artista quando coisa*, *14 quilates*, tudo muito bom artisticamente, mas financeiramente não era como a multinacional EMI queria. Então, contratei-o para a Indie Records (eu era o presidente). Fizemos um acordo, ele ficaria "limpo" e não daria mais um sumiço de sete dias (às vezes), assim a voz melhoraria, sem pigarros, a cabeça também melhoraria e artisticamente ficaria sempre muito elegante. Ele topou, porque eu estava pedindo apenas uma oportunidade para que nós fizéssemos alguns trabalhos maravilhosos e rentáveis. Foi no momento certo, com a pessoa certa e na hora certa, pois ele também queria ficar limpo. Fizemos então *Luiz Melodia ao vivo*, com dois violões, no Teatro Rival, seu único álbum que alcançou vendas acima de 100 mil unidades (ganhou o Disco de Ouro), e foi uma sensação de vitória da minha parte e da dele. Depois continuamos a fazer discos. Sou fã incondicional do Luiz Carlos dos Santos. Ele faz muita falta ao cenário musical brasileiro. Como homem, sempre foi muito responsável, era ele quem garantia o sustento de toda a família e a mantinha junto dele. Muitas vezes ficou meio perdido com tanta informação do mercado artístico, tendo se rebelado e virado "maldito", tudo besteira. De maldito ele não tinha nada, só a fama. Era uma pessoa digna, inteligente, elegante e generosa, sabia exatamente o que queria fazer com sua carreira – e o fez muito bem, colheu muitos amigos, e era muito leal a todos também. Saiu do morro do Estácio para os holofotes dos palcos do mundo encantando a todos que tiveram a sorte de poder vê-lo em cena com seu canto perfeito, um suingue que ninguém tinha igual. Viva Luiz Melodia!

**LÍBER GADELHA, MÚSICO**

**10**
Há certos artistas que me provocam surpresa ao ouvi-los pela primeira vez. Surpresa ou impacto. Outros tantos cantores, até desprezo. Ou ainda, os maiores, uma redentora bofetada na cara. Luiz Melodia me provocou a sensação de uma bofetada não na cara, mas na alma. A bofetada que é a voz e a música e a história de vida do Melodia, tudo misturado, me atingiu em cheio, e teve impacto muito forte. Tanto quanto ouvir Luiz Gonzaga, Pixinguinha, Noel ou João Gilberto pela primeira vez, em etapas diferentes de vida tão espichada quanto a minha.

Lembro-me de que estava dirigindo um dos meus shows com Marlene na antiga Sala Sidney Miller, ainda no Museu de Belas Artes, quando adentra pelo palco minha querida Zezé Motta. Puxava pelo braço uma figura estranha e muito magra. Zezé, que é a doçura e a educação em pessoa, foi logo declarando alto e bom som, como que a desmentir sua *finesse* de princesa: "Pare tudo que você precisa conhecer, já e já, a maior revelação dos últimos anos".

E empurrou para a minha frente, postando-se cenicamente atrás dele, o sujeitinho mirrado. Era o Luiz Melodia, de quem apenas ouvira "Pérola negra" com a Gal, sem sequer saber o nome do autor da música. Que me causara forte impressão. Zezé logo abriu o jogo. E me disse que o Melô – chamando-o pelo apelido com a maior intimidade – estava concluindo seu primeiro LP. Acrescentando, voluntariosa, que eu tinha "obrigação" de ouvir, tanto sua voz quanto sua música, inclusive a primeira que a Gal acabara de lançar. Claro que, mesmo desconfiado, chamei o Dino 7 Cordas (que estava com Marlene no camarim) e pedi que acompanhasse o intruso. Zezé se despediu apressada, e em dez minutos o Melô abriu a boca. Foi cantar a primeira música para eu desabar.

"Espera, espera aí, rapaz, de que planeta você veio, como é que você começou?"

Pisquei o olho para o Dino, que prontamente balbuciou o que eu queria ouvir: "É o que o Ary Barroso disse à caloura Elza Soares, não é?" Para minha surpresa, o jovem estreante respondeu: "Eu também vim do Planeta Fome, do morro de São Carlos". De imediato, os laços se estreitaram, uma intimidade súbita nos amarrou naquele canto do palco, unindo Dino, Melô e eu, surpreso com a cultura musical do jovem. E exortei: "Canta, canta mais, de preferência tudo". Este tapa instantâneo na alma se consolidou ao tirá-lo dali para conduzi-lo diretamente ao diretor da sala, o ator Érico de Freitas, rogando-lhe que contratasse o cantor para o show de lançamento do seu LP. Eu o dirigiria. E repassaria meu cachê para produzir o estreante, pelo tamanho da revelação.

A partir de então, mesmo não se realizando o show na sala do Érico (por motivos de burocracia que agora não vêm ao caso), acompanhei a carreira do Melô, não tão vertiginosa quanto eu imaginava. Ou desejava. Luiz Melodia, embora engessado pela máquina cruel do preconceito, cumpriu bela trajetória. Que nós, seus admiradores de primeira hora, sempre exigimos. Um deus tímido. Um iluminado pela voz raríssima. Um ébano da mais opulenta estirpe.

**RICARDO CRAVO ALBIN, PESQUISADOR DA MPB**

## 11

Luiz Melodia desceu do morro para o asfalto e dali para um mundo e um tempo em vertiginosa transformação. E, apesar do ambiente repressivo quase insuportável que se respirava na superfície, ele escolheu a liberdade que só uma juventude transviada e à margem proporciona. E passou a enfeitar a cidade com a poesia. Forjado nas oficinas mais hábeis do samba, o menino do Estácio cresceu contestador e, não obstante fiel ao samba, sua música se misturou, transformou e revelou um dos artistas mais originais na história da nossa música popular. De quebra, ele juntou e liderou um bando de malucos talentosíssimos – parceiros, músicos, arranjadores, produtores – e contagiou gerações, construindo disco após disco uma consistente obra fonográfica. Fundamento de uma escola sem seguidores, a radical originalidade de Luiz Melodia pode provocar a incompreensão tanto dos que não conseguem ver em seu estilo elegante nada mais do que um amontoado de palavras desconexas quanto dos que inutilmente tentam imitá-lo. Estes parecem não levar em conta que o timbre e o estilo inconfundíveis de sua voz são o que dá liga à sua obra. O poeta do Estácio é o maior intérprete de suas canções, e ainda faz as canções de outros compositores que interpreta soarem como autênticas "melodias". Hoje em dia a preocupação excessiva com o tema da modernidade faz com que uma das perguntas mais repetidas nas entrevistas seja "o que há de novo na música popular brasileira?" Eu tenho uma resposta na ponta da língua: Luiz Melodia. E não o faço por desconhecimento, falta de interesse ou paixão pelo trabalho dos meus colegas que apareceram desde a explosão de talentos da primeira geração pós-bossa nova. Mas, se for para escolher um, fico com Luiz Melodia, pois ele é cada vez mais novo, desde que desceu do morro para o asfalto, cada vez mais malandro e sem salto alto.

**RONALDO BASTOS, COMPOSITOR**

## 12
Existem pessoas que são bem-dotadas. Eu, por exemplo, canto bem, tenho boa voz e sou afinado, mas não tenho um timbre marcante, como têm Luiz Melodia, Tim Maia e Milton Nascimento, por exemplo. São os bons, os bem-dotados. Eu considero Melodia um dos grandes cantores brasileiros, com excelente sentido de divisão e uma presença espetacular no palco. Assim que eu o conheci, nos anos 1970, me chamaram a atenção as colocações, as rimas e a maneira totalmente diferente de escrever. As letras dele, à primeira vista, parece que não têm pé nem cabeça. Mas tudo faz sentido no final. O Luiz não tinha estudo, não era letrado, mas compensava com uma imensa criatividade. Era uma pessoa do bem, um sujeito muito legal. Saudades.

**HYLDON, MÚSICO**

## 13
Falar de Luiz Melodia é como pintar um quadro complexo. É como retratar uma cena invadida por luzes sorrateiras que, randomicamente, revelam um novo e, muitas vezes, inesperado Luiz.

Do seu Oswaldo, seu pai, herdou o nome Melodia, que explorou de forma magistral, não só ao cantar mas também em suas composições – nas divisões ousadas, confessadamente influenciadas por Miltinho, nos ornamentos e, sobretudo, nas finalizações frasais em que sempre exibia uma tensão melódica de extremo bom gosto, escapando do óbvio, seu maior inimigo, acho eu.

Na poesia é, ainda, não menos surpreendente! Dos velhos sambistas, herda o espírito do repórter no trato descritivo da realidade e dos momentos. A poesia de Luiz Melodia é, muitas vezes, de difícil compreensão por conta de uma narrativa quase impressionista e da diversidade de planos de abordagem. Requer, sem dúvida, um mergulho mais profundo e, contraditoriamente, certo distanciamento. Espaço e tempo dialogam de forma extremamente dinâmica na sua obra.

Dentre muitas, cito a belíssima poesia da canção "Só assumo, só":

**EU TENHO QUE MANTER A CARA**
**POIS A NOSSA CARA**
**QUER CAIR NO CHÃO**
**EU TENHO QUE FALAR**
**DUVIDO QUE A PALAVRA VIDA É UM PALAVRÃO**
**OLHA O CONTO DO VIGÁRIO**
**VEJA QUANTO OTÁRIO, QUANTA ENCARNAÇÃO**
**QUANTA BANCA, BRONCA FRANCA**
**PURA MALANDRAGEM, PURA SAUDAÇÃO**
**VEM CÁ, MENINA**
**EU SÓ ASSUMO A BANDIDAGEM**
**NESTE FAROESTE, PRECISAMOS PÃO**
**ESTÁCIO ASSUME A NOVA FASE**
**NESTE FAROESTE, PRECISAMOS PÃO.**

Outro Luiz é o Luiz dos palcos. O tripé corpo/voz/vivência, no pensamento de Stanislavski[*], ulula, surpreendentemente,

---

[*] Ator, diretor e escritor russo, nasceu em 1863 e morreu em 1938. É mundialmente conhecido por ter criado um sistema de atuação para atores e atrizes.

nesse outro aspecto de sua arte. A elegância nada discreta das cores, o cabelo, a dança (um exímio bailarino), a sincronia da expressão, a invasão/interação na plateia, a improvisação cênica, o gestual da interpretação trazem para a cena a imagem exata do mundo de Luiz Melodia, temperado por Hélio Oiticica, Lygia Pape, Torquato Neto, Geraldo Pereira, Ismael Silva.

Um artista inigualável! Autor, intérprete, ator, poeta, bailarino, instrumentista, esteta.

Mas, mais que tudo, um grande amigo e um ser humano extraordinário.

**HUMBERTO ARAÚJO, MÚSICO**

## 14
Em 1971 eu fui morar em Santa Teresa, no Rio. Éramos três casais de amigos, cada casal com seu filhinho. Seis adultos e três crianças. Alugamos um casarão de três andares e fundamos lá a nossa comunidade. Os vizinhos nos apontavam: "Alá os ripes". Não éramos necessariamente *hippies*, mas tínhamos todos os ingredientes para sê-lo. Jovens, cabeludos, alternativos, roupas coloridas adquiridas nos brechós, aquele cheirinho de *patchouli* no ar, quer dizer, fácil de confundir. Mas nossas ideologias eram bem mais libertárias. Por nossos relacionamentos profissionais – um diretor de teatro, uma atriz, um saxofonista, uma produtora cultural, uma professora e um compositor popular –, a nossa comunidade atraía nossos iguais. O casarão era território livre para experimentalismos artísticos, lisérgicos e sociais. Recebíamos amigos do mundo inteiro, americanos, ingleses, tchecos, jamaicanos, qualquer um que houvéssemos conhecido em nossas viagens nacionais e internacionais. O casarão era uma verdadeira embaixada dos *gauches* do planeta. Santa Teresa era o bairro dos alternativos. Poucas quadras abaixo, acompanhando a linha de bonde que passava na nossa porta, chegávamos a

outro ponto de confluência da juventude alternativa: o hotel Santa Teresa. Foi ali que conheci Melodia. Ele já havia gravado seu famoso *Pérola negra,* mas, assim como nós, não andava em busca de estrelato. Assim como nós, ele compunha e cantava para transformar o mundo. O sucesso dele, assim como o nosso, não era para ser medido pelo grau da fama, mas pela efetividade em mudar algo mais substancial dentro de cada ser humano. Ou seja, assim como nós, Melodia não compunha para ganhar dinheiro. Tanto que ainda era duro e morava num quartinho de hotel. Obviamente, nossas semelhanças nos tornaram amigos para sempre e frequentadores um do outro. Nas festas oficiais da indústria, prêmios Sharp e outros afins, eu e Melodia alugávamos nossos *smokings* numa loja em Copacabana e lá íamos nós para os Theatros Municipais da vida. Detalhe: ele vestia *smoking*, mas não tirava o tênis surrado nem por decreto. Depois dos prêmios, corríamos para as recepções, para comer e beber de graça. Nessas horas, sempre achávamos uma brecha para escaparmos até uma varanda deserta, um corredor vazio, para aliviarmos a tensão da caretice quebrando unzinho, na paulista, pra ser jogo rápido e não dar bandeira. De vez em quando ele batia lá no casarão, nem sempre em horas apropriadas. Pelo menos umas duas vezes ele apareceu de madrugada, batendo direto na janela do meu quarto, que dava para a rua. Com aquela sua voz inconfundível ele só dizia: "Sou eu, abre aí". Claro que eu abria. E claro que ele já estava chapado, em busca de qualquer complemento. Nessas horas, a gente se prometia nos tornarmos parceiros de música, porque eu também já tinha feito "Clube da Esquina" e ele gostava muito. Esse projeto de parceria, infelizmente, nunca se realizou, e é uma tristeza que trago comigo até hoje. Pelo menos um daqueles baseados poderia ter rendido alguma canção genial.

**MÁRCIO BORGES, COMPOSITOR**

**15**

Meu primeiro contato com o Luiz Melodia foi nos anos 1970, quando eu ainda ensaiava para ser Zezé Motta. Pedi a ele uma música para meu segundo LP. Ele me mandou uma música linda numa fita cassete gravada por ele e Jane. "Dores de amores" era a música. Achei tão bonita que convidei ele para gravar comigo. Nossa amizade se estreitou alguns anos depois, quando viajamos pelo Brasil com o Projeto Pixinguinha. Ele, além de meu ídolo, passou a ser um amigo, meu irmão, meu confidente.

 Me lembro que uma repórter uma vez me disse: "Acho que você, além de ser a cantora que mais interpretou canções do Melodia, é a que mais entende a obra dele". Eu dei uma gargalhada e respondi: "Às vezes eu não entendo, mas adoro!" É o caso de "Fadas". Que letra louca e linda!

 Nos anos 1990 fiz um show em homenagem a ele dirigido pela minha saudosa comadre Marília Pêra. Não gravei o LP na época, pois estava sem gravadora. Mas, em 2011, fui convidada por Zé Pedro, o DJ, para gravar um CD pelo selo Joia Moderna. Perguntou se eu não gostaria de homenagear alguém, nem titubiei. Claro! Luiz Melodia. Depois pensei: "Por que não o Jards Macalé? Daí ele me retornou dizendo: "Por que não os dois?" E assim nasceu o CD *Negra melodia*, título de uma música que Macalé fez pra ele.

**ZEZÉ MOTTA, CANTORA E ATRIZ**

**16**

Eu me casei em Niterói no dia 19 de janeiro de 2008, pela manhã. E no dia anterior, 18, uma sexta-feira, eu e a banda Estação Melodia teríamos um show com o Luiz em João Pessoa, na Paraíba. Ou seja, tudo teria que dar muito certo para que eu, Alessandro Cardozo, vulgo Chapinha, fizesse esse show na noite da sexta para, no sábado, estar bonitão ao lado da minha linda futura esposa, pronto para a cerimônia.

Quando soube o que eu, Luiz e equipe estávamos tramando, ela disse um "Nãooooo" bem grande e completou: "Você está maluco!!! Isso não vai dar certo! Você quer mesmo estar em João Pessoa no dia anterior ao nosso casamento? E se esse bendito voo atrasar? Quer mesmo que eu fique parada lá no altar esperando sozinha e você na Paraíba com o Luiz Melodia?"

Não precisei pensar muito para chegar à conclusão de que esse show, definitivamente, eu não faria. Que isso seria uma tremenda maluquice e que a Carla, minha noiva, estava coberta de razão. Liguei para o Luiz e expliquei a razão, mais que nobre, que me impossibilitaria de estar presente no show. E ele, por sua vez, disse: "Meu chapinha!!! Como assim??? Vais me abandonar???"

Naquele momento, visualizei nitidamente a Carla de um lado, com o buquê nas mãos e esboçando uma expressão facial não muito agradável, e do outro, puto da vida, empunhando um microfone, o Negro Gato prestes a avançar sobre mim.

Foi nesse momento que usei do meu melhor e único argumento: "Luiz! Não me leve a mal, mas você não acha que será mais pertinente da minha parte eu preparar um músico competente pra me substituir no seu show do que eu preparar um noivo competente para me substituir no meu casamento?" Rimos, rimos e rimos muito!

O Poeta, como tínhamos o costume de chamá-lo, chegou ao Rio com a banda na madrugada do dia 19. Pra não correr o risco de perder a cerimônia que aconteceria às dez da manhã, ele e a Jane vieram direto para um hotel que reservei em Niterói. Resumindo, eu e minha esposa, Carla Mineiro, passamos ao lado de Luiz Melodia, de nossas famílias e muitos amigos, um dos dias mais felizes de nossa vida.

Sempre que estávamos juntos e essa história brotava, era uma risadaria sem fim, assim como é o Luiz Melodia, sua extensa obra e esses maravilhosos momentos que vivemos... Sem fim!

**ALESSANDRO CARDOZO**, MÚSICO

Show na boate People, no Rio de Janeiro, em 1988.

Show no badalado bar Pirata, em Fortaleza, em 1991.

A amizade com Roberto Frejat, da banda Barão Vermelho, rendeu algumas parcerias, como o blues "Na calada da noite".

Melodia na França com Renato Piau e o jornalista Miguel de Almeida.

Luiz Melodia considerava o músico Itamar Assumpção "o máximo, meu camarada de pele".

Ao final de um show no Mistura Fina, no Rio de Janeiro, sem dinheiro para pagar o estacionamento, Melodia é interpelado por um policial. Foi salvo pelos amigos.

Ao lado do compositor Nelson Sargento, da Velha Guarda da Mangueira, na entrega do Prêmio Qualidade Brasil de 2001.

Ao lado de Tim Maia e Jorge Ben Jor na entrega do Prêmio Sharp de Música de 1995.

Acima e abaixo, show do projeto Arena Musical, do Sesc São Paulo, no ano 2000.

Ao gravar "Pérola negra", Gal Costa projetou Luiz Melodia e o transformou em sucesso instantâneo.

Acima e abaixo, com o parceiro Renato Piau em show no Canecão, no Rio de Janeiro, em 2008.

Acima e na página ao lado, Melodia interpreta o pescador Massu no filme *Casa de areia*, dirigido por Andrucha Waddington e estrelado por Fernanda Montenegro.

A amiga e comadre Regina Barreto.

Melodia com Luan Felipe, filho de Ângelo (à direita), porteiro do Teatro Rival.

Em família, com os sobrinhos.

Com Hiran, seu primogênito.

Em família, com a irmã Vânia e Hiran.

Com Angela Ro Ro no 27º Prêmio da Música Brasileira, em 2016, quando interpretaram "Grito de alerta", de Gonzaguinha.

Em família, com Hiran e Mahal.

Jane e Luiz, amor eterno.

# DISCOGRAFIA

**ÁLBUNS**

**Pérola negra**
**[1973 | Universal Music]**
1. Estácio, eu e você (Luiz Melodia) •
2. Vale quanto pesa (Luiz Melodia) •
3. Estácio, holly Estácio (Luiz Melodia)
• 4. Pra aquietar (Luiz Melodia) •
5. Abundantemente morte (Luiz Melodia) • 6. Pérola negra (Luiz Melodia) • 7. Magrelinha (Luiz Melodia) • 8. Farrapo humano (Luiz Melodia) • 9. Objeto H (Luiz Melodia) • 10. Forró de janeiro (Luiz Melodia)

**Maravilhas contemporâneas**
**[1976 | Som Livre]**
1. Congênito (Luiz Melodia) •
2. Maravilhas contemporâneas (Luiz Melodia) • 3. Veleiro azul (Luiz Melodia)
• 4. Juventude transviada (Luiz Melodia) • 5. Amor (Luiz Melodia) •
6. Baby Rose (Luiz Melodia) •

7. Questão de posse (Luiz Melodia) • 8. Memórias modestas (Luiz Melodia) • 9. Mary (Luiz Melodia) • 10. Paquistão (Luiz Melodia) • 11. Quando o Carnaval chegou (Luiz Melodia)

**Mico de circo**
**[1978 | Som Livre]**
1. A voz do morro (Luiz Melodia) • 2. Onde o sol bate e se firma (Luiz Melodia) • 3. Presente cotidiano (Luiz Melodia) • 4. Giros de sonho (Luiz Melodia) • 5. O morro não engana (Luiz Melodia) • 6. Mulato latino (Luiz Melodia) • 7. Bata com a cabeça (Luiz Melodia) • 8. Falando de pobreza (Luiz Melodia) • 9. Solando no tempo (Luiz Melodia) • 10. Fadas (Luiz Melodia)

**Nós**
**[1980 | Warner Music Brasil Ltda.]**
1. Ilha de Cuba (Luiz Melodia) • 2. Segredo (Luiz Melodia) • 3. Surra de chicote (Luiz Melodia) • 4. Hoje e amanhã não saio de casa (Luiz Melodia) • 5. Negro gato (Luiz Melodia) • 6. Passarinho viu (Luiz Melodia) • 7. Mistério de raça (Luiz Melodia) • 8. Dias de esperança (Luiz Melodia) • 9. Feras que virão (Luiz Melodia)

**Felino**
**[1983 |Universal Music Ltda.]**
1. O sangue não nega (Luiz Melodia) • 2. Divina criatura (Luiz Melodia) • 3. Um toque (Luiz Melodia) • 4. Neja (Luiz Melodia) • 5. Pássaro sem ninho (Luiz Melodia) • 6. Só (Luiz Melodia)

• 7. Sorri pra Bahia (Luiz Melodia) • 8. Destino coração (Luiz Melodia) • 9. Felino (Luiz Melodia)

**Claro [1988 | Celluloid]**
1. Decisão (Luiz Melodia) • 2. Saco cheio (Luiz Melodia) • 3. Seja amar (Luiz Melodia) • 4. O menino (Luiz Melodia) • 5. Verão tropical (Luiz Melodia) • 6. Que é que é isso (Luiz Melodia) • 7. Malandrando (Luiz Melodia) • 8. Que loucura (Luiz Melodia) • 9. Broto no jacaré (Luiz Melodia) • 10. Revivendo (Luiz Melodia)

**Pintando o sete**
**[1991 | Universal Music Ltda.]**
1. Bola de cristal (Luiz Melodia) • 2. Maria particularmente (Luiz Melodia) • 3. Maura (Luiz Melodia) • 4. Sigo e vou (Luiz Melodia) • 5. Mistério do planeta (Luiz Melodia) • 6. Codinome Beija-Flor (Luiz Melodia) • 7. Gerações (Luiz Melodia) • 8. Traição (Luiz Melodia) • 9. Cara a cara (Luiz Melodia, Cidade Negra) • 10. Garanto (Luiz Melodia) • 11. Poeta do morro (Luiz Melodia)

**Relíquias**
**[1995 | EMI Music Brasil Ltda]**
1. Com muito amor e carinho (Luiz Melodia) • 2. Magrelinha (Luiz Melodia) • 3. Vale quanto pesa (Luiz Melodia) • 4. Dores de amores (Luiz Melodia) • 5. Paixão (Luiz Melodia) • 6. Juventude transviada (Luiz Melodia) • 7. Só assumo só (Luiz Melodia) • 8. Saco cheio (Luiz Melodia) • 9. Pérola negra / A coitadinha fracassou (Luiz Melodia) •

10. Memórias modestas (Luiz Melodia) • 11. Salve linda canção sem esperança (Luiz Melodia) • 12. Estácio, holly Estácio (Luiz Melodia) • 13. Jeito danado (Luiz Melodia)

**Decisão**
**[1997 | Blaricum CD Company (B.C.D.) B.V.]**
1. Que é que é isso? (Luiz Melodia) • 2. Saco cheio (Luiz Melodia) • 3. Revivendo (Luiz Melodia) • 4. Decisão (Luiz Melodia) • 5. Que loucura (Luiz Melodia) • 6. Verão tropical (Luiz Melodia) • 7. Melandrando (Luiz Melodia) • 8. Seja amar (Luiz Melodia) • 9. O menino (Luiz Melodia) • 10. Broto no jacaré (Luiz Melodia)

**14 Quilates**
**[1997 | EMI Music Brasil Ltda]**
1. Ébano (Luiz Melodia) • 2. Sem trapaça (Luiz Melodia) • 3. Começar pelo recomeço (Luiz Melodia) • 4. Subanormal (Luiz Melodia) • 5. Morena brasileira (Luiz Melodia) • 6. Morena da novela (Luiz Melodia) • 7. Quase fui lhe procurar (Luiz Melodia) • 8. Pra que (Luiz Melodia) • 9. Cruel (Luiz Melodia) • 10. Frágil força (Luiz Melodia) • 11. Ser boêmio (Luiz Melodia) • 12. Bate verão (Luiz Melodia) • 13. Morar no Rio (Luiz Melodia)

**Acústico (Ao vivo)**
**[1999 | Indie Records Ltda]**
1. Fadas – Ao vivo (Luiz Melodia) • 2. Diz que fui por aí – Ao vivo (Luiz Melodia) • 3. Amor – Ao vivo • 4. Maura – Ao vivo (Luiz Melodia) • 5. Dores de amores – Ao vivo (Luiz Melodia) •

6. Cruel – Ao vivo (Luiz Melodia) • 7. Memórias modestas – Ao vivo (Luiz Melodia) • 8. Surra de chicote – Ao vivo (Luiz Melodia) • 9. Só – Ao vivo (Luiz Melodia) • 10. Quase fui lhe procurar – Ao vivo (Luiz Melodia) • 11. Pot-Pourri: Pérola negra / A coitadinha fracassou – Ao vivo (Luiz Melodia) • 12. Cara a cara – Ao vivo (Luiz Melodia) • 13. Cuidando de você – Ao vivo (Luiz Melodia) • 14. Magrelinha – Ao vivo (Luiz Melodia) • 15. Codinome Beija-Flor (Luiz Melodia) • 16. Estácio, holly Estácio – Ao vivo (Luiz Melodia) • 17. Questão de posse – Ao vivo (Luiz Melodia)

**Retrato do artista quando coisa
[2001 | Indie Records Ltda]**
1. Feeling da música (Luiz Melodia) • 2. Otimismo (Luiz Melodia) • 3. Gotas de saudade (Luiz Melodia) • 4. Lorena (Luiz Melodia, Mahal) • 5. Levanta a cabeça (Luiz Melodia) • 6. Brinde (Luiz Melodia) • 7. Sempre comigo (Luiz Melodia) • 8. Esse filme eu já vi (Luiz Melodia) • 9. Perdido (Luiz Melodia) • 10. Poderoso gangster (Luiz Melodia) • 11. Boa atmosfera (Luiz Melodia) • 12. Quizumba (Luiz Melodia) • 13. Retrato de um artista quando coisa (Luiz Melodia)

**Luiz Melodia convida (Ao vivo)
[2002 | Indie Records Ltda]**
1. O sangue não nega – Ao vivo (Luiz Melodia) • 2. Ébano – Ao vivo (Luiz Melodia) • 3. Poeta do morro – Ao vivo (Luiz Melodia, Pagodinho) • 4. Palhaço – Ao vivo (Luiz Melodia) • 5. Estácio, eu e você – Ao vivo (Luiz Melodia, Zezé Motta) • 6. Farrapo humano – Ao vivo (Luiz Melodia) •

7. Objeto H – Ao vivo (Luiz Melodia) • 8. Lorena – Ao vivo (Luiz Melodia, Mahal) • 9. Congênito – Ao vivo (Luiz Melodia) • 10. Fadas – Ao vivo (Luiz Melodia, Elza Soares) • 11. Cruel – Ao vivo (Luiz Melodia, Coro da Escola de Música da Rocinha) • 12. Negro Gato – Ao vivo (Luiz Melodia) • 13. Quizumba – Ao vivo (Luiz Melodia, Luciana Mello) • 14. O Caderninho – Ao vivo (Luiz Melodia) • 15. Hoje e amanhã não saio de casa – Ao vivo (Luiz Melodia) •16. Presente cotidiano – Ao vivo (Luiz Melodia, Gal Costa)

**Estação Melodia**
**[2007 | Biscoito Fino]**
1. Tive sim (Luiz Melodia) • 2. Não me quebro à toa (Luiz Melodia) • 3. Dama ideal (Luiz Melodia) • 4. Papelão (Luiz Melodia) • 5. O rei do samba (Luiz Melodia) • 6. Chegou a bonitona (Luiz Melodia) • 7. Cabritada mal-sucedida (Luiz Melodia) • 8. Recado que Maria mandou (Luiz Melodia) • 9. Nós dois (Luiz Melodia) • 10. Choro de passarinho (Luiz Melodia) • 11. Contrastes (Luiz Melodia) • 12. Eu agora sou feliz (Luiz Melodia) • 13. O neguinho e a senhorita (Luiz Melodia) • 14. Linda Tereza (Luiz Melodia)

**Luiz Melodia e participações**
**[2008 | LGK Music Produções Artísticas Ltda.]**
1. "Vamo" comer (Caetano Veloso, Luiz Melodia) • 2. Salve essa flor (Luiz Melodia, Cassiano) • 3. Feitio de oração (Luiz Melodia) • 4. Juventude transviada (Luiz Melodia, Cássia Eller) • 5. Menina moça (Luiz Melodia, Miltinho) • 6. Congênito (Karla Sabah, Luiz Melodia) • 7. Farrapo humano (Luiz

Melodia, Skank) • 8. Estácio, holly Estácio (Mart'nália, Luiz Melodia) • 9. Rosa (Luiz Melodia) • 10. O "X" do problema (Carlos Lyra, Luiz Melodia) • 11. Tereza da praia (Luiz Melodia, Emílio Santiago) • 12. Dores de amores (Zezé Motta)

### Luiz Melodia Especial MTV (Ao vivo) [2012 | Biscoito Fino]

1. Eu agora sou feliz – Ao vivo (Luiz Melodia) • 2. Contrastes – Ao vivo (Luiz Melodia) • 3. Rei do samba – Ao vivo (Luiz Melodia) • 4. Tive sim – Ao vivo (Luiz Melodia) • 5. Diz que fui por aí – Ao vivo (Luiz Melodia) • 6. Dama ideal – Ao vivo (Luiz Melodia) • 7. Fadas – Ao vivo (Luiz Melodia) • 8. Estácio, eu e você – Ao vivo (Luiz Melodia) • 9. Gente humilde – Ao vivo (Luiz Melodia) • 10. Amor de malandro – Ao vivo (Luiz Melodia) • 11. Estácio, holly Estácio (Luiz Melodia) • 12. Choro de passarinho – Ao vivo (Luiz Melodia, Jane Reis) • 13. Maxixe de família – Ao vivo (Luiz Melodia) • 14. Sem hora para voltar – Ao vivo (Luiz Melodia) • 15. Não me quebro à toa – Ao vivo (Luiz Melodia) • 16. Chegou a bonitona – Ao vivo (Luiz Melodia) • 17. Recado que Maria mandou – Ao vivo (Luiz Melodia) • 18. Cabritada mal-sucedida – Ao vivo (Luiz Melodia)

### Zerima [2014 | Som Livre]

1. Cheia de graça (Luiz Melodia) • 2. Dor de Carnaval (feat. Céu) (Luiz Melodia, Céu) • 3. Vou com você (Luiz Melodia) • 4. Caindo de bêbado (Luiz Melodia) • 5. Nova era (Luiz Melodia) • 6. Do coração de um homem bom (Luiz Melodia) • 7. Zerima (Luiz Melodia) • 8. Cura (Luiz Melodia) •

9. Sonho real (Luiz Melodia) • 10. Leros e leros e boleros (Luiz Melodia) • 11. Papai do céu (Luiz Melodia) • 12. Maracangalha (feat. Mahal Reis) (Luiz Melodia, Mahal Reis) • 13. Moça bonita (Luiz Melodia) • 14. Amusicadonicholas – instrumental (Luiz Melodia)

**Zerima (Ao vivo)**
**[2018 | Mandacaru Produções E Eventos Eireli-ME, Under Exclusive License to Universal Music International]**
1. Cheia de graça – Ao vivo (Luiz Melodia) • 2. Nova era – Ao vivo (Luiz Melodia) • 3. Vou com você – Ao vivo (Luiz Melodia) • 4. Congênito – Ao vivo (Luiz Melodia) • 5. Cura – Ao vivo (Luiz Melodia) • 6. Zerima – Ao vivo (Luiz Melodia) • 7. Papai do céu – Ao vivo (Luiz Melodia) • 8. Maracangalha / Incidental: Viva Caymmi – Ao vivo (Luiz Melodia, Mahal Reis) • 9. Dores de amores – Ao vivo (Luiz Melodia) • 10. Pérola negra – Ao vivo (Luiz Melodia) • 11. Parei... Olhei – Ao vivo (Luiz Melodia) • 12. Vale quanto pesa – Ao vivo (Luiz Melodia) • 13. Ébano – Ao vivo (Luiz Melodia) • 14. Estácio, holly Estácio – Ao vivo (Luiz Melodia) • 15. Magrelinha – Ao vivo (Luiz Melodia)

**Parceria**
**[2018 | Mauricio Musikal]**
1. Replicante capiau (Luiz Melodia, Ricardo Augusto) • 2. Frágil forca (Luiz Melodia, Ricardo Augusto) • 3. Brinde (Luiz Melodia, Ricardo Augusto) • 4. Chama Clementina (Luiz Melodia, Ricardo Augusto) • 5. Sempre e esperança (Luiz Melodia, Ricardo Augusto) • 6. Mistério da raça (Luiz Melodia, Ricardo Augusto) •

7. Baianima (Luiz Melodia, Ricardo Augusto) • 8. Juro por Deus (Luiz Melodia, Ricardo Augusto) • 9. Leve e solto (Luiz Melodia, Ricardo Augusto) • 10. Grande bem (Luiz Melodia, Ricardo Augusto)

**SINGLES**

**Felicidade agora**
(Luiz Melodia)
[2018 | Mandacaru Produções e Eventos Eireli-ME, Under Exclusive License to Universal Music International]

**EPS**

**Ébano / Maria particularmente**
(Luiz Melodia)
[1975 | 2017 | Som Livre]

# AGRADECIMENTOS

Especiais a Jane Reis e às irmãs de Luiz Raquel e Vânia, sempre solícitas.

À loira do Bar da Loira, no morro de São Carlos, onde foram feitas várias entrevistas com amigos de infância de Luiz Melodia. Agradecimentos, portanto, aos amigos de infância: Betinho, Edu (primo), Quixeramobim, Lelo, Nando, Rubia, Marquinho Sathan, Coelho, Zeca da Cuíca. Todos colaboraram na reconstituição do ambiente "daqueles dias".

A Renato Piau, parceiro.

Especiais também a Raimundo Mazzei, que, como bom jornalista, dedicou-se ao exercício da memória em prol desta biografia.

A Beatriz, mãe de Hiran, pela paciência demonstrada em conversas pelo telefone.

Inestimáveis aos produtores Gato Félix, Thomaz Nunes e Toni Thomé, a base de trabalho de Melodia em São Paulo, pelas memórias e pelos documentos oferecidos.

À jornalista Bia Falbo, no papel de minha assistente, agendando entrevistas e pensando a estratégia.

Ao amigo e colega Luís Carlos Cabral, tradutor de ofício, que fez a primeira leitura opinativa dos originais, à guisa de copidesque.

A todos os que colaboraram com estas memórias através de intervenções remotas ou pitacos diretos.

**TONINHO VAZ,** JUNHO DE 2019

# CRÉDITOS DAS IMAGENS

Todos os esforços foram feitos para determinar a origem e a autoria das imagens deste livro. Nem sempre isso foi possível, especialmente no caso de imagens obtidas em acervos de parentes e amigos do biografado. Agradecemos qualquer informação sobre a autoria de imagens aqui publicadas e nos comprometemos a creditar os fotógrafos na próxima impressão.

**PRIMEIRO CADERNO**
pp. 1, 2 (acima), 3, 7 (acima), 8, 9, 10, 11, 14: Acervo Jane Reis
p. 2 (abaixo): Acervo Beatriz Saldanha
p. 5: Acervo Renato Piau
p. 6: Arquivo / Agência O Globo
p. 7 (abaixo): Mário Luiz Thompson
p. 13: Raimundo Silva / Agência O Globo
p. 14 (acima): Luiz Pinto / Agência O Globo
p. 15: Rosane Bekierman / Folhapress
p. 16: Foto arquivo / Acervo Sesc

**SEGUNDO CADERNO**
p. 1: Arthur Cavalieri / Agência O Globo
p. 2 (acima): Jair Tadeu
p. 2 (abaixo): Fernando Rabelo / Folhapress

p. 3 (acima): Acervo Renato Piau
p. 3 (abaixo): Juan Esteves / Folhapress
pp. 4 e 9: Acervo Renato Piau
p. 5: Fernando Seixas
p. 6: Carlos Ivan / Agência O Globo
p. 7: Nilton Silva / Arquivo Sesc
p. 8: Luiz Paulo Lima / Estadão Conteúdo
pp. 10 e 11: Vantoen Pereira Jr. / Conspiração Filmes / *Casa de areia*
pp. 12, 13, 14, 15 (abaixo) e 16: Acervo Jane Reis
p. 15 (acima): Hermes de Paula / Agência O Globo

# ÍNDICE ONOMÁSTICO

Abrahão, Brunno, 221
Abreu, Fernanda, 164
Abreu, Silvio de, 234
Absurdettes, As, 166
Adamo, Salvatore, 28
Adriani, Jerry, 167, 217
Afonsinho (jogador de futebol), 68-69, 71, 128, 224
Albuquerque, Perinho, 59
Alcione, 165, 250-51
Alessandrini, Marjorie, 190
Alex (percussionista), 153
Alf, Johnny, 119
Almeida, Ângela de, 141
Almeida, Aracy de, 22, 203
Almeida, Miguel de, 132, 153, 190
Altair (jogador de futebol), 69,
Alves, Ataulfo, 28
Alves, Juliana, 224
Alves, Luiz, 59
Alves, Rejane, 224
Alvim, Teresa Cesário, 85

Amado, Jorge, 218
Amaral, Euclides, 215, 260
Amorim, David, 253
Ana Carolina (cineasta), 219
Andressa (sobrinha), 200
Andujar, Claudia, 235
Angela Maria, 48
Ângelo (porteiro do Teatro Rival), 175, 180-81, 204-5
Ângelo Antônio, 149
Angert, Pedro Olsen ver Dro
Antonucci, Márcio, 340
Antunes, Arnaldo, 156, 229
Anysio, Chico, 154, 164
Arap, Fauzi, 100
Araújo, Guilherme, 42, 68, 71-2, 91, 119, 257
Araújo, Humberto, 133, 151, 153, 159, 174, 186, 204, 226, 232, 252, 269
Araújo, João, 87, 109, 122, 131
Araújo, Lucinha, 109, 149

Araújo, Severino, 111, 113
Arcanjo, Pedro, 218
Arias, Reinaldo, 149, 260
Arimateia, José, 253
Armandinho *ver* Dodô e Osmar
Armstrong, Louis, 96, 185
Arraes, Miguel, 122
Arurau, Luiz, 152
Asdrúbal Trouxe o Trombone 103-5
Assumpção, Itamar, 129, 160
Azevedo, Geraldo, 209, 213
Azymuth, 80

Babulina, 67
Baby Consuelo, 101, 122, 136, 251
Baby do Brasil *ver* Baby Consuelo
Baby Rose *ver* Rose do Estácio
Baez, Joan, 53
Bahia, Mayrton, 151
Bahiana, Ana Maria, 88, 142
Baiano e os Novos Caetanos, 145, 154
Baixinho (tubista), 47
Baker, Chet, 170, 243
Barão Vermelho, 131, 144, 155-7, 167
Barone, João, 220
Barreto, Luiz Carlos, 219
Barreto, Regina, 46, 74-5, 78, 81-2, 89-92, 99, 106, 113, 117, 128, 143, 145, 150, 202, 224
Barrett, Syd, 224

Barros, Manoel de, 12, 159-62, 195, 243, 260
Barros, Martha de, 12, 160-1
Barrosinho, 80, 87
Barroso, Júlio, 97, 166
Bastos, Ronaldo, 67, 139, 224, 267
Batera, Chico, 87
Bauraqui, Flávio, 221
Beatles, 27, 62, 142
Bee Gees, 28
Belchior, 65, 96, 108, 162, 227
Ben Jor, Jorge, 11, 67, 81, 158, 167, 183, 227
Bertrami, José Roberto, 80
Besse, Dominique, 190
Betinho (amigo do Estácio), 9, 18, 24-26, 30, 33, 37, 39, 63, 152, 242, 245, 283
Bettarello, Bete, 145, 242, 244
Bettarello, Luiz Carlos, 12, 52, 130, 144-5, 242, 244
Bianchin, Sady, 147
Biglione, Victor, 112, 262
Binoche, Juliette, 219
Bittencourt, Sérgio, 52
Black Alien, 234
Black Rio, 80, 87-8, 97, 112, 262
Blanc, Aldir, 19, 23
Blitz, 144
Bloch, Débora, 132, 251
Boca Livre, 133
Boldrin, Rolando, 225
Bolha, A, 99
Borba, Emilinha, 22, 195

Borges, Márcio, 106, 134, 270
Borges, Neusa, 214
Bosco, João, 79, 96
Botelho, Milton, 257
Braga, Rodrigo, 208
Braga, Saturnino, 133
Braga Nunes, Gabriel, 225
Brandão, Arnaldo, 78, 89, 143, 206
Britto, Sérgio (ator), 85
Britto, Sérgio (músico), 227
Brizola, Leonel, 122, 133
Brown, James, 104, 217
Brylho da Cidade, 143
Buarque, Chico, 51, 67, 69-70, 105, 164, 176, 201, 205, 253

Cabral, Luís Carlos, 9, 54, 283
Cabral, Sérgio, 41
Cachorrão, 206
Cáfaro, Elcio, 208, 252
Caju, Paulo Cesar, 69, 128, 139
Calazans, Teca, 188
Calcanhoto, Adriana, 211,
Camargo, Felipe, 136, 224
Campos, Augusto de, 76
Campos, Haroldo de, 76
Candeia, 113
Capital Inicial, 138
Cara de Cavalo, 113
Cardoso, Bruno, 227
Cardoso, Ivan, 36, 37, 47, 49-51, 76, 218
Cardoso, Newton Praguer, 53

Cardozo, Alessandro, 204, 206, 208, 210, 226, 232, 271-2
Carneiro, João Manuel, 223
Carneiro, Levindo, 168, 197
Carneiro, Mário, 85,
Carrero, Tônia, 85
Carrilho, Altamiro, 59, 151-2,
Cartola, 96, 113, 148, 164, 206-7, 222
Carvalho, Beth, 69, 96, 188, 195,
Carvalho, Délcio, 231
Carvalho, Dennis, 225
Carvalho, Telmo de, 129, 144,
Carvana, Hugo, 85
Casé, Regina, 103, 224, 244
Cassiano, 118
Castro, Tarso de, 41
Cavalcante, Ivaldo, 132
Cavalcanti, João, 251
Cavalcanti, Sandra, 133
Caveirinha, 113
Caymmi, Dorival, 109, 231
Caymmi, Nana, 190
Cazarré, Olney, 116
Cazuza, 77, 109, 131, 144, 149, 156, 160, 167, 260,
Celinha (cozinheira), 178, 225, 227
Célio José (primo), 44, 88
Cesnik, Fábio, 179
Céu, 224, 231, 234, 251
Chacal, 67, 76
Chacur, Fabian, 205
Charles, Ray, 185
Charrão (amigo do Estácio), 9

289

Chaves, Erlon, 67
Chico César, 251-2
Churrasco (motorista), 180
Cidade Negra, 156, 211
Cidinho (piano elétrico), 87
Ciocler, Caco, 221
Cirne, Maurício, 56, 139,
Clark, Lygia, 124,
Cliff, Jimmy, 143, 165
Cocker, Joe, 35
Coelho (amigo do Estácio), 9, 152, 283
Collins, Albert, 157
Conceição, Maria da, 178
Conceição, Ney, 68-9, 139
Cooper, Ronaldo, 250
Córdova, Magno, 82
Correa, Norton, 120
Correia, Afonso, 133
Côrtes, Getúlio, 116, 168, 181, 229
Côrtes, Pita Braga, 170
Costa, Charles da, 204
Costa, Gal, 10, 40-5, 47-9, 51, 52, 57-8, 62, 66, 68, 75-6, 81, 96, 100, 103, 108, 199-200, 208, 232, 237, 249, 251, 257, 261, 265
Costa, Haroldo, 220
Costa, Humberto, 143
Costa, Toni, 139, 146
Coutinho, Beto, 197
Cozza, Fabiana, 251
Cravo Albin, Ricardo, 92, 208, 214-5, 249, 266

Crisvaldo (empresário), 103
Cruz, Jeferson, 252
Cuoco, Francisco, 84

Dadi (Novos Baianos), 67, 156
Dale, Lennie, 39, 100, 102
Dantas, Cardan, 102, 109, 140
Daúde, 166
Davis, Miles, 212
Dé (baixista), 131, 156
Dedé do Vasco, 224
DeJohnette, Jack, 186
Deley do Fluminense, 224
Della Rosa, Ricardo, 220
Dener (jogador de futebol), 164
Dias, Miguel, 252
Dias, Wagner, 209
Diaz, Henrique, 220
Dicró, 161
Diegues, Cacá, 119
Diniz, Mauro, 204
Diniz, Paulo, 96
Dino 7 Cordas, 265
Dionísio, Paulo, 253
Djavan, 96, 175, 208
Dodô e Osmar, 99, 101, 188
Dominguinhos, 59, 159
Dona Ivone Lara, 231
Donato, João, 111, 113, 130, 139, 151-2, 167, 218, 224, 250, 251
Dóris (cantora), 225
Dro, 46-7, 49, 74-5, 78, 80-2, 90-2,

99, 106, 113, 128, 143, 145, 150, 202, 217, 224,
Duarte, Ana, 43
Duarte, Rogério, 46, 75, 113,
Duncan, Zélia, 147, 251
Dunga, 164, 210
Dusek, Eduardo, 95, 169
Dylan, Bob, 53, 259
Dzi Croquettes, 100

Edmundo (jogador de futebol), 224
Ednardo, 65, 96
Elias, Eliane, 211
Elis Regina, 27, 96, 159
Eller, Cássia, 153, 160, 197, 224
Ellington, Duke, 185
Emicida, 234
Erasmo Carlos, 28, 145, 164, 183, 211, 227, 229
Espíndola, Tetê, 162
Espínola, Aristides, 76
Estação Melodia, 205, 208, 226, 271
Etoiles, Les, 188
Experiença, Daminhão, 59, 74, 139


Fábio Stella, 33, 49, 81, 83, 106-7, 136, 137
Fagner, 62, 65-7, 69, 79, 96
Fagundes, Antônio, 224
Faro, Fernando, 159
Fattoruso, Hugo, 139
Feitosa, Rivanildo, 237

Félix, Gato, 68, 93, 113-4, 127-9, 132, 139, 152, 178, 244, 257
Fernandes, Millôr, 12, 41, 160
Ferreira, Mauro, 247
Ferreira, Paulo, 238
Ferreira, Renato, 45
Ferreira, Tiago, 233
Fevers, The, 27
Figueiredo, João Baptista, 117
Figueiredo, Luciano, 47, 50, 76
Fischer, Delia, 209
Fischer, Vera, 136
Fonseca, Celso, 225
Fonseca, Fábio, 151
Fonseca, Pedro, 252
Fortuna, Cláudio, 77
Fortunato, Gregório, 17
França, Guto, 178, 209, 214, 238, 240, 242
França, Xênia, 251
Francis, Paulo, 41
Franco, Walter, 79, 82
Fredera, 72-3, 87, 259
Frederico Mendonça *ver* Fredera
Freeman, Morgan, 219
Freitas, Érico de, 265
Freitas, Marcos, 170
Freitas, Thalma de, 251
Frejat, Roberto, 131-2, 153, 155-7, 167, 175, 195, 211, 225


Gabeira, Fernando, 122, 224
Gadelha, Dedé, 155

Gadelha, Líber, 155, 166-7, 173-5, 180-1, 195, 229, 232, 264
Gadelha, Sandra, 155
Gadú, Maria, 234
Galvão (Novos Baianos), 68, 100, 151, 251, 257
Galvão Bueno, 195
Gama, Fernando, 133
Gandelman, Leo, 139, 152, 167, 206
Gang, David, 188
Garcia, José Antonio, 129
Garcia, Lauro Lisboa, 153
Garcia, Stênio, 220
Garoto, 205
Garrido, Toni, 156
Gê, Guilherme, 228
Geisel, Ernesto, 96, 117
Genoíno, José, 229
Gil, Gilberto, 11, 42-3, 50-1, 66, 71-2, 81, 85, 95, 97, 106, 115, 119-20, 122, 143, 149, 155, 174-5, 178, 188, 211, 213, 239, 249
Gismonti, Egberto, 162
Glória Maria, 199
Glorinha *ver* Lampreia, Maria da Gloria
Gomes Brasil, 236
Gomes, Diogo, 232
Gomes, Pepeu, 68, 122
Gonçalves, André, 177
Gonçalves, Marli, 131
Gonzaga, Luiz, 51, 264

Gonzaguinha, 19, 129, 239
Gordin, Lanny, 47, 261
Goulart, João, 96
Graça Mello, Guto, 87, 89, 113
Gradim, Filipi, 253
Grande Otelo, 19, 116, 219
Grey, Wilson, 85
Groisman, Serginho, 211
Guarabyra, 76, 79, 232
Guedes, Elaine, 253
Guerra, Mauro, 25
Guerra, Ruy, 220
Guimarães, Luiz Fernando, 103
Guto (baterista), 131

Heloísa Helena (cantora), 206, 207
Henderson, Caroline, 212
Hendrix, Jimi, 46, 49
Hesse, Hermann, 162
Hirszman, Leon, 48
Hollanda, Cristina Buarque de, 69
Homem de Mello, Zuza, 151-2
Hora, Rildo, 59
Hubert, 253
Hugo (amigo do Estácio), 9
Hyldon, 59, 67-70, 87, 118, 195, 267

Ignez, Helena, 50
Imperial, Carlos, 136
Indiano, 53
Infante, Cláudio, 139, 152
Instantâneos, Os, 30, 33

Jabur, Paulo, 17
Jaciara (irmã), 16-7, 200
Jacobina, Nelson, 220
Jaguar, 41
Jamelão, 200, 206-7
Jarrett, Keith, 185
Jesus, Rodrigo de, 204
Joanes, Jamil, 87, 139, 152
Jobim, Tom, 122, 218
Jorginho (baterista), 47
José Antônio *ver* Churrasco
José Dirceu, 229

Kader, Cheb, 189
Kalil, Glória, 11, 193, 194
Kelly (sobrinha), 200
Kéti, Zé, 111, 203, 207, 260
Kid Abelha, 157
Kid Creole, 188
King, Albert, 157
Koorax, Ithamara, 244, 250, 253
Kopoul, Remy Kolpa, 189
Kubitschek, Juscelino, 96
Kubrick, Stanley, 197

Lacet, Walter, 95
Lago, Mário, 17
Lamounier, Guilherme, 81
Lampreia, Maria da Gloria, 77-9, 82-6, 90, 113, 224, 257
Lancelotti, Márcia, 100, 112
Lang, Chang, 24

Laranjeiras, Nelsinho, 206
Larcher, Jodele, 143, 155, 238, 245, 252
Leal, Américo, 173
Leal, Ângela, 173-5, 180-1, 203, 224, 227
Leal, Leandra, 174, 181, 224, 251
Lee, Rita, 119, 166
Leftwich, John, 251
Legey, Aloysio, 95
Lehár, Franz, 201
Lelo (amigo do Estácio), 9, 29, 139, 283
Leminski, Paulo, 97
Lenine, 224, 251
Lennon, John, 49, 78, 128, 145
Lessa, Ivan, 41
Lima Jr., Walter, 101
Lima, Lucia Correia, 100, 112, 115, 129-30, 221-2, 262
Lima, Marina, 65, 119, 160, 194
Lima, Raimundo, 202
Liminha, 121, 123
Lindolfo, Roberto Paulino, 38
Lins, Ivan, 67
Lispector, Clarice, 97
Lobo, Edu, 201
Lombardi, Bruna, 163
Lombardi, Carlos, 222
Lombardi, Daniela, 229
Lucena, Walmir *ver* Mizinho
Lúcio (trombone), 153, 186, 188-9
Luís Lucas (ator), 202
Lula da Silva, Luiz Inácio, 223

Luna, Fernando, 176
Lustosa, Helena, 50

Macalé, Jards, 33, 42, 47, 56, 62, 70, 95-6, 108, 121-2, 154-5, 161-2, 218, 245, 263, 271
Macau, 54, 92-3, 122, 146, 244
Macedo, Joel, 259
Machado, Beu, 109
Machado, Duda, 56, 75-6
Machete, Silvia, 250
Machline, Maurício, 166, 234, 239, 251
Maciel, Luiz Carlos, 97
Madame Satã, 19, 34
Made in Brazil, 99
Magalhães, Oberdan, 69, 73, 80-1, 87, 95, 97, 113, 257, 258
Magalhães, Rosa, 239
Magalhães, William, 167
Maia, Luiz, 232
Maia, Rubens, 46, 49, 61, 78, 83, 89, 113, 128, 139, 224
Maia, Tim, 65, 107, 118, 136, 137, 144, 146, 158, 165, 167, 182, 183, 191, 226, 267
Malhardes, Nicholas, 253
Mandela, Nelson, 214
Manuel (guitarra), 30
Manukyan, Artyom, 251
Marchon, Priscila, 253
Marcos André (baterista), 119

Maria (afilhada), 75, 150, 202, 235, 243, 245
Maria Bethânia, 57, 100, 108, 211, 261
Maria Ceiça, 214
Maria Flor, 221
Maria Gladys, 97, 113, 224
Maria Rita, 208, 224
Maria Zilda, 177
Marina, Lúcia, 56
Marinho, Roberto, 16, 71
Marize (irmã), 16, 33, 83, 88, 141, 200, 209-10, 231
Markun, Paulo, 129, 144
Marley, Bob, 128, 190, 262
Marquinho Sathan, 29, 33, 283
Marquinhos (bateria), 188
Mart'nália, 165, 199, 250
Martin, Lulu, 253
Martinho da Vila, 23, 164-5, 199
Martins, Altair, 252
Martins, Áurea, 251
Martins, Herivelto, 19, 21
Más, Daniel, 10, 218
Massi, Augusto, 170
Matarazzo, Maysa, 226
Matogrosso, Ney, 224
Matos, Gregório de, 218
Matos, Rubia, 9, 37, 38, 41, 48-9, 88, 231, 283
Matumbi, Lazzo, 252
Mautner, Jorge, 82, 97, 220
Mazzei, Raimundo, 100-1, 103, 120, 134, 263, 283

Mazzeo, Bruno, 164
Mazzer, Simone, 250,
Mazzola, 60, 139
MC Sapão, 223
McCord, Ricardo, 226
Medeiros, Jussara, 240-2
Meira, Luiz, 232
Meirelles, Pascoal, 59
Melhem, Marcius, 248
Mello, Luciana, 199
Mello, Rosaria, 139
Mello, Sérgio, 78, 102, 114, 123, 139
Mendes, Márcia, 80
Mendes, Nonato, 253
Mendonça Filho, Mauro, 250
Menescal, Roberto, 42, 62, 67, 206-7
Menezes, Margareth, 194
Merlino, Fernando, 252-3
Mesquita, Evandro, 67, 69, 104, 106, 153, 223
Metallica, 138
Micuçu, 113
Midani, André, 76, 122-3
Midnight Blues Band, 157
Miguel, Antônio Carlos, 153
Miklos, Paulo, 223
Miller, Glenn, 164
Mineirinho, 17, 113
Mineiro, Carla, 272
Mini Paulo (contrabaixista), 119, 133
Miúcha, 69

Mizinho, 9, 30-1, 38
Moliterno, Kadu, 222
Monarco da Portela, 204, 249
Montarroyos, Márcio, 87, 112-3, 139, 167, 261
Monte, Marisa, 194
Monteiro, Liège, 224
Montenegro, Fernanda, 219-20
Montez, Chris, 256
Moon, Scarlet, 218
Moore, Gary, 157
Moraes, Berval, 253
Moraes, Davi, 203
Moraes, Suzana de, 56
Moraes, Vinicius de, 48, 56, 205
Moraes Moreira, 71, 76, 99, 101, 119, 128, 151, 188, 203
Moreira, Jurim, 232
Morisawa, Mariane, 220
Motta, Ed, 209
Motta, Zezé, 119-21, 129, 153, 199, 202, 219, 244, 249, 265, 271
MPB4, 69
Mr. Catra, 223
Murat, Lúcia, 221
Mutantes, Os, 124

Nabuco, Vivi, 85
Nachtergaele, Matheus, 219
Nando (amigo do Estácio), 29, 283
Nascimento, Adilson do 83
Nascimento, Lula, 59

Nascimento, Milton, 43, 72, 139, 155, 166, 211, 267
Nascimento, Vilma, 139
Naval, Mário, 19, 113
Nazareno, Osmar, 30
Negra Li, 227
Negreiros, Eliete, 199
Nelson Cavaquinho, 148, 164,
Nelson Galinha, 9, 70, 113
Nepomuceno, Rosa, 62, 78
Nercessian, Stepan, 116, 177
Netinho (percussionista), 204
Neto, Torquato, 9-12, 36, 43-5, 48, 50-2, 53, 56-8, 75, 76, 139, 159, 218, 227, 260, 269
Neves, Ezequiel, 97, 149, 156, 260
Neves, João das, 52
Neves, Tancredo, 185,
Neves, Wilson das, 152
Newman, Paul, 219
Nilo Jorge, 66
Nitzsche, Antônio Henrique, 89
Nóbrega, João Bosco, 133
Nogueira, Diogo, 226
Nogueira, João, 69, 159, 165, 226
Novelli (baixista), 47, 206
Novos Baianos, 67-8, 70, 96, 100, 113, 128-9, 156, 251, 257
Nunes, Clara, 139, 165
Nunes, Thomas, 132, 178

Odair José, 67
Oiticica, Hélio, 36-9, 43, 46, 50, 58, 113, 124, 139, 269
Oliveira, Dalva de, 24,
Oliveira, Eurídice Rosa de, 16, 18, 22, 26, 30, 113, 139
Oliveira, Gilberto, 253
Oliveira, Hiran Athayde de 74, 89, 93-4, 97, 101, 131, 136, 139, 189, 192-3, 242, 283
Oliveira, Jair, 250
Oliveira, Nelson de *ver* Quixeramobim
Oliveira, Norberto *ver* Betinho
Oliveira, Paolla, 225
Oliveira, Rômulo, 252
Oliveira Sobrinho, Bonifácio de, 195
Olivetti, Lincoln, 139, 145
Ono, Yoko, 78,
Ortiz, Daniel, 234
Osmar *ver* Dodô o Osmar
Oswaldinho do Acordeon, 188-9
Oswaldo Melodia, 9, 12, 16-8, 21-4, 28-9, 34, 41, 62, 139, 142, 150, 159, 203-4, 206-7, 250, 267
Otávio Augusto, 177

Pacheco, Edil, 102, 140
Palmeira, Sílvio, 99
Papa Kid, 53, 91, 93, 99, 106, 111, 123, 140, 167
Pape, Lygia, 269
Paralamas do Sucesso, 138, 166, 220
Parmito (ator), 102

Pasmanter, Viviane, 24
Paulinho Boca, 251
Paulinho Camafeu, 115
Paulinho da Outra, 139, 248-9
Paulinho da Viola, 69, 71, 202
Paulinho Suprimento, 128
Pedro II, dom, 17
Pedro Luís, 251-2
Pedro Luís e a Parede, 195
Pedroso, Bráulio, 116
Peixoto, Mário, 121
Pellegrino, Hélio, 176,
Peninha (baterista), 157
Pequeno, Diana, 139
Pêra, Marília, 121, 271
Pereio, Paulo César, 76
Pereira, Geraldo, 206-7, 269
Pereira, Nazaré, 188
Perna, Antônio, 59
Pérola Cristina (sobrinha), 88
Piau, Renato, 9-12, 45-6, 52-4, 59,
    61, 63, 88, 107, 117, 119, 128,
    130, 133, 144-5, 147, 150, 152-5,
    157, 159, 160-3, 175, 180-1, 183,
    186-93, 195, 200, 202, 204, 206-
    10, 212-3, 222-4, 226, 231, 236,
    238-40, 242, 245, 247, 250-3,
    256, 260, 283
Pignatari, Décio, 76
Pimentel, Luís Otávio, 36, 47-8,
    52, 58
Pinheiro, David, 78, 125, 177
Pink Floyd, 65, 224
Pink Pank, Alice, 166

Pinto, Marino, 167
Pires, Roney, 208, 212, 214
Pitanga (clarinetista), 256
Pitanga, Antonio, 244
Pitanga, Camila, 251
Pittigliani, Armando, 67
Planet Hemp, 165
Polari, Alex, 17
Pompeo, Antonio, 221
Pontes, Silvério, 153, 186, 204, 245
Portuguesinho (amigo do Estácio),
    113
Possi Neto, José, 102
Possi, Luiza, 174
Possi, Zizi, 174
Prata, Júnior *ver* Pratinha
Prata, Mário, 222
Pratinha, 77, 177, 242
Presley, Elvis, 27, 99

Queiroz, Emiliano, 220
Quixeramobim (amigo do Estácio),
    29, 152, 283

Rabelo, Joaquim da Silva, 17
Ramalho, Elba, 76, 129, 166-7, 208
Ramalho, Zé, 133
Ramos, Garibaldi, 183, 191, 238
Ramos, Graciliano, 17
Ramos, Lázaro, 213, 224-5
Ramos, Óscar, 47, 76,
Ramos, Ramsés, 191

Raquel (irmã), 16, 24, 26, 31, 62,
    200, 242, 257, 283
Rastaquera, 253
Ravache, Irene, 221
Red Hot Chilli Peppers, 138
Redford, Robert, 219
Regional do Canhoto, 59
Reis, Jane, 11-2, 102-9, 112, 115-8,
    122-4, 126-7, 130-1, 133-5,
    137-9, 141, 143, 145, 150-2, 164,
    174, 176-8, 180-1, 183, 185, 187,
    189-93, 197, 199, 202, 204-6,
    208-9, 212-14, 218, 224-5, 227-9,
    232, 238, 240-5, 249, 253, 257,
    263, 271-2
Reis, Lila, 104
Reis, Maria José, 104
Renato e seus Blue Caps, 24, 116
Renato Russo, 167, 227
Renault (amigo do Estácio), 9, 38,
    74, 113
Renô *ver* Renault
Repolho (percussionista), 147
Rezende, Marcelo, 217
Rezende, Sérgio, 78
Ribeiro, Alfredo, 148
Ribeiro, Darcy, 96, 133
Ribeiro, Gilson, 129
Ricardo Augusto, 66, 99, 101-2,
    109-11, 119, 123, 135, 167-8,
    178, 195, 224, 231, 260
Rios, Lena, 44, 46, 88, 226
Ritchie, 138
Roberto Carlos, 24, 26, 28, 34, 113,
    116, 123, 159, 168, 181, 252, 260
Roberto Dinamite, 113, 224, 244
Rocha, Glauber, 75, 121
Rocha, Hortêncio, 207, 260
Rodrigues, Arnaud, 145, 154
Rodrigues, Daniel, 95, 122-3, 178,
    208, 211, 236
Rodrigues, Gilson, 102
Rodrigues, Jair, 27, 28, 250
Rodrigues, Leandro L., 115
Rodrigues, Nené, 77, 113
Rodrigues Filho, Nelson, 17
Rodrix, Zé, 79, 232
Roguesi, 253
Romário (jogador de futebol), 164,
    224
Ronaldinho (jogador de futebol), 176
Rosa, Noel, 22, 48, 207, 258
Rose do Estácio, 9, 36-43, 49, 54,
    70-2, 88
Rosemari *ver* Rose do Estácio
Rosineri *ver* Tineka
Rubinei, 38
Rubinho (iluminador), 181
Ruizinho (compositor), 152


Sá (músico), 79, 232
Sá, Sandra de, 92, 159, 211
Sabah, Karla, 166
Sabatella, Letícia, 11
Sabino, Rubão, 59
Saldanha, Beatriz, 39, 56, 62-3, 71,
    74, 90, 93, 101, 105, 283

Salles, Clauton, 153
Salomão, Jorge, 36, 38, 42, 45, 50-1, 76, 100
Salomão, Waly, 9, 36-7, 39-48, 50-1, 54, 61, 76, 96, 100, 111, 114, 124, 137, 190, 218-9, 261,
Samarone (jogador de futebol), 69
Sampaio, Sérgio, 46, 62, 66, 95, 168, 231
Samudio, Domingo, 27
Sandra Pérola Negra, 65
Santana, Carlos, 35
Santana, Perinho, 59, 66, 78, 80, 87, 113, 116, 139, 152, 154, 175, 178, 180-1, 197, 209, 213, 260
Santiago, Emilio, 213, 224
Santos, Jefferson, 212
Santos, Lucélia, 116
Santos, Luís Carlos (bateria), 257
Santos, Lulu, 138
Santos, Mahal Reis dos, 117, 124, 131, 134-9, 145, 178, 181, 189, 192-3, 198, 203, 208, 227, 233, 239, 242-5, 252, 253
Santos, Nelson Pereira dos, 78, 218
Santtana, Lucas, 235
Sarney, José, 185, 221
Sarney, Roseana, 221
Schunneman, Werner, 221
Scott, A. O., 220
Secco, Deborah, 225
Seixas, Raul, 44, 62, 66, 122
Seligman, Gerald, 152
Selix, Marlene, 35

Senna, Ayrton, 164
Sepultura, 138,
Serginho Trombone, 139, 167
Sérgio Natureza, 45, 202, 224, 226
Sérgio Ricardo, 43
Sette, Marlon, 232, 252
Seu Jorge, 207, 219
Severo, Marieta, 166, 221
Shapiro, Mike, 251
Sheik, André, 138
Sherman, Maurício, 94, 95, 186
Shorter, Wayne, 212
Silva, Abel, 225
Silva, Ismael, 16, 47-8, 77, 206, 269
Silva, Robertinho, 59, 61, 152
Silva, Anísio, 77
Silveira, Nise da, 17
Simão, José, 36-7, 45, 50, 102
Simões, Chico, 132
Simões, Marta, 153
Simonal, Wilson, 67
Smith, Sam, 222
Soares, Elena, 219-20
Soares, Elza, 205, 223, 265
Sofia (avó), 16
Solando no Tempo, 80
Soledade, Paulinho, 119
Souto, Edmundo, 167
Souza, Ruth de, 219
Souza, Tárik de, 61, 82, 90, 109, 119
Stefanini, Fúlvio, 85
Suzano, Marcos, 232

Taj Mahal, 96, 113
Talma, Roberto, 195
Tamires (sobrinha), 200
Taumaturgo, Jair de, 34
Teixeira, Julinho, 232
Teixeira, Miro, 244
Teixeirinha, 122
Teshigahara, Hiroshi, 219-20
Thielemans, Toots, 186
Thomé, Toni, 178-9, 283
Thompson, Mário Luiz, 81, 101, 134
Timóteo, Agnaldo, 183
Tineka, 38, 41, 54
Titãs, 155-6, 227, 229
Toller, Paula, 211
Tom Zé, 58, 159
Toquinho, 48
Tornado, Tony, 224
Torres, Fernanda, 219-20
Tosh, Peter, 143
Tossan, Priscila, 252-3
Travassos, Patricya, 103
Tureko (violonista), 111

Ubiratan, Paulo, 116

Vadico, 48
Valença, Alceu, 58, 71, 76, 81-2, 125, 190, 208, 227
Valle, Paulo Sérgio, 67
Vânia (irmã), 16, 22, 200, 242, 257, 283

Vanucci, Fernando, 199
Vanusa, 94
Vargas, Getúlio, 17, 22, 113, 132
Vasconcelos, Naná, 155, 210, 221
Vasconcelos, Renata, 249
Veloso, Altay, 224
Veloso, Caetano, 11, 40, 42-3, 46, 50, 57-8, 66, 72, 75-6, 85, 97, 106, 109, 119-20, 146-7, 149, 152, 155, 167, 174, 199, 203, 213, 217, 224, 227, 234, 237, 251
Veloso, Moreno, 203
Vera, Aloísio, 208
Vergueiro, Carlinhos, 69, 81, 82
Veríssimo, Marcos, 186
Vieira, Paulo, 168
Vieira, Vitor, 252
Vila, Luiz Carlos da, 209
Vilhena, Bernardo, 67, 248
Villamarim, José Luiz, 222, 224
Villela, Gabriel, 166
Vips, Os, 87
Vitória Régia, 107, 183

Waddington, Andrucha, 219, 220
Wainer, Samuel, 22
Wanderléa, 28, 224
Waters, Muddy, 139
Weiss, Mara, 194
Werneck, Carlos, 186, 188
Werneck, Ronaldo, 147
Werneck de Castro, Moacir, 77, 86

Wilker, José, 80
Winehouse, Amy, 223
Wisnik, Guilherme, 250


Zalis, Dario, 151
Zanini (arquiteto), 176
Zé da Zilda, 167
Zé Luiz (flautista), 119
Zé Pedro (DJ), 271
Zé Português (ator), 36, 47, 50
Zeca da Cuíca, 9, 35, 244, 283
Zeca Pagodinho, 199, 244
Zequinha (passista do Estácio), 9, 29
Zezé di Camargo e Luciano, 158
Zoli, Claudio, 143

Copyright © 2020 Tordesilhas Livros
Copyright © 2020 Toninho Vaz
Copyright © 2020 Jane Reis

Todos os direitos reservados. Nenhuma parte desta edição pode ser utilizada ou reproduzida – em qualquer meio ou forma, seja mecânico ou eletrônico –, nem apropriada ou estocada em sistema de banco de dados, sem a expressa autorização da editora. O texto deste livro foi fixado conforme o acordo ortográfico vigente no Brasil desde 1º de janeiro de 2009.

EDIÇÃO Ibraíma Dafonte Tavares
REVISÃO Mariana Correia Santos
PROJETO GRÁFICO Amanda Cestaro
CAPA Amanda Cestaro e Cesar Godoy sobre foto de Mário Luiz Thompson

1ª edição, 2020

Dados Internacionais de Catalogação na Publicação (CIP)
(Câmara Brasileira do Livro, SP, Brasil)

Vaz, Toninho
  Meu nome é ébano : a vida e a obra de Luiz Melodia / Toninho Vaz. – 1. ed. – São Paulo : Tordesilhas, 2020.

  ISBN 978-65-5568-030-0

  1. Cantores - Brasil - Biografia 2. Compositores - Brasil - Biografia 3. Fotografias 4. Melodia, Luiz, 1951-2017 5. Melodia, Luiz, 1951-2017 – Canções e músicas - Biografia 6. Música popular (Canções etc.) - Brasil 7. Músicos - Brasil - Biografia I. Título.

  20-34643               CDD-781.63130981

  1. Cantores e compositores : Música popular brasileira : Biografia e obra 781.63130981
  Maria Alice Ferreira - Bibliotecária - CRB-8/7964

2020
Tordesilhas é um selo da Alaúde Editorial Ltda.
Avenida Paulista, 1337, conjunto 11
01311-200 – São Paulo – SP
www.tordesilhaslivros.com.br

 /tordesilhas    /tordesilhaslivros    /etordesilhas

Este livro foi composto com as famílias tipográficas
Hercules para os textos e Harbour para os títulos.
Impresso para a Tordesilhas Livros em 2020.